Birgit Schlicke

Gefangen im Stasiknast

Tagebuch einer politischen Gefangenen
im Frauenzuchthaus Hoheneck

Lichtzeichen
Verlag

Birgit Schlicke

Gefangen im Stasiknast

Tagebuch einer politischen Gefangenen
im Frauenzuchthaus Hoheneck

1. Auflage 2009

Private Fotos: Birgit Schlicke
Portraitfoto: © Michael Jarmusch

Lektorat: Thomas Schneider
Covergestaltung: Manuela Bähr-Janzen
Satz: Manuela Bähr-Janzen

Bestellnr.: 70-5-929
ISBN: 978-3-86954-008-5

Inhalt

Gewidmet
allen Opfern der stalinistischen Willkür
in der ehemaligen DDR

Birgit Schlicke

EIN VORWORT

Herbst 1989 in Deutschland. In jenem Herbst zog, ausgelöst durch Demonstrationen und Mauerfall, Demokratie im östlichen Teil unseres Landes ein. Ein Jahr später, Oktober 1990: die Wiedervereinigung der beiden Teile Deutschlands... Für viele von uns verbinden sich mit diesen Daten die unterschiedlichsten, persönlichen Erinnerungen. Für meine Familie und mich war es der Monat November 1989, in dem uns die langersehnte Freiheit geschenkt wurde. Nach 21 Monaten politischer Inhaftierung in der DDR wurden mein Vater und ich entlassen. Dies war für uns der Beginn eines neuen Lebens in Freiheit...

Warum nun dieses Buch? Meine Intention ist zunächst rein privater Natur. Mit dem Aufschreiben meiner Erlebnisse war es mir möglich, diese äußerst schwierige Zeit in einer Art Selbsttherapie zu verarbeiten. Gleichzeitig war mir von Anfang an klar, dass ich diese Erlebnisse mit anderen teilen wollte und musste. Schon während der Untersuchungshaft 1988 schwor ich mir, eines Tages alles Erlebte niederzuschreiben und zu veröffentlichen.
Sicherlich erhebt mein Buch weder den Anspruch einer umfassenden Schilderung der DDR-Vergangenheit, noch sind spektakuläre Enthüllungen zu erwarten. Es geht auch nicht um eine personenbezogene Abrechnung mit den Vernehmern der Staatssicherheit, oder denjenigen, die uns im Strafvollzug quälten. Vielmehr geht es darum, ein Stück Zeitgeschichte zu rekapitulieren und es vor allem jungen Menschen zugänglich zu machen.

Hinsichtlich der Erzählform ist mein Bericht zum Teil ein künstliches Produkt, denn obwohl in Tagebuchform verfasst, war es uns Häftlingen natürlich nicht gestattet, über die Ereignisse Buch zu führen. Gerade dadurch unterscheidet sich aber dieses Buch von ähnlichen Publikationen. Ich habe sehr bewusst die Tagebuchform gewählt, da sie in meinen Augen die beste Möglichkeit bietet, meine persönlichen (durchaus subjektiven) Erfahrungen, Gedanken und Empfindungen so realistisch und hautnah wie möglich zum Ausdruck zu bringen, ohne dabei jedoch von der Wahrheit abzuweichen. So stützen sich meine Erinnerungen vorrangig auf das 'Tagebuch in meinem Kopf' und einige Schriftstücke, die mir seit der sogenannten 'Wende' zur Verfügung stehen. Viele Formulierungen der Stasi-Vernehmer sind mir wortwörtlich in Erinnerung geblieben, andere habe ich sinngemäß und nach bestem Wissen wiedergegeben. Bis auf wenige Ausnahmen sind die in diesem Buch zitierten Namen authentisch. Nur bei den Namen der Stasi-Vernehmer, die mir auch heute noch unbekannt sind, wurden die Spitznamen beibehalten, die wir Häftlinge ihnen ob deren Anonymität geben mussten.

Kritiker könnten nun dennoch fragen: Ist es notwendig, ein Buch über die Verfolgung durch die Staatssicherheit zu schreiben? Haben wir in Deutschland keine anderen Probleme, als uns ständig mit unserer Vergangenheit herumzuschlagen? Sollte man nicht endlich einen Schlussstrich ziehen? Wen interessiert es schon, was 1988 oder 1989 geschah? Sicherlich stehen wir heute in Deutschland vor ernstzunehmenden Problemen – sei es Arbeitslosigkeit, Ausländerfeindlichkeit, Kriminalität, Armut oder Drogenmissbrauch. Dennoch: unsere Vergangenheit ist von größter Wichtigkeit, wenn wir sie als Fundament für die Gegenwart und Zukunft betrachten, auf die wir aufbauen oder aus deren Fehlern wir lernen wollen und müssen. Die Auseinandersetzung mit der jüngeren deutschen Vergangenheit ist deshalb unumgänglich. Ein Schlussstrich kann, wenn überhaupt, erst dann gezogen werden, wenn wir uns ganz bewusst mit den Tatsachen auseinandergesetzt haben und bereit sind, die gezogenen Schlussfolgerungen

in die Gegenwart und Zukunft zu integrieren.
Dieses Buch soll deshalb auch mehr sein als ein rein zeitgeschichtlicher Bericht. Neben der persönlichen Aufarbeitung meiner DDR-Hafterlebnisse ist es zugleich Anklage gegen das totalitäre SED-Regime und seinen gefürchteten Geheimdienst, die Staatssicherheit. Am Beispiel meiner Familie und meiner Erlebnisse als Strafgefangene Nr. 12055 im Frauenzuchthaus Hoheneck habe ich versucht wiederzugeben, was viele Menschen in der DDR ähnlich erlebt haben: die Diskriminierung und Verfolgung durch einen Staat, der sich stets nach außen demokratisch gab, der aber seinen Bürgern primäre Menschenrechte vorenthielt und politische Gegner erbarmungslos unterdrückte. Aufklärung am konkreten Beispiel ist mir besonders deshalb ein wichtiges Anliegen, weil vielen Menschen in unserem Land die Herrschaftspraxis der SED-Regierung, mit all ihrer kriminellen Energie, bis heute größtenteils verborgen geblieben ist.

Wie sieht es denn konkret mit der Vergangenheitsbewältigung der letzten Zeit aus? Sicherlich kann man feststellen, dass in den vergangenen Jahren auf einigen Ebenen recherchiert und berichtet worden ist. Doch allzu vieles liegt noch immer im Verborgenen: ungesichtete Stasi-Akten, die zuhauf in den Archiven der Birthler-Behörde lagern, werden auch in den kommenden Jahren das große Ausmaß der Machenschaften der Staatssicherheit offenbaren. Andere Zeugnisse der SED-Diktatur sind vor der politischen Wende in der DDR vernichtet worden und für die Forschung unwiederbringlich verloren. Eine umfassende Aufarbeitung zum Unrechtsstaat DDR hat es zudem bis heute nicht gegeben, ganz zu schweigen von einer systematischen strafrechtlichen Verfolgung der Täter.
Den Tätern ist natürlich daran gelegen, um ihre Vergangenheit den Mantel des Vergessens zu hüllen. Mit Vorliebe werden Verdrängung und Vertuschung praktiziert. Auch die Medien scheinen den bequemen Weg vorzuzie-

hen. Wo aufgeklärt werden müsste, hält man lieber den Mund. Man muss nur die Tageszeitungen aufschlagen, um festzustellen, dass man sich in Deutschland über die Täter gern ausschweigt. Manch einer würde die Belege der MfS-Machenschaften am liebsten ganz verschwinden lassen. Warum nicht ein Feuer mit den unliebsamen Stasi-Akten anzünden? Dann noch schnell die Asche unter den Teppich gekehrt und den ganzen Spuk hat es nie gegeben! Oder wie wäre es mit einer Generalamnestie für alle Stasi-Täter? Das wäre doch auch eine elegante Methode, sich der Vergangenheit zu entledigen. Die Opfer der totalitären Diktatur, überlebende Zeugen dieser Vergangenheit, werden die Manipulationsversuche und Herabwiegelungen der Täter jedoch nicht zulassen.

Verschweigen, Schönreden oder gar Fälschen der Wahrheit hilft uns nicht weiter. Wir müssen den Problemen ins Auge sehen, uns mit ihnen auseinandersetzen. Andernfalls könnte sich das bewahrheiten, was der Philosoph George Santayana sagte: »Wer sich an die Vergangenheit nicht erinnern kann, ist dazu verdammt, sie zu wiederholen.«

Die Erinnerung und das Wissen um die Tatsachen kann uns alle - und das ist meine Hoffnung - möglicherweise vor zukünftigen Diskriminierungen und Verletzungen der Menschenrechte bewahren.

Birgit Schlicke

EINLEITUNG

Weißwasser. Eine Kleinstadt in der Oberlausitz, gelegen im Südosten der DDR.[1]

Diese Stadt ist der Ausgangspunkt meiner Erinnerungen, denn dort war meine Familie bis 1989 zu Hause. Meine Eltern, Wally und Jürgen, meine Schwester Britta, mein Bruder Holm und ich führten in der DDR ein relativ problemloses Leben – bis zu unserem Ausreiseantrag im Oktober 1985. Von diesem Zeitpunkt an bekamen wir zu spüren, was es heißt 'Ausreisewillige' zu sein: Diskriminierungen, Bespitzelung, Schulrausschmiss, Boykottmaßnahmen, Bildungsverbot, Drohungen, schließlich Verhöre und Inhaftierung.

Alles begann, wie bereits erwähnt, im Oktober 1985. Im September war ich, sechzehnjährig, auf die EOS[2] (die so-

1 Früher zum Bezirk Cottbus gehörig. Heute liegt Weißwasser im Freistaat Sachsen.

2 Erweiterte Oberschule, die zur Erlangung der Hochschulreife zwei Jahre besucht werden musste. Die Zulassung für die EOS hing von den schulischen und gesellschaftlichen Leistungen des einzelnen Schülers ab.

genannte 'Auswahlschule der Arbeiterklasse') delegiert worden, da ich das Ziel hatte, das Abitur zu machen und anschließend Außenhandel zu studieren. Gleich zu Beginn versuchte man uns Neulingen klar zu machen, dass wir uns auf einer 'Kaderschmiede' befanden, derer wir uns würdig zu erweisen hätten. Die Umstellung auf die neue Schule war nicht unproblematisch für mich. Eine derartig vordergründige politische Indoktrinierung wie an diesem Ort war mir bis dahin unbekannt. Ständig sah ich mich nun von überzeugten bzw. angehenden DDR-Sozialisten umgeben,[3] deren Gedankengut mir als Christin fremd war. Um nicht aus dem Rahmen zu fallen, machte ich jedoch gute Miene zum bösen Spiel. Fortan trug ich meist wie alle anderen Schüler mittwochs das geforderte FDJ[4] -Blauhemd, ließ die Politdiskussionen über mich ergehen und übernahm innerhalb der Klasse die Aufgabe einer Wandzeitungsredakteurin.

Als sich meine Eltern im Oktober aus Gründen der Perspektivlosigkeit, wegen staatlicher Drangsalierung und allgemeiner Unfreiheit entschieden, die DDR zu verlassen, freute ich mich. Ich hatte die politische Bevormundung in der Schule schon lange satt und wusste, dass ich in diesem Land nie die Möglichkeit haben würde das zu studieren, was ich wollte. In schillernden Farben malte ich mir daher bereits ein neues Leben in Freiheit aus. Doch von den Ausreiseplänen unserer Familie durfte vorerst niemand wissen...

Als die Betriebsleitung meines Vaters dann doch von unserem Ausreiseantrag erfuhr, versuchte man, ihn umzustimmen. Schließlich war mein Vater in der DDR-Glasindustrie ein angesehener Ingenieur, der sich durch zahlreiche Patente ausgezeichnet hatte, und den man demzufolge nicht verlieren wollte. Nun versprach man ihm eine rückwirkende Gehaltserhöhung, interessantere Aufgaben in-

3 Drei oder vier KlassenkameradInnen fielen allerdings aus der Reihe und waren mir sympathisch. Wir hatten in politischen Dingen die gleiche Wellenlänge.

4 Freie Deutsche Jugend, sozialistische Jugendorganisation der DDR

nerhalb seines Berufsfeldes und für mich, seine Tochter, einen Studienplatz für Außenhandel, der sonst nur Männern vorbehalten blieb. Mein Vater blieb hart. Nach weiteren, zähen Aussprachen im Betrieb schlug plötzlich der bis dahin freundliche Ton um. Vom Zuckerbrot ging man zur Peitsche über. Als erste Maßnahme wurde das Gehalt meines Vaters drastisch gekürzt. Es folgten Vollmachtseinschränkungen, Verbote am innerbetrieblichen Schriftverkehr teilzunehmen, die Verweigerung von Dienstreisen, das Verbot an Fachtagungen teilzunehmen, ein Verbot Fachvorträge zu halten und massive Bespitzelungen.
Auch daheim spürten wir erste Auswirkungen unseres Antrags. Des Öfteren verschwanden an mich adressierte Briefe aus dem westlichen Ausland. Viele meiner Briefe kamen nie bei ihren Empfängern an und auch unser Telefon wurde ganz offensichtlich abgehört. In dem Haus, in dem wir wohnten, wurden wir zudem von bestimmten Leuten nicht mehr gegrüßt und einige 'Freunde' zogen sich zurück.

Nur in der Schule gab es noch keine Reaktionen. Zum einen erfuhr man erst sehr spät vom Ausreisevorhaben unserer Familie, zum anderen wusste die Schulleitung als sie es erfuhr nicht, wie sie sich verhalten sollte. Einen solchen Fall hatte es im Kreis Weißwasser bis dahin noch nicht gegeben. Genosse Marschall, der Direktor der EOS, konsultierte den Kreisschulrat und den Rat des Kreises Weißwasser. Man entschied sich zunächst für die sanfte Methode. Meine Klassenlehrerin Genossin Fieber erhielt den politischen Auftrag, mich zum Dableiben zu überreden. Auch mir versprach man plötzlich 'goldene Berge': eine eigene Wohnung, einen garantierten Studienplatz meiner Wahl und die vielen angeblichen Vorzüge dieser sozialistischen Gesellschaft, wenn ich mich von meiner Familie lossagen würde. Allein die Unverschämtheit, mich vor eine solche Wahl stellen zu wollen, verschlug mir die Sprache. Es war einfach undenkbar, mich auf Dauer von meiner Familie zu

trennen. Dass auch die schönsten Versprechungen nichts nützten, machte ich dieser Pädagogin mit deutlichen Worten klar. Kurze Zeit später distanzierten sich bereits die ersten Freunde von mir, da man ihnen angedeutet hatte, sie würden keinen Studienplatz erhalten, wenn sie weiterhin mit mir befreundet wären. Andere wieder erschienen nur noch im Schutze der Dunkelheit bei mir, damit sie der im Nachbarhaus wohnende Schuldirektor nicht sehen würde.
Im Juni 1986 kam es dann endgültig zur 'Relegation' von der EOS. Die stellvertretende Direktorin der Schule, Genossin Rentsch, verlangte eine erneute Stellungnahme in Bezug auf meine Familie. Als ich auch ihr mitteilte, dass ich, komme was wolle, gemeinsam mit meinen Eltern ausreisen würde, erklärte sie mir: »Dann können Sie jetzt Ihre Sachen packen. Ihr weiterer Schulbesuch ist für die DDR unökonomisch. Auf Wiedersehen!« Mit diesen Worten setzte sie mich kurzerhand vor die Tür.
Obwohl mein Vater und ich uns sofort bei allen zuständigen Behörden und bei der Ministerin für Volksbildung beschwerten, blieben unsere Proteste ohne Erfolg. Mehrfach wiesen wir in unseren Beschwerdebriefen auch auf gewisse Parallelen zum Faschismus des dritten Reiches hin, die nicht zu übersehen waren: der Versuch, Familien auseinander zu dividieren, Sippenhaft und Diskriminierung Andersdenkender. Genosse Fischer vom Bezirksschulrat war allerdings anderer Meinung: »Auch wenn es so aussieht wie im Faschismus - es ist nicht so.«
In der Zwischenzeit rief der EOS-Direktor öffentlich zum Boykott auf, und erklärte, dass man »mit solchen Vaterlandsverrätern wie Birgit Schlicke keine Freundschaft halten« dürfe. Nochmals wurden mit einigen meiner Freunde Einzelgespräche geführt und eventuelle Konsequenzen angedroht, wenn sie den Kontakt mit mir aufrecht hielten. Nur sehr wenige hatten danach noch den Mut, sich weiterhin mit mir sehen zu lassen.
Um die freie Zeit nach meinem Schulrausschmiß nicht sinnlos zu vergeuden, bemühte ich mich um eine Lehr-

stelle. Mit einem Notendurchschnitt von 1,6 wäre es normalerweise kein Problem gewesen, eine akzeptable Stelle zu finden. Mit Ausreden und Lügen verweigerte man mir jedoch eine Lehrstelle als Bürokauffrau und versuchte stattdessen, mir die Ausbildung zur Baggerfahrerin im Tagebau, Schweinezüchterin in der LPG[5] oder Maschinenschlosserin schmackhaft zu machen. Als ich diese Lehrstellen ablehnte, weil sie mir für meine berufliche Zukunft untauglich erschienen, wurde ich schließlich als arrogant bezeichnet.

Der Versuch, mein Abitur auf der Volkshochschule abzulegen, schlug ebenfalls fehl. Der Bezirksschulrat hatte bereits dafür gesorgt, dass ich keinerlei Abiturkurse belegen durfte. Selbst die Teilnahme an einem Schreibmaschinenkurs scheiterte um ein Haar, hätte mein Vater nicht massiv mit umfassenden Beschwerden gedroht. Immer wieder saßen also die Genossen am längeren Hebel und ließen uns ihre Macht spüren...

Die Suche nach sinnvoller Beschäftigung ging jedoch trotz aller Steine, die man uns in den Weg zu legen versuchte, weiter. Als nächstes fragten wir ein paar Handwerker, ob sie mich einstellen könnten. Niemand sah sich jedoch in der Lage, mir zu helfen. Sie hatten berechtigte Angst, nicht mehr mit Material beliefert zu werden, würden sie Ausreisewillige beschäftigen. So empfand ich mich schließlich als Arbeitslose (die es offiziell in der DDR gar nicht gab) mit Bildungsverbot. In unseren Briefen an die Regierung beschwerten wir uns auch immer häufiger über jene Repressalien, die unsere Familie erdulden musste. Gleichzeitig forderten wir die Ausreise in die Bundesrepublik, die uns in den Gesprächen bei der Abteilung Inneres in Weißwasser regelmäßig verweigert wurde. Wann wir ausreisen dürften, könne uns niemand sagen. Ein Genosse Börner von der Abteilung Inneres beim Rat der Stadt erklärte uns, dass in der DDR das Staatsrecht praktiziert werde und wir uns daher nicht auf die Schlussakte von Helsinki berufen

5 Landwirtschaftliche Produktionsgenossenschaft

könnten. Außerdem könnten Leute, die in der DDR studiert haben, nicht so ohne weiteres ausreisen. Mein Vater hätte die Pflicht, sein Studium abzuarbeiten und wenn dies bis zum Rentenalter sei.
Daheim fiel mir langsam die Decke auf den Kopf. Schließlich fand ich Anfang 1987 doch eine Aushilfstätigkeit als Briefträgerin bei der Deutschen Post. Der Stundenlohn von 3,40 DDR-Mark war zwar minimal, aber immerhin kam ich wieder unter Leute. Nichtsdestotrotz spitzte sich unsere Lage von Monat zu Monat zu. Meine Schwester Britta hatte im Juli 1987 die 10. Klasse beendet und erhielt wie ich keine annehmbare Lehrstelle. Holm, mein Bruder, besuchte zum gleichen Zeitpunkt die 9. Klasse. Auch er würde nie in der DDR das Abitur machen können und die Möglichkeit haben zu studieren.
Je mehr man uns schikanierte, umso aggressiver wurden auch unsere Briefe an die verschiedenen Regierungsstellen. Wir erhielten jedoch nie eine Antwort auf die vielen Briefe an den DDR-Regierungschef Honecker und seine Genossen. Als im September 1987 feststand, dass Honecker erstmalig die BRD besuchen würde, rief man im ZDF-Magazin Ausreisewillige auf, Petitionen an die Internationale Gesellschaft für Menschenrechte e.V. in Frankfurt am Main zu richten, die man Honecker übergeben wollte. Wir wussten, dass dies nicht ungefährlich war. Daher entschlossen wir uns, per Kurier einen Brief an die IGfM zu schicken. Mein Vater entwarf einen Brief, den ich mit meiner Schreibmaschine abtippte. Eine befreundete Amerikanerin beförderte unser Schreiben anschließend problemlos nach Frankfurt/Main.
Etwa zur gleichen Zeit besprachen wir unsere Ausreiseproblematik mit einem katholischen Pfarrer, der seit einiger Zeit Freund unserer Familie war. Bei unseren Besuchen in Cottbus übergaben wir ihm in regelmäßigen Abständen Gedächtnisprotokolle und Kopien vieler Briefe, die er an den damaligen Bischof der Diözese Görlitz weiterleitete.

Neben diversen schriftlichen Aktivitäten wandten wir uns zeitgleich immer wieder an die örtlichen Behörden. Bei jedem Zusammentreffen mit der Abteilung Inneres verwarnte man uns erneut und wies darauf hin, staatsfeindliche Äußerungen zu unterlassen. Noch seien wir schließlich Bürger der DDR, für die die Gesetze der DDR gelten.
Mein Vater ließ sich davon aber nicht einschüchtern und gründete im September 1987 eine Protestgruppe, die sich aus Ausreisewilligen zusammensetzte und den (natürlich ironischen) Namen »Freundeskreis der Stadtwanderer Weißwasser« trug. Jeden Samstag trafen sich etwa 15 Personen von 9 bis 11 Uhr auf dem zentral gelegenen Marktplatz vor dem Rathaus (in dem sich auch die Büros der Abteilung Inneres befanden), um gewaltlos auf unsere Problematik aufmerksam zu machen. Um uns allerdings nicht strafbar zu machen, gaben wir an, aus reiner Wanderlust und wegen der frischen Luft auf dem mit Kastanien gesäumten Platz schweigend unsere Runden zu drehen. Natürlich schlief der DDR-Geheimdienst nicht. Beim zweiten Treffen fotografierten sie uns bereits aus Autos und Telefonzellen heraus. Nach dem dritten Treffen, am 3. Oktober, bereitete die Stasi der Aktion dann ein Ende, indem sie uns von Polizisten umzingeln ließ. Diese nahmen unsere Personalien auf und rügten uns wegen »öffentlicher Ruhestörung«. Unser Ziel, auf die Ausreiseproblematik hinzuweisen, hatten wir trotzdem erreicht: wir waren Stadtgespräch. Schon zwei Tage später wurden alle 'Stadtwanderer' von der Staatssicherheit heimgesucht, verhört, eingeschüchtert und unter Strafandrohung gezwungen, eine schriftliche Erklärung abzugeben, dass sie in Zukunft ähnliche »Zusammenrottungen« unterlassen würden. Zusätzlich erhielt mein Vater eine Geldstrafe über 750 DDR-Mark. Die von ihm daraufhin eingereichte Beschwerde wurde abgelehnt: die Strafe sei rechtens.
Wir unterließen es fortan, auf dem Marktplatz zu 'wandern', denn eine Inhaftierung wollten wir keinesfalls riskieren. Trotzdem wurde mein Vater anschließend noch

mehrfach von der Stasi verhört, weil er sich weigerte, ihre Protokolle zu unterschreiben. Zähneknirschend unterschrieben sie am Ende selbst ihre Protokolle. Doch von nun an wurden wir und einige 'Wanderfreunde' auf Schritt und Tritt beschattet. Auf dem Parkplatz vor unserem Haus standen abwechselnd auffällige Pkw. Bei jedem Ausflug folgte uns ein weißer Lada oder ein grüner Wartburg. Die Stasi hatte ihre Spitzel offensichtlich überall. Wollte man uns damit einschüchtern? Oder warum wurden diese Überwachungen so plump ausgeführt?
Am 29. Februar 1988, einen Tag nach meinem 19. Geburtstag, holte dann die Stasi schließlich zum großen Coup aus und schlug, für uns völlig überraschend, zu...

VERHAFTUNG UND STASI-UNTERSUCHUNGSHAFT

Montag, 29. Februar 1988: Hausdurchsuchung

Am Nachmittag war ich mit Holm allein zu Hause. Vati hatte einen Arzttermin und sagte, dass er in einer Stunde wieder zurück sein werde. Etwa fünf Minuten später klingelte jemand hektisch an der Wohnungstür. Eine atemlose Nachbarin fragte: »Was ist denn mit eurem Vater los? Ich glaube, den hat die Stasi abgeholt!«
»Was??? Das kann doch nicht sein...!!«
»Doch, doch! Ich hab´ gesehn, wie ihn drei Männer aufm Parkplatz festgehalten ham, und dann musste er in ihr Auto einsteign. Ein weißer Lada. Aus Weißwasser warn die jedenfalls nicht. Ich bin doch gebürtige Weißwasseranerin – die würde ich kennen.«
Nachdem sie wieder gegangen war, schickte ich Holm sofort zu Mutti, die noch im Büro war. Ängstlich schloss ich die Wohnung von innen ab und schlich vorsichtig zum Fenster. Unten, auf dem Parkplatz, stand ein Wartburg. Während ich hinunterschaute, hatte ich das Gefühl, ich würde beobachtet. Erschrocken wich ich hinter die Gardine zurück, als es plötzlich erneut an der Tür klingelte. Auf Zehenspitzen machte ich mich auf den Weg in den Flur, um durch den Türspion zu schauen. Vor der Tür hörte ich mehrere Männerstimmen. Oh nein! Die Stasi! Was mach´ ich denn jetzt?
Ich schlich so behutsam wie möglich ins Wohnzimmer und überlegte, was zu tun sei. Mein Herz raste. Draußen klingelten und klopften die Stasi-Männer wieder an der Tür... Wenn doch bald Mutti und Holm kommen würden! Ich lasse hier niemanden rein, solange ich allein bin! Wieder lautes Klopfen und mindestens drei Männerstimmen vor der Tür. Oh Gott! Was wollen die von uns?? Ich legte

mich auf das Sofa und hielt den Atem an. Sie werden doch wohl nicht die Tür aufbrechen? Da hörte ich plötzlich ein Schlüsselklappern. Jetzt kommen sie in die Wohnung! Was mache ich jetzt? Was soll ich sagen?

Als sich die Tür zum Wohnzimmer öffnete, tat ich erstaunt. So, als wäre ich soeben vom Mittagsschlaf erwacht. Ich rieb mir die Augen. »Was ist denn hier los?« fragte ich unschuldig. Inzwischen standen auch Mutti und Holm im Wohnzimmer. »Hausdurchsuchung,« sagte Mutti. Ich sah, wie sie vor Angst zitterte. Vier Männer und eine Frau stampften mit ihren dreckigen Stiefeln über unseren Teppich. Ich wurde wütend.

»Wo ist eigentlich Ihr Hausdurchsuchungsbefehl?« fragte ich den erstbesten Stasi-Schnüffler.

»Das geht Se gar nichts an! Außerdem ham wir den schon Ihrer Mutter gezeigt. Gehn Se jetz´ ausm Zimmer.«

Ich folgte einem der Männer in das Zimmer, das sich meine Schwester und ich teilten. Gierig öffnete er jede Schublade und durchwühlte die Schränke. Er nahm sogar jede Postkarte ab, die Britta an ihrer Pinwand festgemacht hatte, und las sie. Ich stand genau neben ihm und beobachtete was er tat, damit er uns nichts unterschieben konnte. Man weiß ja nie... Außerdem bestand ich darauf, dass er alles dahin zurücklegte, wo es hingehörte. Zwischendurch fragte ich nach seinem Namen. »Geht Se nichts an,« war die Antwort. Auch die anderen Typen wollten mir keine Auskunft geben. Einer sagte, sein Name wäre »geheim«, der andere fragte nur: »Warum wolln Se das wissen?« Zwar ließ ich mir von allen Männern, die in unserer Wohnung zugange waren, die Ausweise zeigen, doch außer »MfS – Ministerium für Staatssicherheit« und unleserlichen Unterschriften konnte ich nichts in Erfahrung bringen.

Ich ging zurück ins Wohnzimmer. Mutti saß zitternd auf dem Sofa und war total verstört. Holm musste einen der Stasi-Handlanger zum Parkplatz begleiten. Dort wurde gerade unser Auto auseinandergenommen. Beschlagnahmt

wurde dann in unserer Wohnung reichlich: meine Schreibmaschine, diverse Notizbücher, mein Kalender, Vatis Arbeitsunterlagen, Adressbücher samt Telefonnummern, Zeitungsartikel, Bücher und die Tageszeitung, in der Vati einen Artikel angestrichen hatte. Die Durchsuchung dauerte schon fünf Stunden. Die einzige Frau dieser Truppe schlich ständig von einem Zimmer ins andere, fasste aber selbst nichts an. Da ich größer war als sie, stellte ich mich ihr in den Weg und versuchte, ihre neugierigen Blicke abzublocken. Im Bücherregal entdeckte sie irgendwann das Strafgesetzbuch. Es wurde ebenfalls beschlagnahmt.
»Wozu brauchen Sie das denn?« fragte ich. »Haben Sie kein eigenes, oder was?« Die Frau warf mir nur giftige Blicke zu, musterte mich von oben bis unten und schwieg.
Als die Hausdurchsuchung beendet war, wurde ein Protokoll aufgesetzt. Über 70 Positionen waren darauf verzeichnet. Die unsympathische Frau unterschrieb. Es stellte sich heraus, dass sie die zuständige Staatsanwältin war und Lisch hieß. Erneut fragte ich nach einem Stück offiziellem Papier. Doch auch ein Durchschlag des Beschlagnahmeprotokolls wurde uns verweigert. Stattdessen wurde ich angeschnauzt: »Das geht Se doch gar nichts an, höchstens Ihrn Vater. Zu gegebner Zeit wird er´s schon bekommn.«
Die Stasi-Typen packten die beschlagnahmten Sachen in große, grüne Taschen. Dann fragte Mutti die Staatsanwältin, ob Vati morgen wieder nach Hause käme, oder ob man ihn verhaftet hätte. Angeblich wusste die Lisch von nichts. Wir sollten auf eine schriftliche Benachrichtigung warten.
Als die Stasi weg war, sagte Mutti: »Du warst ziemlich unfreundlich zu dieser Frau. Das war die Staatsanwältin, Birgit.«
»Na und? Mir hat sie sich nicht vorgestellt! Und überhaupt... wie die sich hier aufgeführt hat!« Verständlicherweise war Mutti sehr besorgt und ermahnte mich zur Vorsicht. Dann trösteten wir uns gegenseitig, bevor ich

mich später auf den Weg zu Peter und Evi machte, einem befreundeten Ehepaar. Sie wollten wie wir ausreisen und hatten unserer ehemaligen Stadtwanderergruppe angehört. Noch halb unter Schock stehend, erzählte ich ihnen, was vorgefallen war. Gemeinsam sahen wir in der Verfassung der DDR nach. Darin stand, dass man spätestens nach 48 Stunden einem Haftrichter vorgeführt werden müsse. Entweder würde also Vati morgen zurückkommen, oder die Stasi hatte ihn tatsächlich verhaftet. Wir können nur noch warten...

Mittwoch, 2. März 1988: Meine Verhaftung

Nachdem wir auch gestern nichts von Vati gehört hatten, rief ich gegen 18 Uhr bei der Stasi und der Staatsanwaltschaft in Cottbus an, um herauszufinden, was mit ihm passiert war. Die Stasi gab sich ganz überrascht und fragte, wie ich auf die Idee käme, dass mein Vater bei ihnen sei. Unverschämtheit!

»Na, Ihre Leute waren doch gestern hier und haben ihn von der Straße weg verschleppt. Was soll denn das?! Und dann noch die Hausdurchsuchung...!« Ich war wütend, verzweifelt, und meine Formulierungen wurden nach und nach schärfer. Mutti hatte Angst: »Sei vorsichtig, Birgit! Nicht, dass sie dich auch noch abholen.«

Die Cottbuser Stasi meinte schließlich, ich solle bei der Staatsanwaltschaft anrufen. Dort teilte man mir lapidar mit, dass man von nichts wüsste. Alles würde sowieso nach »Schema F« gehandhabt, das heißt, falls ein Ermittlungsverfahren eingeleitet wurde, würde man uns schriftlich benachrichtigen.

Mutti war total am Ende (seit gestern ist sie sogar krankgeschrieben, weil sie Herzbeschwerden hat!). Gemeinsam überlegten wir, was wir als nächstes tun sollten. Dieses Herumsitzen in völliger Ungewissheit machte mich nervös. Also schlug ich vor, unsere Wohnung nach Wanzen abzusuchen. Wir konnten aber nichts finden. Dann versuchten wir, uns unserer Lage bewusst zu werden. »Wenn

Vati wirklich inhaftiert wurde, dann kommt er nicht mehr zurück. Dann wird er irgendwann in den Westen abgeschoben. Wir müssen Pfarrer Schneider informieren und einen Anwalt besorgen. Vielleicht kennt er einen guten Anwalt,« sagte ich.
Als wäre nichts geschehen, erschienen Britta und ich dann heute Morgen zur Arbeit auf dem Postamt. Ich wollte Pfarrer Schneider, einen Freund unserer Familie, anrufen, um ihn um Rat zu bitten. Von daheim wollte ich allerdings nicht anrufen. Unser Telefon würde jetzt sowieso abgehört... Noch bevor meine anderen Kolleginnen eintrafen, ging ich in das Büro meiner Chefin und erzählte ihr, was unserer Familie in den letzten Tagen passiert war. Sie konnte nicht glauben, was sie da eben gehört hatte: »Man schämt sich regelrecht DDR-Bürger zu sein!« Um mich ungestört telefonieren zu lassen, verließ sie dann das Büro. Ich hatte Pfarrer Schneider sofort am anderen Ende der Leitung: »Ich muss Sie unbedingt sprechen, Herr Pfarrer. Es ist etwas passiert.« Viel mehr konnte ich am Telefon nicht sagen und so verabredeten wir uns für den kommenden Tag.
Der restliche Vormittag verlief weitgehend normal. Da ich auf dem Postamt arbeitete, war ich bei der eingehenden Briefflut besonders aufmerksam, um eine eventuelle Nachricht der Staatsanwaltschaft sofort telefonisch an Mutti weiterleiten zu können. Aber nichts dergleichen kam mit der Morgenpost. Nun war ich mit meinem Latein am Ende. Ich ging zur Toilette und brach in Tränen aus. Es fiel mir extrem schwer, mich zu beherrschen. Britta fragte mich, was mit mir los sei. Ohne eine klare Antwort geben zu können, ging ich zu den Sortierregalen, um beim Briefesortieren auf andere Gedanken zu kommen. Es war etwa 9 Uhr morgens. Britta stand neben mir und sortierte ebenfalls Briefe. Langsam kamen die Kolleginnen von der Frühstückspause zurück. Zufällig schaute ich aus dem Fenster – und wurde kreidebleich. Auch Britta sah was ich sah: auf dem Hof hielt ein grüner Wartburg aus dem zwei

Männer ausstiegen. Sie trugen Anzüge mit Krawatten und mir war sofort klar, dass das nur die Stasi sein konnte.
»Das ist die Stasi... Jetzt holen sie mich.«
»Aber du hast doch gar nichts gemacht,« rief Britta entsetzt.
»Natürlich nicht. Bestimmt nur irgendeine Befragung. Aber falls ich heute nicht zurückkomme, dann müsst ihr morgen unbedingt zu Pfarrer Schneider fahren und einen Anwalt besorgen. Ich rufe schnell Zuhause an.«
Es dauerte eine Weile, bis die Männer der Vordereingang gefunden hatten. In der Zwischenzeit wählte ich unsere Nummer. »Mutti? Hier sind zwei Männer von der Stasi. Was wollen die hier?«
»Das weiß ich nicht. Sie waren auch schon hier und haben nach dir gefragt.«
»Gut, tschüß.« Ich war total verstört und zitterte am ganzen Körper. Dann rannte ich schnell zur Toilette und sah in den Spiegel. Jetzt ganz ruhig bleiben, egal was kommt! Meine Knie schlackerten. Langsam ging ich zurück. Dann wurde ich auch schon von meiner Chefin gerufen. »Hier sind zwei Herren von der Staatssicherheit, die wollen zu Ihnen. Fassen Sie sich ein wenig und bleiben Sie ruhig,« flüsterte sie. Die Typen von der Stasi warteten im Büro. Der eine, ein gewisser Herr Keusch, war mir bereits von meiner »Stadtwanderer-Vernehmung« bekannt.
»Ach, Herr Keusch! Guten Morgen. Was wollen Sie denn heute schon wieder von mir?« Gelassen und cool bleiben! Da Keusch schwieg, forderte mich der andere (ein Mann um die 1,90 m und sehr kräftig – er sah aus wie ein Berufsboxer) auf, zur »Klärung eines Sachverhalts« mitzukommen. Mir blieb wohl nichts anderes übrig... Nachdem ich mir von beiden die Ausweise hatte zeigen lassen (typisch: keine Namen, sondern nur ein Stempel mit der Aufschrift »Staatssicherheit Cottbus«) und meine Jacke, Schal und Handschuhe geholt hatte, verabschiedete ich mich von Britta und den Kolleginnen. Dann folgte ich den Männern zum Auto. An der Tür drehte ich mich noch ein-

mal um. Die Augen der meisten Frauen spiegelten Angst und Entsetzen wider. Ich versuchte zu lächeln und ging.
»Wo fahren wir eigentlich hin? Nach Cottbus?«
»Das werdn Se schon noch sehn!«
Wir fuhren zum Stasi-Hauptquartier in Weißwasser. In einem Raum, der als »Besucherzimmer« bezeichnet wurde, nahm ich Platz. Zu meinem Erstaunen saßen dort bereits eine Frau und ein Mann. Beide hatten einen Mantel an. Sie sagten kein Wort. Also setzte ich mich so lässig wie möglich auf einen Stuhl und schaute scheinbar gelangweilt aus dem Fenster. In der Zwischenzeit tat sich nichts. Da mir das Schweigen immer unangenehmer wurde, fragte ich die Frau nach der Uhrzeit. »Neun Uhr vierzig.« Wer sind die beiden? Ob sie auch befragt werden? Aber dann hätte man uns sicher in getrennten Räumen warten lassen!
Auf einmal kam Keusch hereingestürzt: »So, jetzt machn wir ´ne kleene Reise nach Cottbus – umsonst.«
»Umsonst? Ist ja toll! Sehr großzügig von Ihnen!« sagte ich patzig. Der unbekannte Mann verließ den Raum. Dann erhob sich plötzlich auch die Unbekannte. Sie fasste meinen Arm und schob mich zur Tür. Erst jetzt war mir klar, dass sie auch zu dieser Truppe gehörte. So eine miese Ratte! Ich schüttelte sie ab wie eine lästige Fliege. »Noch kann ich allein gehen!!«
Im Auto musste ich hinten einsteigen. Neben mir nahm die Stasi-Frau Platz. Am Steuer saß Keusch, daneben als Beifahrer der 'Boxer'. Dann machte es noch kurz »klick« und alle Türen waren dicht. Ich saß in der Falle! Unterwegs wurde kein Wort gewechselt. Absolutes Schweigen. Keusch fuhr wie ein Henker die Landstraße entlang und in meinem Kopf wirbelte alles durcheinander. Ruhig bleiben! Ruhig bleiben!!!! Man darf mir meine Angst nicht anmerken!! Das war allerdings leichter gedacht als getan. Mein Herz schlug mir bis zum Hals und scheinbar dermaßen laut, dass ich glaubte, die anderen könnten es hören. Mir war ganz schlecht vor Angst, doch ich machte

mir Mut. Was wollen die eigentlich von mir? Die können mir gar nichts!! Und wenn es um Vati geht, sage ich sowieso nichts!
Trotz meiner Ängste hatte ich während der einstündigen Fahrt zeitweise das Gefühl, nach außen relativ gefasst zu wirken. Hin und wieder musterte ich die Frau neben mir. Wie kann man nur so einen Job haben? Ich wollte sie schon nach ihrem Namen fragen, und ob sie nichts Besseres zu tun habe, als hier durch die Gegend zu kutschieren und unschuldige Leute zu verschleppen. Ich ließ es dann aber doch bleiben.
Kurze Zeit später hielt auch schon der Wagen – wir waren in Cottbus. Der Boxer stieg aus und ging zur Wache. Dann öffnete sich ein Stahltor, das sich sofort wieder hinter uns schloss. Im Hof sah ich vergitterte Fenster. Dies musste wohl die Untersuchungshaftanstalt und Hauptzentrale der Stasi in Cottbus sein. Sitzt Vati etwa gerade in diesem Moment hinter einem dieser vergitterten Fenster?
»Bleiben Se hier nich´ stehen! Komm´ Se mit! Da lang!«
Wir gingen mehrere Stockwerke hinauf, vorbei an Karl-Marx-Wandzeitungen und Spruchbändern. An einer Tür angelangt, flüsterte Keusch unverständliche Codeworte in die Türsprechanlage. Dann übergab er mich der Cottbuser Stasi und verschwand.
Zur Begrüßung wurde ich von einer blonden Frau empfangen, die mich aufforderte, den Inhalt meiner Taschen auf dem Tisch auszubreiten und die Stiefel auszuziehen.
»Was soll denn das Theater? Ich bin doch keine Terroristin!« Wut stieg in mir hoch.
»Wir müssen Sie trotzdem auf Hieb- und Stichwaffen überprüfen. Das ist eine Vorschrift.« Anschließend wurde ich auch noch in Fliegerstellung abgetastet! Als sie fertig war, fragte ich, wo ich hier eine Toilette finden könnte.
»Draußen, auf dem Gang. Erste Tür rechts.« Sie folgte mir augenblicklich.

»Was soll das denn jetzt? Wollen Sie mir jetzt zuschauen, oder was?« Sie wich keinen Zentimeter von meiner Seite. Langsam wurde es mir zu blöd. »Ich habe meine Tage... Also bitte gehen Sie jetzt und machen Sie die Tür von außen zu.«

»Damit Sie in der Zwischenzeit Beweismaterial vernichten können? Kommt nicht in Frage!«

Ist denn so ´was zu fassen?? Alle Proteste nützten jedoch nichts. Sie ließ sich nicht abwimmeln.

Bei meiner Rückkehr erwartete mich im Büro ein junger Mann. Er war groß, schlank, etwa 33 bis 35 Jahre alt, hatte dunkelblondes, leicht gewelltes Haar und trug einen grauen Anzug. Direkt auf dem Tisch vor mir baute er ein Tonband samt Mikrofon auf. Dann setzte er sich an einen Schreibtisch, mir gegenüber.

»Se wissen ja weshalb Se hier sind, oder?«

»Nein, weiß ich nicht. Ich wurde von Weißwasser hierher verschleppt. Man sagte mir nur, dass ich zu einer Befragung mitkommen solle. Aber vielleicht klären Sie mich mal auf, was das Ganze soll...?!«

»Stelln Se sich nich´ dümmer als Se sind. Es geht um die staatsfeindlichen Briefe, die Ihr Vater und Sie verschickt ham. Hier auf diesem Blatt stehn über hundert Fragen. Wenn Se die alle beantwortet ham, könn´ Se wieder gehn. Vorher nich´.«

»Was ist mit meinem Vater? Ist er hier im Haus? Kann ich ihn sehen?« Keine Antwort.

»So, dann wolln wir ma´ loslegen... Ach, und denken Se immer dran, dass alles was Se sagn auf Tonband aufgenommn wird. Wir werden´s auch der Staatsanwältin vorspieln. Se ham sich ja schon bei der Hausdurchsuchung ganz schön daneben benommen...« Er musterte mich.

»Ach, wissen Sie, wenn Sie glauben Sie könnten mit Ihrem Tonband Eindruck auf mich machen, muss ich Sie leider enttäuschen. Das können Sie sich wirklich sparen. Vor Gericht wird es sowieso nicht als Beweismittel anerkannt.«

»Pah! Wer hat Ihnen denn so ´was erzählt? Aber jetz´ zur Sache. Se sind ja keen unbeschriebnes Blatt. Ich hab´ hier das Protokoll von der Befragung wegen diesem nichtgenehmigten Verein... ‘Stadtwanderer’... Se wolln also unbedingt in die BRD übersiedeln. Und dazu is´ Ihnen offensichtlich jedes Mittel recht. Ihnen wird vorgeworfn, die Tätigkeit staatlicher Organe durch Drohungen beeinträchtigt und die staatliche Ordnung verächtlich gemacht zu ham. Was ham Se zu diesen Anschuldigungen zu sagen?«

»Diese Anschuldigungen sind lächerlich. Ich habe niemandem gedroht und auch nicht die staatliche Ordnung verächtlich gemacht. Wir haben uns nur gegen die Willkürakte der Staatsorgane beschwert. Das ist unser gutes Recht.«

»Mit welchen ausländischen Stellen stehn Se in Verbindung?«

»Mit gar keinen.«

»Dem Untersuchungsorgan is´ aber bekannt, dass eine Verbindung zu ausländischen Stellen besteht. Äußern Se sich dazu!« forderte mich der Unbekannte auf.

»Ich weiß von nichts. Und überhaupt: wer sind Sie eigentlich? Wie ist Ihr Name?«

»Mein Name is´ völlig unintressant. Hier geht´s nur um Sie. Und Ihrn Vater. Also, weshalb wollte Ihr Vater die staatliche Ordnung herabwürdigen? Was versprach er sich davon?«

»Geben Sie sich keine Mühe – Sie erfahren von mir nichts über meinen Vater.«

»Und wer hat dann die Verbindung zur Feindorganisation hergestellt? Wer hat die Briefe geschriebn und wie sind se in die BRD gelangt?«

»Was denn für Briefe? Welche ‘Feindorganisation’? Wovon reden Sie überhaupt die ganze Zeit?«

Plötzlich ging die Tür auf. Ein älterer Mann kam herein. Er stellte sich als Major und »Leiter der Untersuchungsabteilung« vor, war etwa 55 Jahre alt, hatte seine dunkle Schmalztolle glatt nach hinten gekämmt und hinkte ein

wenig. Lässig schlenderte er an mir vorbei. Dann setzte er sich direkt vor mir auf die Tischkante und grinste.
»Na na na. Was solln denn diese Lügen? Se wissen doch ganz genau, worum´s geht! Jetz´ sein Se mal ´n bisschen netter zu Ihrm Untersuchungsführer. Der mag das nich´, wenn man ihn ständig anlügt.«
»Ich lüge nicht,« entgegnete ich.
»Wenn man ´was verschweigt, dann is´ das genauso schlimm wie Lügen.«
»Ich verschweige auch nichts. Wenn Sie mir nicht glauben wollen, dann ist das Ihr Problem.«
Der Jüngere hakte ein: »Se sind aber ganz schön nervös für jemand, der nichts zu verbergen hat. Was schlenkern Se denn dauernd mitm Bein hin und her, hä? Und Gesichtszuckungen ham Se auch... «
»Was?? Gesichtszuckungen? Das ist ja das Allerneuste!« Ich lachte. Unverschämter Kerl! Was bildet der sich ein?
»Ich hol´ Ihnen gleich mal ´nen Spiegel,« entgegnete der Offizier. »Oder besser noch, wir stelln Se ´nem Psychiater vor!«
»Wollen Sie mir jetzt Angst machen, oder was? Das klappt aber nicht!«
»Dann sagn Se doch endlich ´was Se über die Briefe wissen,« fing der Alte plötzlich an zu schreien.
Tief durchatmen... Ganz ruhig! »Das Herumschreien nützt erst recht nichts. Wenn Sie Ihre Lautstärke nicht zurückfahren, sage ich nämlich überhaupt nichts mehr. Und ohne Anwalt sage ich auch nichts.«
»Ham Se denn überhaupt ´nen Anwalt?« wollte der widerliche Alte wissen.
»Nein, noch nicht. Aber wenn ich mal kurz Ihr Telefon benutzen darf, dann könnte ich Wolfgang Vogel[6] in Ostberlin anrufen.«
»Das heißt nich Ostberlin!« schrie der alte Major ganz außer sich. »Se ham sich gefälligst an unsre Formulierungn zu haltn. Das heißt 'Hauptstadt der DDR'.«

6 Bekannter DDR-Anwalt, der zwischen DDR- und BRD-Regierung die Häftlingsfreikäufe vermittelte.

»Also gut: wenn es genehm ist, würde ich jetzt gern den verehrten Rechtsanwalt Vogel in Berlin, der Hauptstadt der DDR, anrufen.« Ich kann dir genauso blöd kommen, Vollidiot!
»Wartn Se mal ab – Ihr Grinsen wird Ihnen schon noch vergehn. Dann sind Se nur noch soooo kleen, mit Hut! Wir sind hier schon mit ganz andern Leuten fertig gewordn. 'Nen Anwalt gibt´s nich´. Basta. Gegen Sie is´ noch keen Ermittlungsverfahrn eingeleitet wordn.«
»So? Na wunderbar! Dann liegt gegen mich auch nichts vor und ich kann jetzt gehen!« Ich erhob mich vom Stuhl.
»Hinsetzn!«, brüllte er. »Wir sind noch lange nich´ fertig. Se gehn erst, wenn Se alle Fragen beantwortet ham.«
»Aber ich habe Ihnen doch schon gesagt, dass ich ohne Anwalt keine Aussagen mache. Mein Gott, ist das so schwer zu verstehen?«
»Der liebe Gott wird Ihnen jetz´ och nich´ helfen. Den gibt´s nämlich gar nich´, hehehehe.«
»Sie müssen´s ja wissen... Sie haben ja sowieso die Wahrheit gepachtet, oder? Aber ich hab´ jetzt keine Lust, mit Ihnen über Glaubensfragen zu streiten.«
Der junge Vernehmer machte sich eine Zigarette nach der anderen an. Der Major bestellte Kaffee. »Wolln Se och ´was trinken?«
»Ja, danke der Nachfrage. Sehr aufmerksam. Ich möchte ein Glas Selters.« Telefonisch erkundigte man sich nach dem Mineralwasser. Angeblich gab es aber nur Limonade. Also gut, meinetwegen. Ein 'Oberkellner' in olivgrüner Stasi-Uniform servierte die Limonade.
Dann ging das Spiel von vorn los: »Weshalb entschlossn Se sich, die staatliche Ordnung der DDR herabzuwürdigen?«
Ich wusste nicht mehr weiter, und berief mich erneut auf Rechtsbeistand: »Ohne Anwalt bekommen Sie ab jetzt von mir keine Antworten mehr.«
»Se ham wohl vorhin nich´ richtig zugehört, was? Ham Se ´was im Gehörgang? Es gibt erst ´nen Anwalt, wenn een

Ermittlungsverfahrn eingeleitet wurde. Das is´ bei Ihnen nich´ der Fall. Noch nich´.«
»Trotzdem: ohne Anwalt, keine Aussage.«
»Der Satz is´ unvollständig! Wissen Se das nich´? Der heißt korrekt: 'Ohne Anwalt keene Aussage, Euer Ehren'... Also, was is´ jetz´? Wer hat die herabwürdigenden Briefe an staatliche Organe verfasst?«
»Ich sagte doch schon: ohne Anwalt keine Aussage !«
»Se ham 'Euer Ehren' vergessen.«
»Hab´ ich nicht! Oder sind Sie etwa Richter?,« entgegnete ich.
»Nächste Frage: Weshalb informiertn Se ausländische Stelln über angebliche Diskriminierungen Ihrer Familie?«
Ich schwieg. »Na, wie lautet der Satz des Papageien?« höhnte der Fiesling. »Hmm? Ohne Anwalt...«
»Keine Aussage! Und jetzt sag´ ich gar nichts mehr. Feierabend!« Ab jetzt starre ich Löcher in die Luft...
Nach zwei äußerst schweigsamen Stunden sagte der Major plötzlich: »Wir machen jetz´ Mittagspause. Wolln Se ´was essen?«
»Kommt drauf an, was es gibt.«
»Ach, och noch verwöhnt die Dame? Es gibt Maccaroni. Is´ das recht?«
»Ja, ist okay.«
»Ham Se och Geld dabei?« fragte der Jüngere.
»Ja, aber ich bezahle nichts. Schließlich war es nicht meine Idee, hierher zu kommen. Wenn Sie sich Gäste einladen, sollten Sie sie auch bewirten. Das ist so üblich.«
Der alte Vernehmer lachte. »Kann es sein, dass Se sich von Ihrm Vater ´was abgelauscht ham? Meinetwegen, wir laden Se zum Essen ein. Und bis wir zurück sind überlegn Se sich mal, ob Se uns nich´ doch ´was Wichtiges zu sagen ham,« sprach er und verschwand mit dem Jungspund aus dem Zimmer.
Ein anderer Mann kam ins Büro. Ich taufte ihn heimlich den 'Bulgaren.' Südländischer Typ, pechschwarzes Haar, braungebrannt, ein Hüne von einem Mann. Er stellte ei-

nen Teller mit Maccaroni vor mich auf den Tisch, nahm am gegenüberliegenden Schreibtisch Platz und ließ mich nicht mehr aus den Augen. Ich hasse es, beim Essen beobachtet zu werden! Ich starrte zurück.
»Was soll denn der Quatsch?! Warum sind Se denn so stur?« fragte er recht unwirsch nach einigen Minuten Funkstille.
Ich schaute ihn fragend an. »Was geht Sie denn das an? Ohne Anwalt sage ich eben nichts. Basta!«
Nach dem Essen wurde ich erneut ins Kreuzverhör genommen, beleidigt und angeschrien. »So, das reicht. Wenn Sie hier nur rumschrein, sage ich wirklich nichts mehr. Und in 24 Stunden werden Sie mich dahin zurückbringen, wo sie mich abgeholt haben. Länger können Sie mich hier nämlich nicht festhalten,« verkündete ich forsch.
»Kenn´ Se sich überhaupt mit den Gesetzen aus? Hier, ich zeig´ Ihnen mal, was Se erwartet, wenn Se nich´ aussagen. Schon mal ´was vom Paragraphen 99 gehört?« Ich blätterte in den Gesetzestexten, die mir der jüngere Mann gab. Paragraph 99:

> *Landesverräterische Nachrichtenübermittlung von nicht geheim zu haltenden Nachrichten: Wer als Bürger der Deutschen Demokratischen Republik außerhalb ihrer Grenzen mit imperialistischen Geheimdiensten oder anderen Organisationen, Einrichtungen, Gruppen oder Personen, deren Tätigkeit gegen die Deutsche Demokratische Republik oder andere friedliebende Völker gerichtet ist, in Verbindung tritt und diese in ihrer staatsfeindlichen Tätigkeit unterstützt, wird mit Freiheitsstrafe von zwei bis zu zehn Jahren bestraft... Vorbereitung und Versuch sind strafbar.*

»Trifft auf mich nicht zu. Ich habe niemanden bei irgendwelchen ‘staatsfeindlichen Tätigkeiten’ unterstützt.«
»Aber Ihr Vater!« rief der Major.

»Das weiß ich nicht. Da müssen Sie ihn schon selbst fragen.«
Immer wieder wechselten sich der Junge und der Alte ab. Jedes Mal, wenn der Jüngere nicht mehr weiter wusste, kam sein zynischer Vorgesetzter herein und versuchte zum wiederholten Mal, mich unter Druck zu setzen. Reiner Psychoterror! Mal schrie er mich an, ich solle hier nicht die 'feine Lady' mimen und gefälligst alles sagen, sonst würde es mir schlecht ergehen. Dann versuchte er es auf die sanfte Tour: »Se sind doch ´ne intelligente, junge Frau... Mit Ihrn Aussagen könntn Se Ihrm Vater helfen. Dann wird vielleicht doch noch alles gut...« Schweigen meinerseits. Verärgert hinkte der Alte nach draußen. Wenn die Situation gar zu schweigsam und ausweglos wurde, kam er wieder und tuschelte hinter meinem Rücken zwischen den Flügeln der schalldichten Doppeltür mit dem Jüngeren. Braucht wohl Nachhilfe, der Lehrling...? Seltsam, dass der Alte immer ausgerechnet in diesen Momenten hereinplatzt oder das Telefon klingelt. Wahrscheinlich sitzt er im Nachbarbüro und hört unsere Gespräche mit an?? Klar, so muss es wohl sein...
Gegen 17 Uhr platzte der Major erneut zur Tür herein. Steinerner Gesichtsausdruck, dann hämisches Grinsen: »So, jetz ham Se sich aber een Eigentor geschossen! Gegen Sie wurde ´n Ermittlungsverfahrn eingeleitet. Jetz´ bleiben Se hier bei uns!« Wie?! Ich verstehe nicht ganz... Festgenommen?? Was soll das??? Redet der mit mir?
Er hob den Telefonhörer ab, wählte ein paar Nummern und sagte dann: »Een Neuzugang. 74, bitte abholn.« Kurz darauf erschien ein uniformierter Mann in der Tür, der mich aufforderte ihm zu folgen. Ganz benommen lief ich hinter ihm her. Treppauf, treppab. An einem Gitter hielt er an. »Hände auf´n Rücken und Gesicht zur Wand!« Mechanisch folgte ich seinen Befehlen. Moment: was mache ich denn?? Bin ich schon eine Marionette? Warum laufe ich diesem Mann hinterher, reagiere wunschgemäß auf seine Befehle? Verwirrung. Angst...

Auf dem Gang, den wir entlanggingen, brannte eine rote Signallampe. Am Treppengeländer waren überall Reißleinen angebracht und aus den Ecken der Gänge wurde ich durch Videokameras beobachtet. An der nächsten Tür wieder das gleiche Kommando: »Gesicht zur Wand!« und dann »Weiter! Kommse mit! Nach unten.« Kommse. Gehnse. Gesicht zur Wand... Kann der auch noch normal reden? In einer Zelle angekommen, die mit einem Holzzaun in der Mitte geteilt war, sollte ich im hinteren Teil auf einem Hocker Platz nehmen. Vor dem Holzzaun stand ein junger Mann mit Brille. Er war höchstens 28, trug eine olivgrüne Uniform und lächelte. Dann überreichte er mir die Hausordnung. Ich brach in Tränen aus, begann zu zittern und ließ den Ordner samt Hausordnung krachend auf den Boden fallen.

»Na, bleibn Se mal ganz ruhig! Ihnen passiert doch hier nischt. Die Hausordnung könn´ Se och später noch lesen, wenn Se sich beruhigt ham.« Er ging nach draußen und eine Frau, mit einem Stapel Kleidung im Arm, betrat die Zelle.

»Ziehn Se sich aus und reichen Se alles hier zu mir rüber.« Sie beobachtete mich genau. »Auch die Uhr und die Kette... Soooo. Ach, die Ohrringe noch! Und nu machen Se die Beene breit. Machen Se mal fünf Kniebeugen!«

»Was soll ich??«

»Kniebeuge machen! Se ham schon richtig verstanden.«

»Aber ich habe meine Tage... «

»Interessiert mich nich!«

Widerwillig machte ich, was sie verlangte. Erniedrigung! Jetzt wollen sie mich auf diese Weise fertigmachen. Wollen mir sagen: du bist ganz klein, ein Nichts. Und: wir befehlen, du hast nur noch zu gehorchen...

Peinlich genau inspizierte sie alle Körperöffnungen und wies mich zum Schluss an, den Kopf nach unten zu beugen und mir mit den Händen wie mit einem Kamm durch die Haare zu fahren. Dann gab sie mir Knastunterwäsche, zwei Paar Socken, einen weinroten Trainingsanzug, zwei

Decken, einen blauen Pulli und ein Taschentuch. Dazu noch eine Plastikdose, eine Tasse, einen Teebehälter, einen Kamm, ein Stück Seife, eine Packung Monatsbinden und ein Paar braungelb karierte Filzlatschen.
Anschließend ging es zum Duschen. Auf dem Weg dahin musste ich wieder mit dem Gesicht zur Wand warten und erneut wurden rote Lampen auf dem Gang eingeschaltet. In der Duschzelle drückte mir die Frau eine Flasche mit Haarshampoo in die Hand. Dann stellte sie sich unmittelbar neben die Dusche und sah mir beim Duschen zu. Inzwischen protestierte nicht mal mehr meine innere Stimme. Ich war wie gelähmt... Völlig sprachlos. Schock.
Wieder zurück in der Effektenzelle[7], unterschrieb ich eine Liste auf der meine Habseligkeiten aufgeführt waren. Ein Schließer schleuste mich anschließend durch das UHA[8] -Labyrinth in den Zellentrakt. Vor der Zelle mit der Nummer 36 blieb er stehen und schloss die Tür auf. Verwundert sah ich, dass in dem etwa acht Quadratmeter 'großen' Raum bereits zwei Frauen saßen. Sie stellten sich mir als Inge T. (48) und Christel B. (46) vor. Gerade hatte ich mein Bündel auf der Holzpritsche abgelegt, da öffnete sich eine kleine Klappe in der Zellentür.
»Se sind ab jetzt die Nummer drei. Hier is´ das Abendessen,« sagte der Schließer hinter der Tür zu mir, bevor er die Klappe wieder schloss.
Mit fragendem Blick schaute ich auf das gelbe Plastikmesser, das auf dem Teller lag. »Ja, ja... Das haben die uns am ersten Abend hier auch gegeben. Haben wohl Angst, dass man sich was antut.« Inge verdrehte die Augen, so nach dem Motto: 'Was für Idioten!'
»Ich kann jetzt sowieso nichts essen... Wie lange sind Sie denn schon hier?« fragte ich die beiden Frauen.
»Du kannst uns ruhig duzen; wir sitzen hier alle im selben Bunker. Ich bin jetzt schon acht Wochen hier. Christel seit fast sechs Wochen.« Meine Augen wurden immer größer.

7 Raum, in dem die persönlichen Sachen von Häftlingen und Strafgefangenen aufbewahrt werden.
8 Untersuchungshaftanstalt

Was??? So lange ziehen sich hier die Ermittlungen hin? Na, das kann ja heiter werden!
Zehn Minuten später klapperte es wieder an der Tür. Der Schließer verlangte den Teller zurück und wunderte sich, dass ich nichts angerührt hatte. »Drei, machen Se sich fertig. Se werdn gleich abgeholt.« Klappe zu.
Meine Haare waren noch nass, standen in alle Richtungen und der viel zu große Trainingsanzug schlackerte an meinem Körper, als ich das Vernehmerzimmer erneut betrat. Der alte, fiese Major saß in einem Sessel und griente mich an. »Na, nun trinkn wir mal in aller Ruhe ´nen schönen, starken Kaffee und Se erzähln uns alles. Hmmh?«
Nach einem Verhör war mir nun erst recht nicht mehr zumute! Ich trank zögernd den Kaffee. Ob die mir da etwas reingemixt haben?? Mir war übel, ich hatte Kopfweh und war durch die ganze Situation total verstört. Immer wieder brach ich in Tränen aus, weil ich zunehmend mit den Nerven am Ende war. »Was wollen Sie denn von mir?? Sehen Sie denn nicht, dass ich völlig fertig bin? Ich kann hier nichts erzählen... Das könnte ich nicht mit meinem Gewissen vereinbaren.«
»Wieso? Ham Se etwa Angst Ihrn Vater zu belasten?« Ich nickte unter Tränen. Ein bisschen auf die Tränendrüse drücken und erst einmal Zeit gewinnen! Ich brauche Zeit zum Nachdenken!
Der junge Vernehmer kam ins Zimmer und tauschte vielsagende Blicke mit dem Major aus. »Wir ham ja Verständnis dafür, dass das keene angenehme Situation für Sie is´,« heuchelte der Major. »Aber da sind Se och selber schuld. Wenn Se uns heute Mittag schon alles erzählt hätten, säßen Se jetzt gar nich´ mehr hier. Na, nu trocknen Se mal die Tränen! Für heute machn wir Schluss. Schlafen Se mal ´ne Nacht über alles. Denken Se mal gut nach. Und morgen früh sehn wir uns dann wieder.«
Im Zellentrakt war schon Nachtruhe. Ich putzte mir schnell die Zähne, zog den Schlafanzug an und legte mich auf die Strohmatratze. Das Licht ging aus. Inge und Chri-

stel schliefen noch nicht und wollten alles Mögliche von mir wissen. Nicht ohne Vorsicht erzählte ich die nötigen Fakten aus meinem Leben. Kein Wort über irgendwelche Briefe, sondern nur, dass ich mir nicht erklären könne, weshalb ich hier sei. Vielleicht sind die Zellen verwanzt oder man hat Spitzel auf mich angesetzt? Ich muss mit allem rechnen!
Mit einem Schlag wurde es taghell in der Zelle! Vor Schreck fuhr ich auf und saß im Bett. »Was ist denn jetzt los?« fragte ich entgeistert.
»Ach, das ist nur die Lichtkontrolle,« klärte Inge mich auf. »Das geht jetzt alle zehn Minuten so. Licht an, dann guckt einer durch den Spion, und wieder Licht aus. Daran musst du dich gewöhnen.« Na wunderbar!!
Beim zweiten Mal war ich gewappnet. Ich zog mir einfach die Decke über den Kopf. Großer Fehler! »Drei! Sofort die Decke vom Gesicht runter!« schrie der Aufseher von draußen. Ich gehorchte. Aber wie soll man mit diesem Halogenscheinwerfer mitten auf dem Gesicht jemals einschlafen können?? Ich war müde und zerschlagen, konnte aber keinen Schlaf finden. Alles Mögliche ging mir durch den Kopf... Wie es wohl Mutti gerade geht? Weiß sie überhaupt, wo ich jetzt bin? Und was macht Vati? Ist er hier irgendwo? Vielleicht sogar in der Nachbarzelle? ... Was soll ich den Stasi-Typen morgen früh erzählen? Am besten alles abstreiten! Ich weiß von nichts! Vati wird sicherlich alles auf sich nehmen. Dann müssen sie mich freilassen... Und wenn nicht? Oh Gott, nur nicht dran denken! Das würde ich nicht aushalten... Diese Enge. Die schrecklichen Geräusche... Ich grübelte stundenlang vor mich hin.
Draußen lief der Schließer beständig seine Runden. Jedes Mal, bevor er den Scheinwerfer in unserer Zelle einschaltete und der Spion klapperte, schloss ich schnell meine Augen. Er ging weiter zur nächsten Zelle. Eins... Zwei... Drei... Vier. Viermal schaltete er Scheinwerfer an, dann kam er zurück. Wer liegt in den anderen vier Zellen??? Jede Viertelstunde hörte ich die Glocken eines nahen Kirchturms

läuten. Ich zählte die Glockenschläge. Es war inzwischen drei Uhr morgens. In ein paar Stunden würde man uns wecken und zur nächsten Vernehmung holen! Irgendwann bin ich dann wohl doch noch kurz eingeschlafen...

Donnerstag, 3. März 1988: Sechs Stunden Verhör

Ich war todmüde als ich, wie angekündigt, zum Verhör abgeholt wurde. Von 8 bis 14 Uhr haben mich abwechselnd beide Vernehmer mit Fragen gelöchert und alles, was ich sagte, wurde wieder auf Tonband aufgenommen. Bisher kann ich die Aussagen verweigern - aber wie lange noch? Der alte Vernehmer (ich nenne ihn 'Hinkebein', weil er das rechte Bein nachzieht und etwas hinkt) kam hin und wieder in das Büro und drohte mir mit dem Psychiater. Immer die gleiche Masche! Einmal sind sie nett und bieten mir Kaffee an, dann schlägt die Stimmung um und ich werde angeschrien. Aber ohne Anwalt sage ich nichts und bis der hier erscheint, können noch ein paar Tage vergehen. Ich muss einfach Zeit schinden.
Nach der Vernehmung holte mich der ständig schnaufende Schließer (er erinnert an ein Walross) ab. »Komm Se!«, »Gehn Se!«, »Gesicht zur Wand!« Was für ein Job! Wenn ich ihm aber direkt in die Augen schaue, wird das Walross sogar rot... Bevor er mich zurück in die Zelle 36 schloss, brachte mich Walross in den dritten Stock zur Eingangsuntersuchung. Ein gewisser Dr. med. A. Lasslop[9], Facharzt für Chirurgie, untersuchte mich, führte Augen- und Gehörtests durch und bescheinigte schließlich meine Haft-, Vernehmungs- und Prozeßtauglichkeit. Ich solle mich in den nächsten Tagen für den Frauenarzt bereithalten. Was?!? Das wird ja immer besser. Kommt nicht in Frage!

Nachmittags: Beim Haftrichter

Gegen 15:30 Uhr führte man mich dem Haftrichter vor. Mir gegenüber saß ein Mann namens Schmidt[10], in Zivil, bär-

9 Den Namen des Arztes entnahm ich meiner Stasi-Akte.
10 Seinen Namen erfuhr ich ebenfalls erst aus den Unterlagen der Gauck-Behörde.

tig und äußerst unfreundlich. Mit grimmiger Miene verlas er im Eiltempo den Haftbefehl und die Paragraphen, die ich angeblich verletzt hatte (§ 99, 220 und 214). Der wichtigste Paragraph war dabei offensichtlich der § 99 aus dem besonderen Teil des DDR-Strafgesetzbuches »Verbrechen gegen die Deutsche Demokratische Republik.« Mir wurde der Vorwurf gemacht, »landesverräterische Nachrichtenübermittlung von nicht geheim zu haltenden Nachrichten« begangen zu haben. Ein 'Verbrechen', auf das es noch nicht einmal Bewährungsstrafe gab, sondern mindestens 2 bis 10 Jahre Freiheitsentzug! Schmidt, der mich anschließend über die Möglichkeit Haftbeschwerde einzureichen informierte, fragte mich, ob ich mich zu den erhobenen Vorwürfen äußern wolle. Ohne Umschweife erklärte ich ihm, dass sich alles um einen Irrtum handeln müsse. »Ich protestiere gegen meine Verhaftung und verlange die sofortige Freilassung, da ich unschuldig bin. Ich habe keinerlei Verbrechen begangen und lege gegen den Haftbefehl Beschwerde ein.«

Eine Sekretärin notierte eifrig meine Worte.

»Erzähln Se doch keinen Mist! Wenn Se unschuldig wär´n, säßen Se jetz´ nich´ hier!« schnauzte er mich an. Dann wollte er noch wissen, wer von meiner Verhaftung benachrichtigt werden solle. Schnell noch eine Unterschrift unter den Haftbefehl, der mir zur Kenntnisnahme vorgelegt wurde, und dann ließ er nach einem Läufer rufen, der mich abholen sollte. Während ich wartete, öffnete sich plötzlich eine Nebentür. Ein älterer, glatzköpfiger Mann in Uniform (den Schulterklappen nach Oberstleutnant – der muss hier ein hohes Tier sein!) rief mich in sein Büro. Er stellte sich nicht vor, aber gemessen an der Größe und Ausstattung seines Büros war er höchstwahrscheinlich der Chef der Cottbuser Staatssicherheit. Alles sah so gediegen aus: Plüschsessel, ein riesiger Tisch aus poliertem Holz, eine wuchtige dunkelbraune Schrankwand, der russische Fernseher etc. – wie ein überladenes Wohnzimmer aus den 70er Jahren. Dazu überall Büsten von Marx

und Lenin, Bücher, Pokale und Orden sowie verschiedene Richard Sorge[11] - Auszeichnungsurkunden an den Wänden. Kaum hatte ich Platz genommen und mich etwas im Zimmer umgesehen, giftete er mich an: »Was spiel´n Se denn hier für´n Spiel?«
»Ähhh, Spiel...???«
»Warum lügen Se de ganze Zeit? Hä? Wir wissn genau, was Se hier treiben: 'Mein Name is´ Hase. Ich komm´ ausm Wald und weiß von nichts!' Sagen Se endlich de Wahrheit!«
»Aber ich sage doch die ganze Zeit nichts anderes als die Wahrheit! ... Wer sind Sie eigentlich? Sie haben sich noch nicht vorgestellt,« erwiderte ich.
»Das is och nich´ nötig. Ich kann Ihnen nur een guten Rat gebn: wenn Se hier alles schnell über die Bühne bringn wolln, dann sagen Se alles, was Se über diese Briefe wissn. Wir wissn sowieso über alles Bescheid!«
»Ach ja?«
»Ihnen wird der Hochmut schon noch vergehn...« drohte er, als die Tür geöffnet wurde und der Schließer erschien. Ich erhob mich und ging ohne ein Wort zur Tür. Was sollte das Ganze?? Und wer war dieser Typ, der mich einschüchtern wollte??

Freitag, 4. März 1988: Die Zelle

Höchste Zeit, einmal die Zelle unter die Lupe zu nehmen. Größe: etwa drei mal drei Meter, vielleicht 3,50 Meter hoch. Es ist schrecklich eng. Auf den drei Holzpritschen, die dicht nebeneinander stehen, liegen alte durchgelegene Seegras-Matratzen aus Armeebeständen. Meine sind total fleckig und verdreckt. 1968 steht in einer Ecke. Diese Teile sind also älter als ich selbst! Dass dies hier kein Sanatorium ist, war mir klar. Aber diese hölzernen Pritschen bestehen wirklich nur aus den blanken Brettern. Es gibt zudem keine Kopfkissen und auch die Matratzen verhindern

11 Richard Sorge wurde von der Stasi als großer »Kundschafter« verherrlicht.

nicht, dass wir täglich mit Rückenschmerzen und blauen Flecken aufwachen.
Über dem Kopfende der mittleren Pritsche ist ein Brett an der Wand festgeschraubt. Darauf stehen unsere Teebehälter und Teller. Links oben, über dieser Ablage, befindet sich ein Fenster aus Milchglasbausteinen. Weil die Steine von innen und außen versetzt gemauert sind, kann man nicht nach draußen sehen. Es gibt nur einen zwei Zentimeter breiten Spalt, durch den ein bisschen frische Luft in die Zelle gelangt. Rechts an der Wand, gleich neben der Tür, befindet sich ein kleiner Heizkörper und auf der gegenüberliegenden Seite sind das Waschbecken (nur kaltes Wasser!) und die Toilette. Weil alles so eng ist, müssen wir auf den Pritschen sitzend unser Essen einnehmen. Ich habe dann immer genau das Klo vor der Nase - sehr appetitanregend! Meistens werden wir beim Essen durch den Spion in der Tür beobachtet. (Als ich das erste Mal nur dieses Auge an der Tür sah, habe ich mich ich echt erschrocken! Inzwischen nervt die ständige Überwachung nur noch. Ich kann mich einfach nicht daran gewöhnen, dass etwa alle fünf Minuten durch den Spion geglotzt wird. Egal was man macht: ob man sich wäscht, auf der Toilette sitzt, schläft etc. Ständig ist da ein männliches Auge!)
In der Tür ist auch noch eine Klappe (die sogenannte »Freßluke«), durch die man uns die Getränke und das Essen hereinreicht. Und oberhalb des Türbogens befindet sich der Halogenscheinwerfer für die nächtlichen Kontrollen. Dann gibt es noch ein Tischchen mit eingebauter Emailleschüssel, sowie rechts und links an der Wand je ein kleines Regal für die wenigen Kleidungsstücke bzw. Bücher. Neben der Toilette steht ein Abfalleimer mit Deckel. Dieser Eimer wird in Abständen geleert und alle Abfälle genau kontrolliert. Wenn das nicht bescheuert ist.

Samstag, 5. März 1988: Fingerabdrücke und Verbrecherfotos

Heute Morgen ein kurzes Verhör mit dem jungen 'Untersuchungsführer' (er ist, glaube ich, Hauptmann). Er erzählte, dass Vati einen Anwalt angeschrieben hat, auch in meinem Namen. Es handle sich dabei um Wolfgang Vogel. Und dann endlich ein Brief von daheim!! Ich bin sofort wieder in Tränen ausgebrochen. Was der blöde Hauptmann denkt, ist mir total egal. Ich habe kein Problem damit, Schwäche zu zeigen!

> *Meine liebe Birgit,*
> *mach Dir bitte keine Sorgen um meine Gesundheit. Unsere Freunde helfen und geben mir Trost. Ich weiß, dass Du nichts Böses getan hast; es wird sich alles aufklären und Du wirst bald wieder bei uns sein. Ich bemühe mich auch um einen Anwalt für Dich, dann hast Du es leichter. [...] Ich umarme Dich, Mutti.*

Nachmittags wurde ich durch die labyrinthischen Gänge der UHA geführt. Ich weiß nicht, wie viele Türen und Gitter, rote Lampen, Videokameras und Reißleinen ich passierte, bis ich im obersten Stockwerk beim Fotografen an-

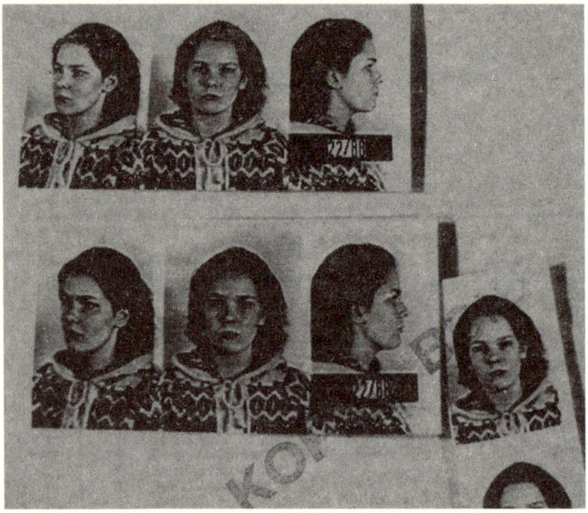

Fotos für die Verbrecherkartei

kam. Zwei Männer in Uniform empfingen mich in einer Dachkammer, die mit zwei grellen Scheinwerfern ausgestattet war. Mitten im Raum befand sich eine seltsame Apparatur: ein hölzerner Stuhl mit Hebeln auf einer Art Podest.

Auf diesen Stuhl sollte ich mich nun setzen. Klick! Klick! Ein paar Verbrecherfotos für die Kartei. Dann zog einer der Männer an einem Hebel. Ruckartig drehte sich der Stuhl zur Seite, so dass ich im Profil fotografiert werden konnte.

Nächste Station: Fingerabdrücke. Mit einer schwarzen Farbwalze wurden meine Hände markiert. »Was soll denn das hier werden, wenn´s fertig ist?« fragte ich. »Werde ich jetzt in die Verbrecherkartei aufgenommen? Wie lange wird die denn archiviert? 10 Jahre? 20 Jahre?« Man schwieg sich aus. Sorgfältig musste ich nun jeden einzelnen Finger und die Handflächen auf einem Formular abrollen.

»Na, hoffentlich geht dieses schwarze Zeug hier auch wieder von meinen Händen ab!«

»Bisher ist mir nur ein Fall bekannt, wo die Farbe nicht mehr abgegangen ist – bei der Pechmarie. Hahahaha,« lachten die beiden Typen. Äußerst witzig!

Montag, 7. März 1988: Freistunde

Jeden Vormittag, wenn wir nicht gerade beim Vernehmer sind, werden wir für etwa 30 Minuten in den Freihof-Käfig geführt. Vorher müssen wir im Keller unsere Hausschuhe gegen ein paar schwere, schwarze Schuhe ohne Schnürsenkel eintauschen und uns, je nach Wetterlage, eine blaue wattierte Jacke anziehen (so eine, wie Bauarbeiter sie tragen).

Auf dem Hof gibt es vier Zellenkäfige – drei 'normale' und einen ganz kleinen, in dem man wirklich Platzangst kriegen kann. Die normalen Zellen sind viermal vier Meter groß und mit Steinplatten ausgelegt. Die Höhe der Mauern beträgt auch etwa vier Meter. Oben sind die vier Abteilungen mit Maschendraht bespannt, so dass wir uns wie

Tiere in einem Käfig fühlen. Jeder Schritt wird von einem Wachposten beobachtet, der auf einem Laufsteg oben an den Zellen entlangläuft und mit einem MG[12] bewaffnet ist. Husten, pfeifen, singen, lachen, sprechen, klopfen und Sport treiben sind strengstens verboten. Aber immer wenn uns der Wachposten den Rücken zudreht, lachen und husten wir, um unseren Mitinhaftierten ein kleines Lebenszeichen zu geben. Wenn der Wärter dann schnell zu unserer Zelle rennt, um uns zu verwarnen, husten die Frauen aus den anderen Zellen. So können wir feststellen, dass noch mindestens sechs weitere Frauen inhaftiert sind. Außerdem macht es uns Spaß, den bewaffneten Blödmann auf dem Laufsteg zu ärgern. Der ist jedes Mal außer sich, wenn wir uns nicht an die Hofordnung halten. In den letzten Tagen wurde unsere Zelle häufig durchwühlt, während wir in den Käfigen unsere Runden liefen. Keine Ahnung, was die suchen... Wir haben es auch nur gemerkt, weil meine selbstgebastelten Haargummis verschwunden waren. Ich weiß genau, dass ich sie auf das Regal gelegt hatte, und nach dem Hofgang waren sie weg!

Dienstag, 8. März 1988: Haftbeschwerde

Letzte Nacht hatte ich einen interessanten Traum. Ich sah Vati und Hagen, ein Freund meiner Eltern, zusammen in einer Zelle. Sie saßen auf Pritschen. Vati sagte mir, dass ich auf jeden Fall Haftbeschwerde einlegen solle. Das wäre wichtig. Wenn ich heute zur Vernehmung geholt werden sollte, dann mache ich von meinem Recht Gebrauch. Die Frist ist zum Glück noch nicht abgelaufen.

8:40 Uhr morgens

Der Vernehmer war natürlich nicht entzückt, als ich etwas zum Schreiben verlangte, um meinen Brief an das Gericht zu schreiben. Das wäre doch so sinnlos und würde sowieso abgelehnt werden. Bla-bla-bla. Das Beste war aber der Schreibblock, den mir der Stasi-Hauptmann zum

12 Maschinengewehr

Schreiben gab. Auf dem obersten Blatt konnte ich deutlich am Durchdruck Vatis Handschrift erkennen! Überschrift: Haftbeschwerde!! Also hat er sich auch beschwert und leugnet alles, genau wie ich! Und der Traum – soll das ein Zufall sein? Ich muss dann gleich mal diesen Stasi-Typ testen...

Doch zuerst der Brief an das Bezirksgericht Cottbus:

> *Ich, Birgit Schlicke, möchte hiermit Haftbeschwerde gegen Beschuldigungen einlegen, die gegen mich am 3. März 1988 erhoben wurden. Ich lehne die Beschuldigung ab, ein »Verbrechen der landesverräterischen Nachrichtenübermittlung« begangen zu haben. Ferner lehne ich die Beschuldigung ab: »Die Beschuldigte hat gemeinsam mit J. Schlicke mehrfach an die Organisation der BRD IGfM Frankfurt/Main schriftliche Nachrichten seit etwa Mitte 1987 übermittelt.« Ich lehne weiterhin ab, dass ich mit meinem Vater gemeinsam an staatliche Organe der DDR gerichtete Schriftstücke verfasst haben soll. Ich habe nie derartige Schreiben selbst verfasst, noch an der Verfassung solcher Schreiben mitgewirkt. Ich habe lediglich, auf die Bitte meines Vaters hin, Briefe mit der Schreibmaschine abgeschrieben, die an staatliche Organe der DDR gerichtet waren.*

»So, ich bin fertig mit meinem Brief. Ach, übrigens, hat mein Vater eigentlich auch Haftbeschwerde eingelegt?« fragte ich.
»Hmmm... da kann ich mich jetz´ gar nich´ erinnern. Aber ich glaube nich´.« So ein Lügner!!
»Das ist ja komisch. Sie können sich also nicht erinnern, hmm? Aber ich sag´ Ihnen ´was: ich weiß, dass mein Vater Haftbeschwerde eingelegt hat!« Hihi, jetzt macht er aber ein blödes Gesicht!
»Wie, was meinen Se damit?? Wer hat Ihnen das erzählt??!! Mit wem ham Se gesprochen??«

»Ich? Ich habe mit niemandem gesprochen... Ich weiß es ganz einfach.«
»Das gibt´s doch nicht! Mit wem ham Se hier gesprochen?!«
»Mit niemandem! Wenn ich´s Ihnen sage, dann lachen Sie sowieso nur...«
»Jetzt sagen Se´s mir endlich: Wer hat´s Ihnen gesagt?«
»Meine Güte - niemand!! Ich hab´s letzte Nacht geträumt. Zufrieden?«
»So ´n Quatsch...«
»Das stimmt wirklich! Aber jetzt weiß ich´s auch noch von dem Schreibblock, den Sie mir vorhin gegeben haben. Tja, so blöd wie Sie denken, bin ich noch lange nicht!« So, das hat gesessen!
Hinkebein, der alte Major, kam dann später auch noch ins Zimmer und war ziemlich sauer, dass ich nun doch Haftbeschwerde eingelegt hatte. Er meinte, das wäre ein großer Fehler. Pah! Gerade weil er mich davon abhalten wollte, habe ich die Beschwerde geschrieben.
Dann wurden wieder die gleichen Fragen gestellt, wie in den letzten Tagen auch. Etwa sechs Stunden lang zog sich das Verhör heute hin. Alle meine Aussagen wurden auf Tonband aufgezeichnet.

Mittwoch, 9. März 1988: Flanellis Protokolle

Der jüngere Typ mit dem Flanellanzug (ab heute nenne ich ihn einfach 'Flanelli'), also mein 'Untersuchungsführer', geht mir total auf die Nerven. Heute war schon wieder ein Mega-Verhör, mit Tonband und allem Drum und Dran. Er hat mich gegen 8 Uhr holen lassen. Insgesamt saß ich etwa acht Stunden bei ihm im Zimmer. Der Typ ist so bescheuert! Wir haben uns ziemlich lange über die Protokolle gestritten. Irgendwelche Protokolle sollte ich mit fünf (!) Durchschlägen unterschreiben. Dabei hat er mich immer gedrängt. Ich solle mal ein bisschen schneller lesen und nicht jedes Wort auf die Waagschale legen. Natürlich habe ich mir dann erst recht Zeit zum Lesen genommen!

Am Schluss weigerte ich mich zu unterschreiben, weil meine Aussagen nicht wortwörtlich wiedergegeben wurden. Flanelli versucht nämlich immer, mir irgendetwas in den Mund zu legen, was ich so nicht gesagt habe.
»Das unterschreibe ich nicht. Das sind nicht meine Worte.«
»Jetzt machen Se mich aber nich´ schwach! Das hört sich vielleicht ´n kleenes bisschen anders an, aber sinngemäß isses dasselbe. Wir müssen nun mal Juristendeutsch schreiben, das is´ so üblich.« So ein Quatsch! Er versuchte mich zu überzeugen, aber es hat nicht geklappt. Den laß´ ich auf Granit beißen! Er musste dann auch tatsächlich das Protokoll ändern. Soll er sich doch ruhig die Finger wundschreiben!
PS.: Heute ist Muttis Geburtstag und ich sitze in U-Haft! Ich konnte ihr - wie gnädig! - ein paar Zeilen schreiben:

Liebe Mutti,
als erstes möchte ich Dir ganz herzlich zum Geburtstag gratulieren. Ich wünsche Dir alles Gute, gute Besserung und Gottes Segen.
Bitte mache Dir keine Sorgen um mich, denn mir geht es gesundheitlich gut. Ich wurde von einem Arzt untersucht. Er teilte mir mit, dass alles in Ordnung sei. Mein Blutdruck ist normal; ich wiege 57,5 kg.
Falls Du gesundheitlich nicht in der Lage bist mich zu besuchen, dann brauchst Du das nicht zu tun. Ich verstehe das und möchte auf keinen Fall, dass Du Dir das alles zu Herzen nimmst. Britta und Holm werden sich um Dich kümmern; Du bist nicht allein!
Ich umarme Euch alle, Eure Birgit.
Gott schütze Euch!

Donnerstag, 10. März 1988: Beschwerde abgewiesen

Meine Haftbeschwerde wurde heute als »unbegründet« zurückgewiesen. War ja zu erwarten! Und Flanelli hat sich natürlich ins Fäustchen gelacht! Auszug aus dem Antwortbrief des Gerichts:

> *Die Beschwerde ist nicht begründet (...) Vorhandensein mehrerer Beweismittel (...) der dringende Tatverdacht bestätigt (...) Aufrechterhaltung der Untersuchungshaft ist unter Beachtung des § 123 StPO gesellschaftlich notwendig und unumgänglich.*

Die beim Bezirksgericht spinnen total! »Gesellschaftlich notwendig«?! Und was meinen die mit »mehrere Beweismittel«?? Die Stasi hat ja bei der Hausdurchsuchung nichts gefunden... Die bluffen doch nur!
Nachdem mir der Brief zur Kenntnisnahme vorgelegt wurde, ging es mit den Verhören weiter. Flanelli und Hinkebein wechselten sich ab. Zur Abwechslung wurde heute nichts auf Tonband aufgezeichnet und nach etwa sechs Stunden wurde ich schließlich in die Zelle zurückgeschafft.
Inzwischen habe ich endlich eine Bibel in der Zelle! Als Walross vorhin zum Büchertausch die Klappe öffnete, sagte ich zu ihm: »Ich weiß, dass ich hier drin das Recht habe, in der Bibel zu lesen. Also bringen Sie mir mal eine!« Das war natürlich geblufft, denn ich war mir weder sicher, ob ich das Recht auf eine Bibel hatte, noch ob sie in diesem Haus überhaupt eine auftreiben konnten. Doch schon ein paar Stunden später erschien Walross und überreichte mir die heilige Schrift mit den Worten: »Hier haben Se Ihr Krimibuch mit Mord und Totschlag.« Zynischer Heini!

Montag, 14. März 1988: Plaudereien mit Hinkebein
Überraschung! Heute konnte ich mich vormittags einmal ausruhen. Nur ein kurzes, etwa zweistündiges Verhör und ein Brief von einem Anwalt namens Wolfgang Schnur. Mutti war bei ihm in Rostock und hat ihn gebeten, meine Verteidigung zu übernehmen. Nachmittags wurde ich erneut in den Vernehmertrakt geholt. Aber nicht Flanelli erwartete mich, sondern Hinkebein – mein 'Liebling'! Das

Zimmer, das Hinkebeins Büro zu sein schien, sah ich dabei zum ersten Mal. Es sah um einiges gemütlicher aus als das Zimmer, in dem ich normalerweise verhört wurde.
Heute war Hinkebein richtig schleimig drauf! »Na, wie geht's? Ich wollte Se mal wieder rausholn aus Ihrer Zelle. Ihnen is´ doch bestimmt langweilig. Jetzt trinkn wir mal ´nen Kaffee zusammen und unterhaltn uns ´n bisschen, einverstanden?« Okay, gegen einen Kaffee ist nichts einzuwenden. Aber was will er mit dieser Taktik bewirken?
»Wie verstehn Se sich denn inzwischen mit Ihrm Untersuchungsführer? Se wissen ja, dass es wichtig ist, mit dem Untersuchungsführer gut auszukommen.« Ich erzählte ihm, dass wir recht gut miteinander können. Nur dass er so viel raucht nerve mich. Hinkebein meinte doch tatsächlich, dass er Raucher auch nicht ausstehen könne!
Dann klingelte plötzlich das Telefon. Erstaunlicherweise tat er gar nicht geheimnisvoll. Normalerweise wäre ich vorübergehend in eine Zelle eingeschlossen worden oder er hätte gleich wieder aufgelegt, so wie es Flanellis Art war. Ich trank also meinen Kaffee und tat so, als würde ich nicht zuhören.
»Jaja, nächste Woche. Wie? Nach Berlin. Ja. Hmhm. Wieder ´mal die öffentlichen Häuser besuchen, hahahaha. Achso, ja. Der sitzt bei uns, seit Montag. Wie? Ja, der Spritzenfabrikant aus Lübben. Wie hieß der noch? Richtig. Ja, geht klar. Ich melde mich wieder. Tschüß.«
Und dann erhob er sich auch noch, um aus dem Zimmer zu gehen! Das gibt´s doch nicht. Wo die Stasi mich sonst keine Sekunde aus den Augen lässt!
»Kann ich Se ´n paar Minuten alleene lassen? Nich´, dass Se mir in meinen Kaffee spucken! Hahahaha!«
»Sehr witzig. Aber deshalb würde ich mir an Ihrer Stelle keine Sorgen machen. Gehn Sie ruhig. Ich werd´ nicht aus dem Fenster springen. Die sind ja eh vergittert!« Soll das ein Test sein, oder was? Ich werde aus diesem Mann nicht schlau!

Nachdem er mich für ein paar Minuten eingeschlossen hatte, kam er wieder und meinte, ich solle jetzt einmal wegschauen. »Das brauchen Se nich´ zu sehn!«
Er hatte eine Flasche Schnaps in der Hand, die er schnell im Schreibtisch verschwinden lassen wollte. Alkohol am Arbeitsplatz? Wahrscheinlich ein Alkoholiker! Sollte mich nicht wundern. Hier gibt's genug verkrachte Existenzen.
»Ich hab´s aber doch gesehen! Pech gehabt...«
»Ach was!« meinte er und grinste bloß.
Was mit meinen Augen los sei, wollte er wissen. Ich würde immer so mit den Augen blinzeln. Ob ich keine Brille hätte!? Der macht mir Spaß! Meine Brille liegt zu Hause und Mutti durfte bisher ja nicht hierher kommen, um sie mir zu bringen. Er wolle dafür sorgen, dass meine Brille herbeigeschafft wird. Danach konnte ich gehen bzw. wurde natürlich von einem Uniformierten abgeholt.

Mittwoch, 16. März 1988: »Sachen packen! «

Als ich heute, völlig mit den Nerven am Ende, wieder von der Vernehmung kam und mich gerade ein paar Minuten ausruhen wollte, hieß es plötzlich: »Drei! Packen Se Ihre Sachen zusammn.«
»Was ist denn jetzt los?« fragte ich Inge. »Warum soll ich denn verlegt werden?« Sie vermutete, dass man einen Spitzel auf mich ansetzen wollte, weil ich bisher zu allem Vorwürfen geschwiegen hatte. »Denk´ mal drüber nach und lass dich nicht unterkriegen, Kleine.« Ich umarmte Inge und Christel und wurde samt Bündel aus der Zelle geschlossen.
Gleich nebenan, in der Nachbarzelle Nr. 37, sollte ich Quartier beziehen. Ab jetzt war ich die Nummer 'Zwei'. In der Zelle saß eine junge Frau auf einer Pritsche. Sie schaute mich erstaunt an, als ich auf der anderen Pritsche mein Bündel ablegte. Ich wiederum wunderte mich, dass dieses Bett bereits bezogen war. »Das andere Bett gehört Bärbel. Die ist grade zur Vernehmung,« erklärte mir die Frau. Sie hieß Manuela C. und war 24 Jahre alt. Wir unterhielten uns

ein bisschen darüber, weshalb wir beide hier drin sitzen. Manuela und ihr Mann (der ebenfalls hier in U-Haft ist) sind wegen »illegaler Nachrichtenübermittlung« bei der Stasi gelandet und wurden schon Mitte Februar verhaftet. Dann wurde eine dritte Pritsche in die Zelle geschoben. Während ich meine Decken mit Bettwäsche bezog, erzählte ich von mir.
»Und wer ist Bärbel?« wollte ich wissen.
»Sie sitzt wegen versuchter Republikflucht. Aber eigentlich ist sie in der Partei und will gar nicht in den Westen. War wohl eher ´ne Kurzschlußhandlung, weil es auf der Arbeit Streit gegeben hatte. Sie und ihr Mann sind in die CSSR gefahren, aber noch bevor sie richtig an der Grenze waren, sind sie schon festgenommen worden.« Aha! Diese Bärbel könnte also unter Umständen eine lebende Wanze sein, die mich aushorchen soll. Also Vorsicht vor dieser Frau!
Wenig später kam dann Bärbel H. (28) von der Vernehmung zurück. Ihre erste Amtshandlung war es, sich eine Zigarette anzuzünden. Als auch noch Manuela zu rauchen begann, wurde die Luft in der Zelle ziemlich dünn. Will die Stasi mich vielleicht ausräuchern und so zum Geständnis bringen?

Donnerstag, 17. März 1988: Verpflegung in der UHA

Die Qualität des Essens hier lässt sich in einem Wort zusammenfassen: scheußlich. Das geht schon früh um 7 Uhr los, mit dieser eklig-schleimigen Milchsuppe. Danach gibt es Malzkaffee, Brot, Einheitsmarmelade und Margarine – auch nicht gerade überwältigend. Das Mittagessen bekommen wir um 13 Uhr. Eintöpfe und besonders Kohlrübensuppe gibt es ziemlich häufig. Die ist wahrscheinlich billig. Soviel ich weiß, hat man diese Suppe nach 1945 oft gegessen... Und dann gibt es noch so ätzende Sachen wie Nierchen (dieses Zeug stinkt wie die Pest, da verweigere ich jeden Bissen!) oder Gulasch aus Magenfleisch. Obst gibt es kaum. Ab und zu einen Apfel oder eine Kubaorange. Letztere sind aber so strohig, dass wir sie nur als Ball benutzen können. Gegen 18 Uhr gibt es das Abendessen: Brot mit Margarine, Käse oder Aufschnitt (Blutwurst, Mettwurst, Leberwurst) und Kräutertee. Dazu, sofern vorhanden, eigene Bestände aus Sprechergeschenken[13], die im Kühlschrank auf dem Gang gelagert werden. Zweimal im Monat ist außerdem Einkauf. Von unserem Geld (Mutti überweist jeden Monat 50 Mark »Eigengeld« für mich) können wir uns ein paar Kaffeemarken, Äpfel, Zigaretten, Kekse oder Schokolade kaufen.

An den Wochenenden geht es ein bisschen abwechslungsreicher zu. Das Essen ist dann auch etwas besser. Der vom Eigengeld bezahlte 'richtige' Kaffee wird am Samstag und Sonntagnachmittag ausgeteilt. Dazu reicht die Anstalt meist einen sehr trockenen, häufig überlagerten Rührkuchen mit dürftiger Schokoladenglasur. Bei uns heißt dieser Kuchen 'Atomkuchen', weil er wie einer dieser Teile aussieht, die in Bunkern für den atomaren Angriff gelagert werden. Zum Glück hat aber immer jemand in der Zelle noch ein paar leckere Sachen vom letzten Sprecher, die dann aufgeteilt werden. Diese Kaffeestunde ist jedenfalls etwas besonderes und uns fast 'heilig'. Wir genießen unseren Kaffee, reden über schöne Dinge und versuchen wenigstens für ein oder zwei Stunden die Gegenwart zu vergessen.

Ob es nun an der Ernährung hier liegt oder ganz einfach am Stress - ich habe in letzter Zeit nicht nur etliche Kilogramm Gewicht verloren, sondern auch ziemlich starken Haarausfall. Bisher bin ich recht gut ohne Medikamente ausgekommen, aber vorsichtshalber habe ich den Sanitäter, der jeden Morgen und Abend immer nach der Essensausgabe an der Zelle erscheint, gefragt, ob er mir etwas dagegen geben könnte. In der Regel verabreicht der kleine, dickliche Typ Schlaf- oder Abführtabletten. Jede Tablette, die er uns gibt, muss unter Aufsicht sofort geschluckt werden. Nun erhalte ich also früh und abends auch je

13 Sprecher ist die Bezeichnung für Besuch von Angehörigen.

eine Tablette. Diese angeblichen Panthenol-Tabletten sind wirklich widerlich (wahrscheinlich handelt es sich eh nur um irgendwelche Kalktabletten - so schmecken sie jedenfalls!). Es ist fraglich, ob es überhaupt etwas bringt. Aber einen Versuch ist es immerhin wert.

Montag, 21. März 1988: Kein Ende abzusehen

Die Stasi erzählte mir heute, dass sich Mutti große Sorgen um mich mache. Ob ich ihr nicht einen Brief schreiben möchte, um sie zu beruhigen? Normalerweise darf ich pro Woche unter Aufsicht nur eine DIN A4 Seite an Mutti schreiben. Heute also ein Extrabrief außerhalb der normalen Schreibtage:

> *Liebe Mutti,*
> *man hat mir mitgeteilt, dass Du in großer Sorge um mich bist. Das brauchst Du nicht! Mir geht es den Umständen entsprechend gut; ich bin gesund und kann mich deshalb nicht beklagen. [...]*
> *Ich bedauere es allerdings sehr, dass ich momentan nicht in die Kirche gehen kann. Das ist etwas, was ich sehr vermisse. [...] Bitte grüßt alle, die nach mir fragen und sagt ihnen, dass es mir gut geht.*
> *In Gottes Händen - Eure Birgit.*

Im Anschluss an diesen Brief wieder Verhöre mit Tonbandaufnahmen. Etwa vier Stunden lang. Danach war ich fix und fertig.

Mittwoch, 23. März 1988: Leben in der UHA

Fast drei Wochen Stasi-Haft liegen hinter mir. Es kommt mir unendlich lang vor... So, als wären es bereits Monate. Langsam fange ich an, mich damit abzufinden, dass ich hier so schnell nicht entlassen werde. Mit Bärbel und Manuela verstehe ich mich gut, bis auf die Tatsache, dass Bärbel mit ihrer Raucherei keinerlei Rücksicht auf mich nimmt. Manu dagegen schränkt sich wegen mir ein biss-

chen ein und raucht dafür mehr, wenn sie beim Vernehmer ist.
Das Leben in der UHA ist genau vorprogrammiert. Für alles gibt es Regeln und bestimmte Zeiten. Geweckt wird bei der Stasi – außer Samstag und Sonntag – um 5:30 Uhr. Ein schriller Hupton, der sich wie eine Schiffshupe anhört, reißt jeden brutal aus dem Schlaf. Danach geht in allen Zellen das Licht an. Das Waschen ist hier auch so eine Sache für sich! Nur kaltes Wasser aus der Leitung, Duschen einmal wöchentlich unter Aufsicht und Haarewaschen nur bei Gutdünken des Personals. Für die morgendliche Wäsche wird zunächst durch die Zellenluke warmes Wasser in unsere Emailleschüssel gegossen. Wenn wir uns anschließend waschen wollen, drücken wir auf einen Knopf links neben der Zellentür. Draußen geht dann eine Lampe an – das Zeichen für das überwiegend männliche Personal, nicht durch den Spion zu schauen. Wenn wir fertig sind, drücken wir wieder auf den Knopf. In den letzten Tagen hatten wir aber den Eindruck, dass sich die Uniformierten da draußen nicht an diese Regelung hielten. Ein kleiner Test sollte Gewissheit bringen. Heute Morgen klebten wir ein Stück Klopapier, das wir mit Wasser angefeuchtet hatten, auf den Spion. Es dauerte keine zwei Minuten und wir wurden aufgefordert das Papier sofort zu entfernen! Das war der Beweis, dass sie das kleine bisschen Privatsphäre, das uns noch geblieben ist, einfach ignorieren. Eine grenzenlose Sauerei!! Das ständige Beobachtetwerden – egal ob man die Toilette benutzt oder sich während der Menstruation zwischendurch wäscht – ständig, ständig glotzt so ein uniformiertes Schwein (alles junge Typen zwischen 20 und 30 Jahre alt). Das ist entwürdigend ohne Ende!!!!
Und wenn wir uns mal die Haare waschen wollen, müssen wir fast darum betteln. Zuerst müssen wir fragen, ob wir warmes Wasser haben können. »Mal sehn, wann wir das einrichten können,« ist meist die Antwort. Dann wird das Wasser wie am Morgen durch die Luke gegossen, in die Emailleschüssel. Unser Shampoo, Deos etc. verwalten

ebenfalls die Schließer. Da wir nichts dergleichen in der Zelle haben dürfen, steht es draußen auf dem Gang in einem Schrank und wird uns nur auf Anfrage in die Zelle gereicht. Bescheuert! Das Waschbecken ist außerdem ziemlich klein, so dass der Akt des Haarewaschens kaum umständlicher sein könnte... Mit dem Zahnputzbecher die Haare abspülen und solche Scherze.
Duschen dürfen wir, wie gesagt, auch nur einmal pro Woche. Dabei werden wir von einer der wenigen Frauen in Uniform beobachtet. Wenn sie gut gelaunt ist, dürfen wir uns eventuell die Nägel schneiden. Eine Feile gibt es aber nicht. Der Duschgang ist auch immer mit dem Wäschetausch verbunden. Es gibt dann einen anderen, gewaschenen Trainingsanzug, Unterwäsche und so weiter. Außerdem werden wir jede Woche nach dem Duschen gewogen. Innerhalb der ersten paar Tage hatte ich gleich vier Kilo abgenommen. Mich wundert bei dem Psychostress hier gar nichts mehr!
Die Zeit, in der wir duschen, nutzen die Wärter meist dazu die Zellen zu durchwühlen. Dabei gibt es bei uns gar nichts zu finden! Es ist ja sowieso alles verboten! Keine Stifte, kein Papier, keine spitzen Gegenstände. Nicht mal eine lumpige Haarspange oder ein Gummiband, um die Haare zusammenzubinden. Als ich kürzlich mal nach einem Gummiband fragte, hat man mir ein Stück Wäschegummi andrehen wollen, das man sonst für Unterwäsche benutzt. Klasse!

Dienstag, 29. März 1988: Die Verhöre gehen weiter

Kurz nach 8 Uhr stand ich heute Morgen schon wieder bei Flanelli auf der Matte. Vier oder fünf Stunden lang sinnlose Verhöre (ich schweige weiterhin!!). Zwischendurch hat er mir mal Kaffee angeboten und dabei versehentlich unsere Tassen vertauscht. Das war ganz witzig. Nachdem ich einen Schluck genommen hatte, hätte ich den Kaffee fast wieder ausgespuckt. Zuckersüßes, ekliges Zeug! Und er hat auch das Gesicht verzogen, als er einen Hieb von

meinem ungesüßten Kaffee nahm... Flanelli braucht mindestens vier Stück Zucker pro Tasse!
Mutti hat wieder geschrieben. Sie hat ein kleines Gebetblatt mit einem Bonhoeffer-Zitat mitgeschickt, das ich mir kurz anschauen durfte:
Von guten Mächten wunderbar geborgen, erwarten wir getrost, was kommen mag. Gott ist mit uns am Abend und am Morgen und ganz gewiss an jedem neuen Tag.

Als Flanelli mir das Blatt in die Hand drückte, guckte er mich argwöhnisch von der Seite an und meinte: »Bonhoeffer... war der nich´ im KZ oder so? Was will Ihre Mutter denn mit so ´nem Zitat andeuten, hä? Sie schicken das sofort wieder an Ihre Mutter zurück. Beim nächsten Mal gibt´s das nich´ mehr.«

Ostern 1988: Allein mit Bärbel

Aus irgendeinem mir nicht ersichtlichen Grund wurde Manu heute ganz plötzlich aus unserer Zelle verlegt. Wahrscheinlich haben wir uns zu gut verstanden...? Sie ist jetzt in einer der Zellen ganz am Ende des Ganges. Und ich bin nun zur Nummer »Eins« befördert worden.
Kaum war Manuela weg, versuchte Bärbel doch tatsächlich, einiges aus mir herauszuquetschen. Vor allem interessierte sie sich für meinen Onkel in Westberlin. Was geht sie denn mein Onkel an? Habe ich ihr überhaupt erzählt, dass ich Verwandte im Westberlin habe? Ich habe natürlich nichts von mir gegeben. Ich bin doch nicht blöd. Bärbel raucht mehr als je zuvor. Das geht mir vielleicht auf die Nerven! Sie ist auch ganz schön aggressiv. Gestern Abend haben wir uns über die Zukunft unterhalten. Dabei kam es zum Streit. Weil ich nicht mehr in der DDR leben will, meinte sie ich wäre materialistisch und eine Kapitalistin. Ich habe nur gelacht. »Wenn ich eine Kapitalistin bin, was bist du denn dann? Eine Kommunistin?!« Nicht ohne Stolz hat sie diese Frage bejaht. Sie will unbedingt hierbleiben. Wenn sie so weitermacht, kommt sie vielleicht

auf Bewährung frei. Mir soll´s egal sein. Ich bleibe jedenfalls nicht hier! Der gesamte Osten kann mir gestohlen bleiben!
Ostern habe ich so einigermaßen hinter mich gebracht. Die Zeit von Karfreitag bis Ostersonntag verging sehr langsam und insgesamt betrachtet war es eine trostlose Zeit. So langweilig und deprimierend! Ich wäre so gern zum Gottesdienst gegangen! Zum Glück habe ich meine Bibel... Davids Psalmen sind der letzte Strohhalm, an den ich mich noch klammern kann. Wenn gar nichts mehr geht, machen sie mir Mut. Einer meiner Lieblingspsalmen (Psalm 118, 5-9) der letzten Tage:

> *Als ich von allen Seiten eingeschlossen war, schrie ich zum Herrn um Hilfe. Er antwortete mir und machte mich frei. Der Herr steht mir bei; nun fürchte ich nichts mehr. Was könnte ein Mensch mir schon tun? Der Herr steht mir bei, er selber greift ein; darum werde ich mit eigenen Augen sehen, wie meine Feinde unterliegen. Mit dem Herrn rechnen ist besser als sich auf Menschen verlassen. Mit dem Herrn rechnen ist besser als auf die Hilfe der Mächtigen warten.*

Schade, dass Manu nicht mehr hier ist. Mit ihr konnte ich wenigstens über Gott sprechen.

Montag, 4. April 1988: Manuela kommt zurück

Manu ist wieder da! So urplötzlich wie sie verschwunden war, stand sie heute wieder in unserer Zelle. Ich habe mich soooo gefreut! Manu ist uns auch sofort um den Hals gefallen. Sie erzählte, dass sie in der Zeit in der sie ‘weg’ war, mit einer Margitta die Zelle geteilt hat. Diese Margitta war seit einigen Wochen in Einzelhaft und froh, sich endlich mit jemandem unterhalten zu können. In den nächsten Tagen würde sie allerdings auf Transport gehen. Manu wäre dann allein zurückgeblieben und so hat man sie kurzerhand zurückverlegt.

Inzwischen bin ich krank geworden. Unsere Tür dichtet nicht richtig ab und dadurch ist ständig Zugluft in der Zelle. Ich habe mir eine Angina eingefangen. Fühle mich miserabel. Als heute noch Fieber von 39,4°C hinzukam, wurde ich zum Arzt geschlossen. Eigentlich nahm ich an, dass ich für die Dauer des Infekts in eine Krankenzelle käme, um die andern nicht auch noch anzustecken. Der Arzt winkte aber nur ab und meinte: »Wenn Sie sich nicht küssen, besteht keine Ansteckungsgefahr.... Hahaha.« Witzbold! Die Stasi ist doch immer zu Scherzen aufgelegt.

Donnerstag, 7. April 1988: Plauderstündchen

Schon wieder Hinkebein! Er hat tatsächlich meine Brille holen lassen. Wir waren heute Nachmittag in einem anderen, ebenfalls bequemen Büro und haben Kaffee getrunken. Wieder die gleiche Masche: der nette Plauderonkel, der soooo viel Verständnis für mich hat. Er hat mich alles Mögliche gefragt. Zum Beispiel über die katholische Kirche. Er wollte wissen, was mich daran fasziniert und was dort alles für Jugendliche getan werde.

Später haben wir dann über Stephan Krawczyk[14], den kürzlich verhafteten Liedermacher, gesprochen. Außerdem noch über Nina Hagen, Manfred Krug und Armin Müller-Stahl (Hinkebein: »Der hetzt in jedem Film über unseren Staat!«). Alles Leute, die irgendwann aus der DDR in den Westen gegangen sind. Den Herrn Löwenthal vom »ZDF Magazin« könne er überhaupt nicht ausstehen, sagte Hinkebein. Ich bin erstaunt, wie gut er sich mit westdeutschen Fernsehsendungen auskennt! Wer ein überzeugter Stasi-Kommunist ist, muss wohl stets bestens über den Feind informiert sein?

Bei dieser Gelegenheit konnte ich nicht umhin, ihm auch

---

14 Stephan Krawczyk wurde zusammen mit seiner Frau Freya Klier im Januar 1988 verhaftet, weil sie von ihrem Recht auf freie Meinungsäußerung Gebrauch gemacht hatten. Sie und einige andere Bürgerrechtler wie Bärbel Bohley, Vera Wollenberger und Wolfgang Templin, die später ebenfalls verhaftet wurden, waren der Stasi schon längere Zeit ein Dorn im Auge. Angeklagt wegen »landesverräterischer Nachrichtenübermittlung« (§ 99), erfolgte kurze Zeit später ihre überraschende und unfreiwillige Ausreise in die Bundesrepublik.

ein paar Fragen zum Kommunismus zu stellen. Siehe da! Dieselben Phrasen wie bei meinen Lehrern an der EOS. Jedoch keine einleuchtenden, überzeugenden Argumente. Nur das übliche Gelaber von befriedigten Bedürfnissen im fernen Kommunismus. Ob er diesen utopischen Humbug wirklich glaubt? So blöd kann man doch nicht sein!
»So, jetz´ muss ich nach Hause, sonst macht mir meine Frau die Hölle heiß. Jetz´ kommt auch gleich Fußball im Fernsehen. Da ham Se noch ´n paar Kaugummis. Und sein Se nich´ immer so stur Ihrm Vernehmer gegenüber. Wir ham doch nichts davon, wenn Se noch länger bei uns sind.« Er verabschiedete sich mit Handschlag (!!) und seinem mephistophelischen Grinsen.
Ich möchte zu gern wissen, was die ganze Show soll. Glaubt er im Ernst, dass er mich einwickeln kann mit seiner 'netten' Art? Was geht bloß in seinem Gehirn vor? Er wird doch nicht etwa ein schlechtes Gewissen haben? Nein, das darf er sich als Stasi-Major wohl nicht leisten. Der macht mir richtig Angst, weil er so unberechenbar ist.

Montag, 11. April 1988: Widerstand leisten?

> *Dietrich Bonhoeffer:*
> *Ich glaube, dass Gott uns in jeder Notlage so viel Widerstandskraft geben will, wie wir brauchen. Aber er gibt sie nicht im Voraus, damit wir uns nicht auf uns selbst, sondern allein auf ihn verlassen. In solchem Glauben müsste alle Angst vor der Zukunft überwunden sein.*

Das stand in einem der letzten Briefe von Mutti. Bewundernswert, wie stark Bonhoeffer selbst während seiner Inhaftierung war! Ich wünschte, ich hätte so viel Vertrauen und Widerstandskraft wie er... Warum bin ich nur so schwach und habe solche Angst vor der Stasi?
Nun bin ich schon sechs Wochen hier – eine endlos lange Zeit! Ich möchte so gern wieder zu Hause sein! Wie lange werde ich noch darauf warten müssen, wenn mich Mutti

bis jetzt noch nicht einmal besuchen durfte?! Ich vermisse alle so sehr...

Dienstag, 12. April 1988: Hagen verhaftet!

Dreistündiges Verhör. Flanelli wollte alles über meine Freunde und die Bekannten meiner Eltern wissen. Die Stasi hat sich inzwischen außerdem alle Briefe meiner norwegischen, westdeutschen und amerikanischen Brieffreunde besorgt und ist dabei, sie auszuwerten.
»Da haben Sie aber ganz schön was zu tun, hmm? Fast alles in Englisch...«
»Machen Se sich mal darüber keen Kopp!« Flanelli war heute nicht in bester Laune, wie mir schien.
»Ich will die Briefe aber alle wieder haben, und zwar so, wie Sie sie von meiner Mutter ausgehändigt bekommen haben!«
»Se könn´ froh sein, wenn Se überhaupt noch was wiedersehn,« fauchte Flanelli.
Wenig später erwähnte er fast beiläufig, dass Hagen, einer unserer Freunde, inzwischen auch verhaftet worden war und in Untersuchungshaft sitzen würde. Das wird ja immer verrückter! Ich solle doch einmal erklären, welche ausländischen Kontakte er unterhalten würde und inwiefern mein Vater ihm bei der Kontaktaufnahme geholfen hätte. Ich verstehe nur noch Bahnhof. Was hat denn Hagen mit dieser Sache zu tun?? Hat Hagen etwa auch an die IGfM geschrieben?

Donnerstag, 14. April 1988: Verbote

Verbote über Verbote! Zum Beispiel klopfen. Offiziell streng verboten, ist es doch gang und gäbe in der UHA. Wir haben zwar den Code noch nicht so ganz geknackt, aber wenn es aus der Nachbarzelle klopft, klopfen wir natürlich zurück. Heute wäre ich um ein Haar erwischt worden. Allerdings war der Wärter nicht schnell genug am Spion, um zu sehen, wer da nun geklopft hatte. Wir stritten alles ab und er musste wieder abziehen.

Am Abend waren wir etwas ausgelassen und haben in der Zelle gesungen... Grönemeyer, Beatles, We shall overcome - einfach alles, was uns einfiel. Der 'Vollstrecker', der gerade Dienst hatte, regte sich darüber mächtig auf, knallte mit dem Schlüsselbund gegen die Stahltür und rief: »Ruhe im Bunker.« Wir schwiegen daraufhin, um nicht im Arrest zu landen. Doch auch als wir später versuchten, in der Zelle einen Kopfstand zu machen, eckten wir wieder an. Mit großem Gepolter wurde die Zelle aufgerissen. Ein junger Aufseher brüllte uns an. Ob wir uns das Genick brechen wollten?! Wir sollten das gefälligst unterlassen und uns an die Hausordnung halten. Den Typen entgeht aber auch gar nichts!

Freitag, 15. April 1988: Anwalt Krolopp

Die Vernehmungen gehen nach wie vor weiter. Heute Morgen hieß es wieder: »Eins! Fertigmachen!« Danach wurde ich aus der Zelle geholt. Diesmal musste ich aber nicht wie sonst üblich nach links gehen, sondern nach rechts, den Gang entlang und immer weiter, bis ich in einen neuen Seitentrakt gelangte, in dem ich vorher noch nie war. Eine Stasi-Schließerin (wir haben sie 'Küchenmamsell' getauft, weil sie laut Bärbel angeblich unten in der Küche arbeitet und auch irgendwie so aussieht) erwartete mich bereits in der Zelle zu der ich geführt wurde. In der Zelle standen nur ein Schrank und ein Stuhl, weiter nichts. Ich musste mich wieder einmal ausziehen: Strümpfe auf die linke Seite umdrehen und solche Scherze. Wie ich das alles hasse!
Dann dachte ich: endlich Sprecher[15]! Ich war vor Freude ganz aufgeregt endlich Mutti wiederzusehen. Aber weit gefehlt! Ein Mann erwartete mich, den ich überhaupt nicht kannte. Mein Rechtsanwalt!? Wir saßen in einem eigens dafür vorgesehenen Sprecherraum. Ganz nett eigentlich: mit Sesseln, Schränken, zwei Tischen und einem Telefon.
Mein Verteidiger heißt Krolopp und ist Vogels Vertreter für den Bezirk Cottbus. Er meinte, Vati hätte ihn ange-

15 Besuch

schrieben und deshalb sei er jetzt hier. Er wolle mal mit mir über alles reden. Zuerst war ich ja froh, endlich einen Rechtsanwalt sprechen zu können, der mir vielleicht auf rechtlichem Gebiet einiges erklären konnte. Aber die Freude schlug schnell in Enttäuschung um. Der Typ war total unfreundlich! Er fuhr mich an, dass ich dem »Untersuchungsorgan« alles zu sagen hätte und so weiter. Und dann meinte er, ich käme hier nur durch den Anwalt Vogel raus. Deshalb müsse ich die Mandatspapiere unterschreiben. Also gut, dachte ich, meinetwegen.
Etwas später habe ich ihn dann gefragt, wie das alles so auf dem Gericht ablaufen werde – ich habe natürlich keine Ahnung! – und wie denn mein Strafmaß aussehen würde. Er meinte nur barsch: »Wenn Sie sich vorher nicht für das Gericht interessiert haben, dann hat Sie das jetzt auch nicht zu interessieren. Sie denken wohl, das ist wie im Film – die Richter kommen mit Robe, was?? Und was das Strafmaß betrifft, so sage ich es Ihnen gleich klipp und klar: unter zwei Jahren ist nichts drin!«
Das war zuviel! Ich dachte mich trifft ein Holzhammer. Mit Mühe und Not konnte ich meine Tränen unterdrücken. Das kann doch alles nicht wahr sein! Spinnen die hier alle? Ich darf gar nicht daran denken wie es wäre, wenn er Recht hätte. Zwei Jahre hinter Gittern, weit weg von meiner Familie. Das alles macht mir wahnsinnige Angst! Wo bleibt bloß Gott? Warum hilft er mir nicht? Gott, bist du blind? Siehst du nicht, was hier abgeht? Die wollen mich in den Knast stecken und ich kann gar nichts tun. Ich bin denen doch ausgeliefert!
Ich habe mich bei Krolopp auch noch beschwert und gefragt, wieso es hier in der UHA keinen Gottesdienst oder einen Seelsorger gibt. Er hat nur müde gelächelt: »Das wird doch Ihrem Glauben keinen Abbruch tun, wenn Sie mal eine Weile nicht in die Kirche gehen.« Für meine Situation zeigte er überhaupt kein Verständnis. Ich könnte wetten, er ist Atheist. Diskussionen sind mit diesem Mann wohl zwecklos. »Das war´s. Bitte holen Sie meine Man-

dantin ab,« sagte Krolopp und legte den Telefonhörer wieder auf.
Ganze zehn Minuten hatte ich mit einem Anwalt gesprochen und nun bin ich wieder in meiner Zelle, genauso verunsichert wie zuvor. Hinzugekommen ist nur dieses ungute Gefühl, dass alles doch kein Alptraum ist, sondern Wirklichkeit. Und der Horror beginnt erst, wie es scheint.

Samstag, 16. April 1988: Vatis Geburtstag

Wahrscheinlich verhören sie Vati heute auch, genau wie mich. Hinkebein hatte mir eigentlich versprochen, dass ich Vati heute an seinem Geburtstag kurz sehen dürfte. Natürlich nur unter der Bedingung, dass ich mich »kooperativ« zeige. Aber ich lasse mich doch von denen nicht erpressen! Da ich also noch immer »ungeständig« bin, wird daraus leider nichts. Immerhin durfte ich ihm eine Karte schreiben. Das Verhör war auch recht kurz. Die Stasi-Vernehmer wollen wohl ihr Wochenende nicht unbedingt im Büro verbringen.
Nach der Freistunde war dann in der Zelle großes Reinemachen angesagt, wie jeden Samstag. Den Besen bekommen wir von draußen, ebenso wie Putzmittel, Scheuerhader und warmes Wasser. Zum Fegen und Wischen werden dann die Betten an der Wand festgeschnallt, denn sonst könnte man sich hier nicht rühren.

Dienstag, 19. April 1988: Zum Gyn

Mist! Meine Tage sind immer noch nicht da und dabei sind jetzt schon sieben Wochen um. Mehr als ungewöhnlich! Bärbel hat mir gestern ganz schön Angst gemacht, als sie mir erzählte, mit Sechzehn hätte ihre Regel auch ´mal ausgesetzt. Der Grund: eine krebsartige Geschwulst, die gerade noch rechtzeitig entfernt werden konnte. Sie meinte, ich solle auf jeden Fall zum Gynäkologen gehen. Bisher war ich sehr skeptisch und habe mich erfolgreich vor der Eingangsuntersuchung drücken können. Wer weiß, was hier für hygienische Zustände herrschen?

Heute bin ich dann aber doch zum Gyn gegangen, aus Angst. Der Stasi-Arzt (mit Lenin-Büste und Thälmanns gesammelten Werken im Arztzimmer!!) untersuchte mich und meinte, er könne nichts entdecken, was mich beunruhigen müsste. Einen Monat wolle er noch warten, bevor etwas unternommen werden müsste. Das heißt im Klartext: Hormonspritzen, falls ich bis dahin meine Regel nicht habe. Auf jeden Fall bin ich jetzt erst einmal beruhigt.

Mittwoch, 20. April 1988: Nichts als Verhöre

Die Ermittlungen werden zur Qual. Es kotzt mich an, jeden Morgen um halb sechs aufzustehen und darauf zu warten, dass ich wieder zum Verhör geholt werde. Vor allem weiß ich nicht mehr, was ich sagen soll. Ich werde noch wahnsinnig!

Flanelli wird von Tag zu Tag nervöser und entwickelt sich immer mehr zum Kettenraucher. Fast jeden Tag qualmt er das Zimmer voll, so dass ich kaum atmen, geschweige denn klar denken kann. Letztens hat er mich wieder angeschrien, aber ich bin bei meiner Unschuldstaktik geblieben. Seit fast zwei Monaten geht das nun schon so! Wie lange ich das noch durchhalten kann, weiß ich nicht. Ich fühle mich ausgebrannt und habe Angst.

Ich glaube, sie werden bald andere Geschütze auffahren. Oder ob sie mich vielleicht doch freilassen, wenn ich hart bleibe? Schließlich müssen sie mir nachweisen, dass ich etwas Ungesetzliches getan habe.

Von Vati habe ich schon ewig nichts mehr gehört, obwohl ich glaube, dass er sich in der Etage über uns befindet. Aber Flanelli lässt keinen Kontakt zu. Ganz selten richtet er mir Grüße von ihm aus und nur einmal hat Flanelli bisher gesagt, dass es Vati gut geht. Mutti darf ich noch immer nicht sehen. Der Staatsanwalt hat jeglichen Besuchskontakt abgelehnt, weil die Ermittlungen noch nicht weit genug fortgeschritten sind. Immerhin darf ich jede Woche einen Brief schreiben. Weil meine Briefe jedoch von der Stasi und der Staatsanwaltschaft zensiert werden, klingen sie alle ähnlich: ich bin gesund, macht Euch keine Sorgen, mir geht es den Umständen entsprechend gut. Viel mehr darf ich nicht mitteilen. Wenn die da draußen wüssten, was sich hinter diesen Gittern abspielt!

Freitag, 22. April 1988: Angstmachen und Schreie

Heute hatte ich ein Horror-Verhör! Es ging mindestens sechs Stunden lang (nur geschätzt, denn ich habe ja keine Uhr). Ohne Unterbrechung. Flanelli und Hinkebein waren stinksauer. Sie hätten jetzt die Nase voll von meinen ständigen Lügen, meinten sie. Ich hätte mir bisher nur selbst geschadet. Jetzt gäben sie mir die rote Karte.

Und dann ging es wieder los mit den alten Fragen! Stundenlang. Flanelli und ich haben uns zeitweise nur angestarrt. Er wollte mich nervös machen, aber ich habe trotzdem geschwiegen. Dann kam Hinkebein zur Tür herein, um mich zu verhören. Ich habe noch nie soviel Angst vor einem Menschen gehabt wie vor diesem Mann. Die Inkarnation des Bösen! Ich muss ständig an Mephisto aus Goethes Faust denken. Aber so sehr ich mich auch fürchte, ich kann nicht mehr zurück... Ich muss bei meiner Taktik bleiben.

Als ich mit dem unschuldigsten Gesicht der Welt zum x-ten Mal erklärte, dass ich nichts über irgendwelche staatsfeindlichen Briefe wisse, ist Hinkebein ausgerastet. Er war ganz rot im Gesicht und schrie herum. Dann lachte er plötzlich zynisch und sagte, dass er ein Beweisstück habe, das mich vom Hocker hauen würde. Der kann mir viel erzählen!!

»Sie können mich nicht bluffen. Ich bleibe bei meinen Aussagen.«

»Na gut, wenn Se´s nich´ anders haben wolln. Wir können och anders. Wir werdn Ihnen das Beweisstück vorlegn. Aber ich sag´ Ihnen zum allerletzten Mal – Hör´n Se genau zu! Zum allerletzten Mal! – dass Se von sich aus reden müssen. Wir wissen alles! Schließlich sind wir nich´ umsonst der beste Geheimdienst der Welt. Uns erzähl´n

Se doch nichts Neues. Wir wolln es nur noch mal von Ihnen hörn. Wissn Se eigentlich wie Ihr Konto aussieht? Verdammt mies. Nur Minuspunkte. Sie können jetzt noch zum Schluss ´n paar Pluspunkte machn. Sagen Se alles was Se wissn, verdammt noch mal!«
Eine letzte Warnung! Vor lauter Angst ist mir ganz schlecht geworden. Die Augen von diesem alten Vernehmer! Von diesem Blick habe ich eine Gänsehaut bekommen. Aber ich darf meine Angst nicht zeigen. Ich muss jetzt ganz cool bleiben und versuchen, klar zu denken. Was können die mir antun, wenn ich weiterhin schweige? Folter? Ich will auf keinen Fall in diesen Tigerkäfig[16]! - Verdammt, ich sitze total in der Falle. Oh Gott, ich drehe noch durch... Wenn sie mich in Einzelhaft stecken und vielleicht zusammenschlagen?! Wer hilft mir dann? Meine Schreie würde niemand hören...
Letzte Woche hat eine Frau ganz schrecklich geschrien und auf die Zellentür eingeschlagen. Aber es hat nicht ´mal eine Minute gedauert, und ein Höllenlärm ging los. Es hörte sich an wie ein Automotor, nur viel lauter. Und dann sind vier oder fünf Mann an unserer Zelle vorbeigerannt, haben die Zelle der Frau aufgeschlossen und plötzlich war Ruhe. Der Motorenlärm hörte auf: Totenstille. Ich dachte mein Herz bleibt stehen! Was sie wohl mit ihr gemacht haben? Vielleicht lebt sie gar nicht mehr? Was sind das bloß für Schweine! Wie kann man so etwas mitmachen? Wie bei den Nazis!
Gott, warum muss ich das alles hier erleben? Was habe ich getan, dass Du mich so hart bestrafst? Ich begreife überhaupt nichts mehr. Willst Du meinen Glauben testen, so wie Du Hiob getestet hast? Ich bin nicht so stark. Ich halte das nicht mehr aus... ich will hier raus!
Hinkebein hat bestimmt gemerkt, dass die Angst mir die Luft wegnahm, aber ich versuchte trotzdem gelassen zu

16 Berüchtigte Zellen, in denen Häftlinge in einer Art Käfig und bei völliger Dunkelheit tagelang eingepfercht wurden. Mir sind diese Käfige nur vom Hörensagen bekannt, aber es gibt in der Literatur entsprechende Zeugenaussagen, so z. B. bei Karl Wilhelm Fricke, Zur Menschen- und Grundrechtssituation politischer Gefangener in der DDR, Verlag Wissenschaft und Politik, 2. Ergänzte Auflage, 1988, S. 208

wirken. »Es tut mir leid, aber ich kann Ihnen nicht helfen. Zeigen Sie mir doch Ihr Beweisstück!«
Plötzlich war er wieder ruhiger. »Alles zu seiner Zeit. Ich könnte´s ja sofort holn, aber im Moment bin ich zu faul zwei Stockwerke nach oben zu gehn.« Dabei grinste er wieder so zynisch.
Also doch nur ein Bluff! Gott sei Dank!! Habe ich den Test jetzt bestanden? Lassen sie mich jetzt endlich nach Hause gehen?
Walross, der schnaufende Schließer, brachte mich zur Zelle zurück. Freitagabend – jetzt liegt das Wochenende vor mir. Viel Zeit zum Grübeln.

Montag, 25. April 1988: Pfarrer Schneider

Wochenbeginn und gleich wird wieder die Holzkeule ausgepackt: 5 Stunden Verhör auf nüchternen Magen. Diesmal zu unserem Bekannten und Freund Pfarrer Schneider aus Cottbus. Ein äußerst heikles Thema, zumal Pfarrer Schneider bei der Stasi auf der schwarzen Liste steht. Er hat schon einmal einer Familie geholfen, in den Westen zu kommen. Das weiß ich. Auch unserer Familie hat er versucht zu helfen, wo es möglich war. Es gab Übergaben von Dokumenten an den zuständigen Bischof in Görlitz und andere Briefe, die für die IGfM bestimmt waren. Bei fast allen unserer Treffen im Cottbuser Pfarrhaus war ich anwesend – das weiß die Stasi auch, denn offensichtlich wurden wir schon damals beschattet. Flanelli ist bestens informiert, wie es scheint.
Harmloser Einstieg. »Was ham se denn dauernd in Cottbus gemacht, bei diesm Pfarrer? Hat der Pfarrer in Weißwasser nich´ gut genug gepredigt?« Scheinheiliges Getue! Ihr wisst doch ganz genau, weshalb wir in Cottbus waren.
»Wir waren in Cottbus einkaufen und sind hin und wieder auf dem Rückweg bei Pfarrer Schneider vorbeigefahren. Wie Sie wissen, sind wir befreundet. Und da besucht man sich eben ab und zu… «

»Se wolln uns wohl für blöd verkaufn. Wir wissn, was bei diesen Treffen besprochn und vor allm übergebn wurde.«
»Aha, da wissen Sie aber mehr als ich...« erwiderte ich.
»Was wurde am 15. November 1987 besprochn? Welche Dokumente ham Se übergebn? Zu welchem Zweck? Klärn Se mich mal auf!« bohrte er hartnäckig weiter. Du meine Güte! Wenn mich einer fragt, was ich am Dienstag vor drei Wochen zu Mittag gegessen habe, könnte ich das schon nicht mehr sagen. Wie soll ich mich bitteschön erinnern, was vor mehreren Monaten im Detail besprochen wurde? Und selbst wenn ich es wüsste – ich würde nicht im Traum daran denken, hier irgendetwas Belastendes auszusagen und damit einen Freund zu gefährden.
»Ich kann mich beim besten Willen nicht daran erinnern, ehrlich. Übergeben? Was soll denn übergeben worden sein?«
Ich stellte mich unwissend. Das Frage-und-Antwort-Spiel ging dann einige Stunden so weiter. Flanelli glaubte mir kein Wort und ich konnte bzw. wollte nichts aussagen. Am Ende schrieb er wieder eines seiner Phantasie-Protokolle. Und wie immer weigerte ich mich, derartige Protolle zu unterschreiben.
Zurück in der Zelle: großes Aufatmen. Dieses Verhör habe ich ganz gut überstanden. Aber was wird in den nächsten Tagen sein? Das gleiche von vorn?

Dienstag, 26. April 1988: Wanzen

Seit ein paar Tagen versucht Hinkebein, dieser fiese Vernehmer, mir immer wieder einzubleuen: »Wenn Se zu niemandem hier Vertrauen ham – zu Ihrm Verteidiger müssen Se absolutes Vertrauen ham! Ihm müssn Se alles sagn! Wie soll er Ihnen denn sonst helfn können?«
Glaubt der wirklich ich bin blöd, oder was? Das ist doch ein fauler Trick! Die Stasi würde mich nie und nimmer mit dem Anwalt unter vier Augen sprechen lassen. Irgendwo in diesem Sprecherraum sind garantiert Wanzen eingebaut. Es hört sich fast so an, als hätte er mein Gespräch

mit diesem Pseudo-Verteidiger Krolopp schon belauscht. Leider wird ihm das aber nichts genützt haben. Ich habe nämlich immer und immer wieder meine Unschuld beteuert. Hatte mir schon gedacht, dass die Stasi jedes Wort mithört!
Inzwischen ist meine vorläufige U-Haft-Frist abgelaufen. Als ich Flanelli fragte, ob die Stasi mich jetzt nicht bald entlassen müsste, lachte er nur. Die Verlängerung der Untersuchungshaft wurde schon bei der Staatsanwaltschaft beantragt, und es sei sowieso »kein Problem«, eine Genehmigung für diese Verlängerung zu bekommen. Ich würde hier erst entlassen werden, wenn ich die Wahrheit sage. Da kann er aber warten, bis er schwarz wird!

Donnerstag, 28. April 1988: Anwalt Schnur

Heute war ich schon wieder auf dem rechten Seitentrakt des Gebäudes. Zur Abwechslung wurde ich von einer Stasi-Sekretärin empfangen, die erstaunlicherweise auf genauere Leibesvisitationen verzichtete. »Sie haben Anwaltsbesuch!« Schon wieder? Erst lässt er sich ewig Zeit bis er mich überhaupt einmal besuchen kommt, und jetzt kommt er fast jede Woche zu Besuch?
Aber es war nicht Krolopp, der auf mich zukam! Er stellte sich als Rechtsanwalt Wolfgang Schnur aus Rostock vor und kam mir irgendwie bekannt vor. Hatte ich ihn nicht kurz vor meiner Inhaftierung im Fernsehen gesehen? War das nicht Krawczyks Verteidiger? Egal! Dieser »unabhängige« Anwalt, noch dazu Christ wie er mir sagte, erschien mir neben Anwalt Krolopp wie mein Retter in der Not. Er war mir auch sofort sympathisch. Mit einem Lächeln bot er mir einen Platz an. Sein Äußeres fand ich sehr wohltuend. (Man sah sofort, dass er seine Kleidung nicht aus der DDR bezog. Anzug, Krawatte – nur vom Feinsten.) Krolopp dagegen hatte ich ganz anders in Erinnerung. So unfreundlich! Und in seinem DDR-Synthetikanzug, dem braunen Rollkragenpullover und den hässlichen, schwar-

zen Schuhen sah Krolopp wie ein Parteisekretär aus, nicht wie ein Anwalt.
»Lassen Sie uns doch mit einem Gebet beginnen,« schlug Schnur vor. Das sind ja ganz neue Töne! Während er mit angenehmer Stimme ein Gebet aus seinem Losungsbuch vorzulesen begann, liefen mir die Tränen über das Gesicht. Gibt es denn tatsächlich so etwas wie menschliches Mitgefühl in diesem Stasi-Bunker?
»...und möge der Heilige Geist Ihnen Kraft und Trost in dieser äußerst schwierigen Situation geben. Amen.«
»Amen.« Langsam fasste ich wieder Hoffnung. Ich bin ja nicht allein! Gott wird mich hier rausholen!
Im Verlauf unseres Gesprächs machte mir Schnur mit einfühlsamen Worten Mut. Er sagte immer wieder: »Sie sind bestimmt bald wieder zu Hause!«
Speziell für Hinkebein, der garantiert mithörte, beteuerte ich dann nochmals meine Unschuld und drückte dabei ein bisschen auf die Tränendrüse: »Ich weiß beim besten Willen nicht mehr was ich machen soll, Herr Rechtsanwalt. Ich habe doch schon alles gesagt, was ich weiß. Ich kenne wirklich nur die Briefe an Honecker, aber die Vernehmer glauben mir nicht. Was soll ich denn nur tun? Ich weiß nicht mehr, was ich denen noch antworten soll. Sie bezeichnen alles als Lügen oder Halbwahrheiten, dabei sage ich doch nur die Wahrheit. Ich lehne den Vorwurf zum Paragraphen 99 eindeutig ab. Ich weiß wirklich nicht, was das soll!! Damit habe ich nichts zu tun und mein Vater auch nicht. Da bin ich ziemlich sicher.«
»Wenn das wirklich alles ist, dann müssen Sie nichts befürchten. Dann gehen Sie mit Bewährung nach Hause.«
Solche Worte taten gut. Aber ich weiß natürlich nicht, was die Stasi als nächstes vorhat. Ob sie mich wieder freilassen? Vielleicht glauben Sie mir ja, wenn ich dem Rechtsanwalt auch nichts anderes erzähle? Die Stasi hat doch sowieso nichts gegen mich in der Hand! Die wollen mir nur Angst machen!!

Dann beschwerte ich mich auch noch, dass man mir seit zwei Monaten den Besuchskontakt zu meiner Mutter verwehrte. »Andere haben schon nach 14 Tagen den ersten Besuch gehabt. Warum dauert das bei mir so lange? Das ist unmenschlich und reine Nötigung! Die Stasi will damit nur Aussagen von mir erpressen. Und dann wird immer wieder ´was von Verdunklungsgefahr gefaselt. Ich möchte mal wissen, was es zu verdunkeln geben soll. Totaler Schwachsinn!« Schnur versprach mir, sich in dieser Angelegenheit einzusetzen.
Inzwischen bin ich jetzt soweit, Krolopp (und damit Anwalt Vogel) das Mandat wieder zu entziehen und mich lieber in Schnurs Obhut zu begeben. Außerdem versicherte Schnur, er habe ähnliche Kompetenzen wie Vogel. Eine Entlassung in die Bundesrepublik sei vorprogrammiert. Er wäre auch gar nicht bereit, mit Vogel zusammen zu arbeiten. Wir müssten uns also entscheiden. Was soll ich jetzt machen? Die letzte Entscheidung überlasse ich lieber Vati...
Fast frohen Mutes trat ich nach dem Gespräch dem Schließer entgegen. Der hatte sich schon in der schweren Tür postiert, um mich abzuholen.
»Bitte grüßen Sie meinen Vater und sagen Sie ihm, dass ich stark sein werde. Egal was kommt.«
»Wir sehen uns bald wieder,« waren Schnurs Worte als ich das Zimmer verließ.
Total begeistert kam ich wieder in meine Zelle zurück. Manu sah sofort, dass irgendetwas los war. »Hattest du Sprecher mit deiner Mutter? Du strahlst ja so!« Ich erzählte ihr von den letzten zehn Minuten. Irgendwie sehe ich durch Schnur jetzt wieder Licht am Horizont. Es tat so gut, dass er mich nicht wie eine Verbrecherin behandelt hat, sondern als Mensch.
»Hätte ich eher gewusst, dass es von der Kirche Anwälte gibt, dann hätte ich auch Schnur genommen. Der Krolopp ist ein richtiges Ekel,« meinte Manu am Ende meines Berichtes. »Aber jetzt kann man sicher nichts mehr ändern.«

Leider hat sie damit wohl Recht. Aber ob das alles im Endeffekt so viel Unterschied macht? Hauptsache, wir kommen so schnell wie möglich hier raus!

Freitag, 29. April 1988: Bärbels Verlegung

Seit dem Vormittag bin ich mit Manu allein in der Zelle. Bärbel wurde verlegt und wird wahrscheinlich bald in die Freiheit entlassen. Das nehmen Manu und ich zumindest an, nachdem sich Bärbel bei ihren Vernehmern äußerst kooperativ gezeigt hat. Manu hat sich Gott sei Dank dazu entschlossen, das Rauchen aufzugeben. Jetzt, da Bärbel nicht mehr da ist, ist die Versuchung für sie nicht mehr so groß. Und ich profitiere natürlich auch davon.
Uns ist wieder einmal langweilig. Ich hätte Lust, all meine Erlebnisse hier auf Papier zu bringen, aber mir bleibt nur die Möglichkeit, mentale Notizen zu machen. Wir haben nichts zum Schreiben. Nur Toilettenpapier. Keine Stifte. Außerdem ist das alles streng verboten. Manu versuchte ein einziges Mal, etwas mit einem Streichholz auf einem Stück Schokoladenverpackung zu notieren. Ich hatte ihr ein paar Sprüche zitiert (»Freiheit ist immer die Freiheit des anders Denkenden«, »Wenn Unrecht zu Recht wird, dann wird Widerstand zur Pflicht« usw.), die sie aufschreiben wollte, um ihren Vernehmer damit zu konfrontieren. Bei dieser Aktion wurden wir jedoch durch den Spion beobachtet. Als wir es merkten, zerriss Manuela schnell den Zettel und spülte ihn in der Toilette hinunter. Sofort wurde die Zellentür aufgeschlossen: »Was ham Se da vernichtet?«
»Nichts...,« beteuerten wir. Wenig später musste sich Manu bei ihrem Vernehmer dazu äußern. Sogar Arrest wurde ihr angedroht!

Montag, 2. Mai 1988: Alles zu spät!

Am Wochenende habe ich versucht, mich mit dem Buch über Michelangelo abzulenken, aber es ging nicht. Irgendwie habe ich geahnt, dass diese Woche eine wichtige Ent-

scheidung fallen wird: so oder so. Hinkebein empfing mich gleich am frühen Morgen, so gegen 8 Uhr, mit seinem fiesen Lächeln. Das bedeutete nichts Gutes. Mich überkam ein ähnliches Gefühl wie damals, als er mir mitteilte, dass ein Ermittlungsverfahren gegen mich eingeleitet wurde.
»Heute ist der 2. Mai. Merken Se sich diesen Tag gut! Ihr Vater hat schon alles zugegebn.«
»Was zugegeben?«
»Se scheinen ´nen Hörfehler zu ham - ich sagte alles.«
»Okay, und was hat das mit mir zu tun?« fragte ich.
»Se haltn sich wohl für sehr intelligent, was?!«
»Habe ich das behauptet?«
Der Major wurde ärgerlich. »Die Fragen stelln wir, klar?! Also: Wer hat die Briefe an die IGfM[17] verfasst, wer hat se mit der Schreibmaschine getippt, über welche konspirativen Kanäle sind se in die BRD gelangt?«
»Ich weiß nicht wovon Sie reden...«
»So, dann werdn wir Ihr Gedächtnis mal ´n bisschen auffrischn. Kommt Ihnen das bekannt vor?« Er griff in die Schublade des Schreibtischs und zog ein Blatt Papier hervor. Es war eine Fotokopie eines unserer Briefe an die IGfM. Dann hielt er mir das Papier direkt vor die Nase. Inzwischen war ich wahrscheinlich kreidebleich.
»Wo ... haben ... Sie das her?« stammelte ich.
»Von einem unserer Kundschafter. Wir ham Ihnen doch gesagt, dass wir der beste Geheimdienst der Welt sind, oder? Also, was is´? Kenn´ Se diesen Brief??«
Natürlich kannte ich ihn! Ich hatte den Brief mit meiner Schreibmaschine (die sich jetzt in den Händen der Stasi befand und, wie mir Flanelli kürzlich versicherte, einem »guten Zweck« zugeführt werden sollte) abgeschrieben. Aber ich verstand nicht, wie die Stasi an diesen Brief gelangen konnte. Ich begann zu grübeln. Meine Chancen standen jetzt natürlich gleich Null. Hinkebein freute sich sichtlich darüber. Nun blieb mir wirklich nichts weiter übrig, als zu 'gestehen,' dass ich den Brief abgetippt hatte.

17 Internationale Gesellschaft für Menschenrechte e. V.

Dabei war ich mir bis heute so sicher gewesen, dass alles nur ein Bluff war! Bei der Hausdurchsuchung hatte die Stasi ja nichts finden können. Aber mit einem »Kundschafter« hatte ich natürlich nicht gerechnet!
»Hörn Se mal, machen Se sich´s doch nich´ so schwer. Ihr Vater hat zugegeben, diesen und noch zwei weitre Briefe an die besagte Feindorganisation in der BRD verfasst und versandt zu ham. Sie ham diese Briefe abgeschrieben. Wir können das ganz leicht nachweisn, anhand des Anschlags. Ihr Vater konnte nich´ mit´m Zehnfingersystem schreiben, so wie Sie. Außerdem ham wir Ihre Fingerabdrücke auf der Schreibmaschine. Aber das is´ doch alles nichts Neues für uns. Wir ham Ihnen doch immer wieder gesagt, dass alles Leugnen sinnlos is´. Wir ham Ihnen unsre Hand gereicht, wollten´s Ihnen leichter machn. Aber Se ham uns ja nich´ geglaubt. Das is´ jetzt Ihr Problem. Na, ich kann nur hoffn Se warn wenigstens zu Ihrm Anwalt ehrlich. Ham Se ihm gesagt, dass Se doch mehr auf´m Kerbholz ham, als ´n paar herabwürdigende Briefe an staatliche Einrichtungn der DDR?«
In diesem Moment war ich bereits den Tränen nahe. »Nein, davon habe ich nichts gesagt...«
»Ja, sind Se denn von alln guten Geistern verlassen?« regte er sich auf. »Hab´ ich Ihnen nich´ hundertmal gesagt, zu Ihrem Anwalt solln Se bedingungslos ehrlich sein? Wie soll er Se denn verteidigen?«
Ich erklärte ihm, dass ich Wanzen im Zimmer vermutet hatte, um mich abzuhören.
»Das is´ ja wohl die Krönung! Se traun uns wirklich nur Schlechtes zu. Se denken wohl hinter jedm Baum steht eener von der Staatssicherheit, was?«
»Hmhm.« Ojeh! Wenn Blicke töten könnten...
Nach einer Pause meinte er dann, dass ich mir da ein »tolles Eigentor« geschossen hätte. Er wüsste nicht, ob mir mein Anwalt diese Lügen verzeihen würde. Mist, was hat der dauernd mit meinem Anwalt?!

»Sie haben hier doch ein Telefon. Kann ich ihn mal anrufen? Damit er noch mal herkommt und wir die Sache klären können.«

»Nun mal hübsch langsam. Eigentlich müsstn wir ja so kooperativ sein, wie Se´s uns gegenüber die ganzen Wochen warn, stimmt´s? Aber ich bin gar nich´ so böse, wie Se vielleicht denken. Ich schlag´ vor, wir gehn ´nen Kompromiss ein. In der heutigen Zeit machen alle Menschen Kompromisse. Sie erzähln uns der Reihe nach wie alles gewesen is´. Aber diesmal will ich keene Lüge hörn! Und anschließend würd´ ich Ihnen erlauben, ´nen Brief an Ihrn Anwalt zu schreiben. Einverstanden?«

Was blieb mir denn jetzt noch übrig? Ich habe nur genickt. Das war also der Moment, vor dem ich mich immer gefürchtet hatte. Eigentlich war es so abgemacht, dass im Falle einer Stasi-Befragung Vati alles auf sich nehmen würde. Aber das hat uns die Stasi weder bei den Honecker-Briefen noch bei den anderen Briefen abgenommen. Nachdem ich so etwa siebzig Prozent von dem erzählt hatte, was ich über die IGfM-Briefe wusste, kam Flanelli ins Zimmer. Der will sich wohl ein paar Vernehmungstricks von seinem Chef ablauschen?!

»Und wer hat eigentlich die Briefe unterschrieben? Vielleicht hättn Se die Güte, das och noch zu erläutern...« fragte Flanelli, der sich lässig auf die Kante des Schreibtisches gesetzt hatte.

»Keine Ahnung. Ich habe den Brief, nachdem er fertiggeschrieben war, an meinen Vater zurückgegeben. Was danach mit ihm geschah, weiß ich nicht.«

»Verdammt, Se können das Lügen nicht lassn, wie?! Langsam versteh´ ich keenen Spaß mehr!« rief Hinkebein.

»Was meinen Sie damit? Wollen Sie mich schlagen?«

»Quatsch, sind Se jemals von uns schlecht behandelt wordn?!«

»Eigentlich nicht, nein. Mal von dem miesen Häftlingsessen und den stundenlangen Verhören abgesehen.«

»Na also, dann unterlassn Se gefälligst solche Anspielungen. Oder glaubn Se etwa die Lügen vom Tigerkäfig und so, die der Löwenthal verbreitet?«
»Ich weiß nicht, was ich dazu sagen soll. Aber warum sollte ich ihm eigentlich nicht glauben?«
»Alles Lügen und Hirngespinste!!« Er war total aufgeregt. Also habe ich lieber meine Klappe gehalten. Nachdem Flanelli mit dem handschriftlichen Protokoll fertig war und ich unterschrieben hatte, war das achtstündige Verhör vorbei und der Tag für mich gelaufen. Jetzt überlege ich nur ständig, ob man nicht etwas hätte anders machen können. Wie konnte alles soweit kommen? Und warum hat Gott der Stasi nicht einen Strich durch die Rechnung gemacht?
Irgendwie bin ich jetzt aber auch erleichtert, weil der ganze Druck weg ist. Nun sind sie endlich zufrieden und werden mich hoffentlich in Ruhe lassen.

Freitag, 6. Mai 1988: Ablenkung

Liebe Mutti, liebe Britta, lieber Holm:
inzwischen war Rechtsanwalt Schnur bei mir. Er war mir sofort sympathisch – ein wunderbarer Mensch! Wir haben zusammen gebetet und er hat mir Mut zugesprochen. Ich hoffe, er besucht mich bald wieder und hoffentlich sehen wir uns auch bald, Mutti!
Ansonsten geht es mir gut. Ich hatte zwar Probleme mit dem Hormonhaushalt (psychisch bedingt) und musste deshalb den Frauenarzt aufsuchen, aber Gott sei Dank war es nichts Ernstes. Ich hatte schon Angst. – Gestern wurde ich gewogen. Mein Gewicht hat sich glücklicherweise kaum verringert: 56 kg. Ich werde mein Bestes tun, um nicht noch mehr Gewicht zu verlieren. […] »Befiehl dem Herrn deine Wege und hoffe auf Ihn. Er wird es wohl machen.«
Ich umarme Euch alle – Eure Birgit.

Nach diesem Brief wieder fünf Stunden Verhör, am Stück! Hört das denn nie auf? Es ging aber nur um eher belangloses Zeug. Fernsehsendungen, Zeitungsartikel, Adressen. Um nicht durchzudrehen lese ich viel. Ich muss mich abzulenken und darf nicht ständig über die Folgen meiner Aussagen grübeln... Bisher habe ich mehrere Reisebeschreibungen und die Biographien von Alfred Nobel, Michelangelo, Lew Tolstoi sowie Bertha von Suttner gelesen. Außerdem noch verschiedene Romane wie Das Siebte Kreuz (Anna Seghers) und etwas Goethe. Neben den diversen Büchern, die wir ständig in der Zelle aufbewahren dürfen, gibt es täglich für etwa zwei Stunden die Zeitung (das SED-Blatt Neues Deutschland und die Lausitzer Rundschau[18]). Aus Langeweile lesen wir hin und wieder ein paar Artikel oder versuchen zwischen den Zeilen zu lesen, wenn es um die deutsch-deutschen Beziehungen geht. Wenn wir die Zeitung dann wieder herausgeben, wird sie jedes Mal vom Wachpersonal genauestens(!) untersucht. Sie rascheln immer wie wild vor der Tür, so als ob wir irgendwelche geheimen Botschaften an die anderen Häftlinge, die nach uns diese Zeitungen lesen, weitergeben könnten. Aber ohne Stifte in der Zelle geht das leider nicht! Freilich könnte man es mit abgebrannten Streichhölzern versuchen... aber das ist natürlich streng verboten. Hin und wieder gelingt es uns aber doch, wenn auch sehr subtil, unsere Meinung zu äußern. Wenn zum Beispiel in Büchern gewisse Passagen oder Sätze stehen, die auf unsere Situation zutreffen, werden sie mit dem Fingernagel 'unterstrichen'. Das habe ich schon oft in den Büchern, die ich mir ausgeliehen habe, gesehen. Letztens hatte zum Beispiel bei Professor Mamlock (einem meiner Lieblingsdramen in der Schule) ein Häftling vor mir folgendes gekennzeichnet:

Die Zeit wird nie aus sein, da ein Mensch seine Gedanken, seine Zweifel, seinen eigenen Glauben hat. Es gibt keinen

18 Regionalzeitung in der Cottbuser Gegend

Bau, der aus einem einzigen Stein besteht; es gibt keinen Staat, der nicht aus Menschen, Köpfen, Herzen besteht! So wie die verbindenden Bogen und Querbalken in einem großen Bau, so sind die Ideen der Gerechtigkeit, der Humanität, der geistigen Freiheit und des geistigen Mutes die Gerüstteile, die uns verbinden! Fehlt dies innere Gerüst, so fehlen auch die Fenster und Türen, so müssen auch die Eingemauerten wie in einer Gruft ersticken oder sich an Kerker, Kasematten und Festungen gewöhnen. [...] Die Regierung kann riesige Volksmassen in Bewegung setzen, formieren, kommandieren, sie kann keine Überzeugung kommandieren! Sie kann nicht hinter die Uniformen sehen! Die Regierung erhielt von der Volksmehrheit ihr Mandat: Sie kann Gehorsam fordern, aber keine Gesinnungslumperei! Gewissenszwang aber, [...], erzeugt Knechtseelen, Feiglinge, Denunzianten und Gesinnungslumpen! [19]

Erstaunlich, wie das alles - obwohl an die Adresse der Nazis gerichtet - auch auf unsere Zeit zutrifft. Und dann Mamlocks bekannte Worte: »Denn kein größeres Verbrechen gibt es als nicht kämpfen wollen, wo man kämpfen muss!!«[20] Das baut mich richtig auf! Eigentlich bin ich in den letzten Monaten ja auch zu so einer Art 'Kämpferin' geworden... Hier in der U-Haft kriegt man nur noch den letzten Schliff. Ich lasse mir von diesen Stasi-Heinis jetzt nichts mehr vorschreiben. Lieber gehe ich in den Knast! Dafür bin ich aber anschließend FREI.
PS: Meine Regel hat sich nach über zwei Monaten wieder eingestellt. Gott sei Dank! Jetzt muss ich wenigstens keine Hormone gespritzt bekommen.

Freitag, 27. Mai 1988: Samaritergeist

Hinkebein hat wieder einmal seine Samariter-Phase. Er hat mich heute und letzte Woche wieder zu sich geholt.

19 Wolf, Friedrich: Professor Mamlock. Reclam, 1970, S. 62-63.
20 Ibid.

Einfach so, ohne Verhör. Er meinte, ich sähe so schlecht aus und ob ich denn nichts essen würde. Ob ich Gewicht verloren hätte, wollte er wissen. Allerdings! Beim letzten Wiegen habe ich nur fünfundfünfzig Kilo auf die Waage gebracht. Aber das ist kein Wunder bei dem Psychostress und dem miesen Essen, das uns hier vorgesetzt wird! Daraufhin hat er mir Tomaten, Äpfel und sogar Paprikaschoten geschenkt. Dinge, die ich schon lange nicht mehr gesehen habe. Auf der einen Seite ist es ja 'nett' von ihm. Aber ich traue ihm nicht, und deshalb kann ich nicht glauben, dass er das alles ohne Hintergedanken tut.
Ich habe überlegt, ob ich das Obst vielleicht nicht annehmen sollte. Aber das ist auch blöd, denn es gibt hier kaum Vitamine oder etwas Frisches. Ist es egoistisch, wenn ich die Geschenke annehme? Natürlich werde ich mich deswegen nicht verkaufen! Wenn er das glaubt, hat er sich gewaltig geirrt. Selbstverständlich werde ich auch alles teilen. Manu wird sich in der Zelle sowieso fragen, was das soll. Vielleicht denkt sie, das sei mein Honorar für irgendwelche Informationen, die ich über sie ausgeplaudert habe?
Manu habe ich anschließend alles erzählt. »Du bist noch sehr jung, deshalb versuchen die´s bei dir. Lass dich bloß nicht drauf ein!« Klar, das würde ich nie tun. Ich bin keine Verräterin. Aber seltsam muss es ihr schon vorkommen. Das ginge mir genauso. Ich weiß selbst nicht, was hier vor sich geht.
PS: Zum Abendessen gab´s schon wieder diese ätzende Blutwurst. Wer soll sich denn so ein Zeug reinwürgen? Lieber esse ich gar nichts!

Montag, 30. Mai 1988: Erster Sprecher mit Mutti

Die Erlaubnis Mutti zu sehen, erhielt ich heute völlig überraschend. Ohne Vorankündigung – nachdem man mir über ein Vierteljahr den Besuch von Angehörigen wegen »Verdunklungsgefahr« verweigert hatte.

Dieser erste Sprecher war ein Schock! »Eins! Fertigmachen und Jacke schließen,« brüllte der Schließer vor der Tür. Ich dachte zunächst, es gehe wieder einmal zum Vernehmer oder zum Anwalt. Als ich aber die Zelle betrat und dort meine Privatsachen liegen sah, wusste ich, dass es endlich soweit war. Meine Knie zitterten, als ich meine Jeans anzog. Mit meinem dicken Wollpullover und den Stiefeln (Ende Mai!) kam ich mir reichlich lächerlich vor, aber ich hatte in den Effekten ja nur die Kleidungsstücke, die ich bei der Verhaftung getragen hatte.
Ich überlegte, was ich Mutti wohl sagen könnte, aber mein Herz schlug eins zu tausend. Ich war unfähig einen klaren Gedanken zu fassen. Dann ging es durch mehrere verschlossene Türen und eine Treppe hinab ins Erdgeschoß. Die Tür wurde geöffnet. Mutti saß mit dem Rücken zur Tür und drehte sich zu mir um, als ich den Raum betrat. Dann hielten wir uns weinend in den Armen und brachten kein einziges Wort heraus. Einen Meter von uns entfernt saßen zwei Stasi-Männer: ein Schließer und ein geschniegelter Vernehmer mit Igelfrisur und Brille. Letzterer forderte uns auf, am Tisch Platz zu nehmen. Außerdem, so klärte er uns auf, sei jeglicher »Körperkontakt« verboten. Die Begrüßung habe ausschließlich per Handschlag zu erfolgen: »Ich belehre Sie hiermit, dass Gespräche über die Straftat oder die Anstalt verboten sind. Sollten Sie sich nicht daran halten, wird der Besuch sofort abgebrochen. Sie haben jetzt dreißig Minuten Zeit.«
Lautlos liefen mir die Tränen übers Gesicht. Eigentlich wollte ich doch stark sein und Mutti nicht noch mehr Angst machen. Aber ich konnte meine Tränen nicht kontrollieren. Hätte ich wenigstens die Möglichkeit gehabt, mich auf diesen Besuch vorzubereiten! Aber man hatte mich einfach überrumpelt. Ich weiß gar nicht, worüber wir uns in diesen dreißig Minuten unterhalten haben. Die Zeit verging rasend schnell und plötzlich war der Sprecher auch schon vorbei.

Als ich wieder bei Manu in der Zelle war, kam mir erst richtig zu Bewusstsein, was soeben abgelaufen war. Ich erzählte Manu von meinem Sprecher und heulte dabei wie eine Blöde. Mich überkam ein regelrechter Weinkrampf. Ich war richtig über mich selbst erschrocken – so ´was habe ich noch nicht erlebt! Ein Schließer, der mich durch den Spion beobachtete, fragte Manu was denn mit der »Eins« los sei. Ob ich eventuell eine Beruhigungstablette bräuchte? Ich habe nur abgewunken, aber um ein neues Taschentuch gebeten.
Nach zwei oder drei Stunden öffnete sich die Klappe in der Tür. Die Geschenke, die Mutti mitgebracht hatte, wurden hereingereicht. Tomaten, Äpfel, Schokolade. Unbeschreiblicher Luxus!!

Mittwoch, 1. Juni 1988: Angst

Inzwischen ist totale Stagnation eingetreten. Das heißt, ich sitze fast den ganzen Tag in der Zelle und starre die Wände an. Keine Verhöre mehr. Nichts! Nur ab und zu, vielleicht einmal pro Woche, werde ich jetzt noch zum Vernehmer geholt. Manchmal habe ich Post, so wie heute. Es tut gut, von Zuhause ein paar aufmunternde Zeilen zu bekommen.
Flanelli war heute gut gelaunt, also habe ich ihm ein paar Fragen zum Gefängnis gestellt. Das ist etwas, was mir einfach keine Ruhe lässt. Wenn es da wirklich so schlimm ist, wie man es aus Filmen kennt, dann weiß ich nicht, wie ich das überleben soll. Manu denkt, es wird sicher nicht so schlimm werden. Man kann dort arbeiten und so vergeht dann die Zeit auch viel schneller.
Der Vernehmer meinte, was im Westfernsehen über die DDR-Strafvollzüge erzählt würde, stimme hinten und vorn nicht. Die Leute, die vor der Kamera aussagten, würden für ihre Falschaussagen bezahlt. Hinkebein kam später noch ins Zimmer und holte für mich ein Buch der IGfM aus dem Tresor. Darin standen Zeugenaussagen von Ex-Häftlingen. Er hat mir ein paar Sätze vorgelesen und eine

Seite durfte ich – gnädigerweise! – auch selbst lesen. Hörte sich alles ziemlich schlimm an. Da war die Rede von winzigen, überfüllten Zellen, Drei-Stock-Betten, Schlägereien. Auch von Vergewaltigung hatte eine Frau berichtet. Hinkebein hat darüber aber nur laut gelacht. Er muss ja auch nicht ins Zuchthaus! Wahrscheinlich hat er mir das Buch nur gezeigt, um mir noch mehr Angst zu machen als ich ohnehin schon habe. Das ist ihm wirklich gelungen. Ich habe wahnsinnige, panische Angst!!!

Donnerstag, 2. Juni 1988: Manus Anklageschrift

Manu wartet schon seit einigen Tagen auf ihre Anklageschrift. Diese Warterei hier in der UHA ist einfach schrecklich! Wir haben absolut nichts zu tun – außer zu warten auf das, was kommt. Tag für Tag sitzen wir in der engen Zelle, schlafen viel, spielen hin und wieder Schach oder wiederholen französische Vokabeln meines letzten Schuljahres. Für Gespräche ist uns bereits der Stoff ausgegangen. Heute kam dann für Manu der Bescheid über die Anklageschrift. Seit Tagen ist sie total aufgeregt. Sie hat sogar wieder mit dem Rauchen begonnen. Das beantragte Strafmaß ist hart ausgefallen: zwei Jahre und acht Monate Strafvollzug. Manu sagt, sie hätte etwas in dieser Größenordnung erwartet. Hoffentlich wird die Verhandlung nicht zu schlimm! Wenigstens kann sie ihren Mann dort wiedersehen.

Donnerstag, 9. Juni 1988: Manus Verhandlung

Manuela kam fix und fertig von der Verhandlung zurück. Noch völlig unter Schock stehend und mit Tränen in den Augen, erzählte sie mir vom Transport zum Gerichtsgebäude. »Die fahren dich in einem Barkas[21] dorthin. Birgit, du kannst dir nicht vorstellen, was das für Zellen sind! Ich dachte, ich kriege Platzangst. Alles ist total dunkel und du sitzt da in diesem winzigen Verschlag...«

---

21 Ein Barkas ähnelt in der Größe in etwa einem VW-Bus.

Die Verhandlung selbst war nach Manus Aussagen nicht so schlimm. Klar, der Staatsanwalt ist ein parteiischer Idiot, hat ´rumgeschrien – aber was will man anderes erwarten. Manu hat zwei Jahre und acht Monate bekommen und Harald sogar über drei Jahre. Ich bewundere Manus relative Gelassenheit. Bei dem Strafmaß würde ich glatt durchdrehen! Aber der Anwalt hat Manuela und Harald versprochen, dass sie nicht die gesamte Strafe absitzen müssen. Hoffentlich hat er Recht. Vielleicht will er sie aber auch nur mit sinnlosen Versprechen beruhigen. Wer weiß das schon?

Dienstag, 14. Juni 1988, nachmittags: Verlegung in Zelle 36

»Sachen packen« brüllte vor wenigen Minuten irgendein Schließer durch unsere Tür.
»Wer?« fragten Manu und ich gleichzeitig.
»Beide!« kam es wieder durch die Tür.
Jetzt wird es ernst: Manu muss in den Vollzug! Ich habe Angst um uns beide. Was passiert jetzt? Werden wir uns je wiedersehen? Ich wiederhole noch einmal Manuelas Kontaktadresse in Essen, die ich auswendig gelernt habe. Manu hat sich auch meine Adresse gemerkt. Eine letzte Umarmung noch und Manu wird aus der Zelle weggeführt. Am anderen Ende des Ganges wird für sie eine Zelle aufgeschlossen. Ob sie jetzt allein in der Zelle bleiben muss? Da öffnet sich wieder die Zellentür und ich muss mit meinem Bündel heraustreten.
»Nach links! Halt, stehenbleiben!« Ich stehe vor unserer Nachbarzelle, Nummer 36, in der ich zu Beginn mit Inge und Christel untergebracht war. Krachend fällt die Tür hinter mir ins Schloss. Der Schließer entfernt sich schlüsselklappernd.
»Hallo, ich bin die Birgit. Und wie heißt du?« fragte ich.
Die zirka 27 Jahre alte Frau auf der Pritsche heißt Ines und kommt aus Guben. Sie ist noch nicht lange in der UHA erzählt sie mir, und weiter, dass sie nach Westberlin will.

Die Stasi versucht ihr und ihren Freunden Republikflucht anzuhängen, was aber nach ihrer Aussage nicht stimmt. Sie wollte eigentlich ganz legal ausreisen.
Ich habe auch eine ganze Menge zu erzählen und während wir so über die UHA reden, stellt sich heraus, dass Ines Manuela aus Guben kennt. Das erste Eis ist gebrochen! Ich bin richtig froh, dass ich über Manu reden kann. Die Trennung von ihr fällt mir schwer. Sie war meine einzige Vertrauensperson hier drin... Ines dagegen kenne ich noch nicht und mein erster Eindruck von ihr ist gespalten. Sie wirkt ein bisschen arrogant und verwöhnt. Seltsam auch die Tatsache, dass sie sofort ihre Schminksachen verlangte, als sie hier eingeliefert wurde. Keine Chance! Aber wer würde überhaupt auf die Idee kommen, sich hier täglich schminken zu wollen? Auf der anderen Seite ist sie eine Politische – genau wie ich von der Stasi verschleppt. Wir sitzen im selben Boot und müssen zusammenhalten!

Mittwoch, 15. Juni 1988: Brief

Liebe Mutti, liebe Britta, lieber Holm:
Ich habe soeben Euren Brief sowie eine Tüte mit Tomaten und Schnittlauch erhalten. Vielen Dank! In 14 Tagen sehen wir uns wieder – darauf freue ich mich schon sehr! [...] Mir geht es unverändert. Mit Vitaminen sieht es hier momentan schlecht aus. Es gibt noch immer keine Äpfel. Wie war die Hochzeit meiner Freundin Michaela? Und Tante Lydias Geburtstag? So viele Ereignisse und nirgends kann ich dabei sein! Das Jahr 1988 kann ich wohl total abhaken. [...] Vertraut auf Gott. Auch wenn das Kreuz schwer ist, das wir jetzt tragen müssen – Gott ist mit uns! Es umarmt Euch alle ganz herzlich Eure Birgit.

Donnerstag, 23. Juni 1988: Es wird heiß

Langsam tut sich etwas in unserer Angelegenheit! Flanelli erzählte mir vorhin, dass ich nun bald mit meiner Anklageschrift rechnen könnte. Allerdings würde die Gerichts-

verhandlung nicht vor August stattfinden, weil Rechtsanwalt Schnur den ganzen Juli hindurch im Urlaub sein wird. Mir ist diese Pause eigentlich ganz recht. Zwar wird es langweilig werden, aber wenigstens verzögert sich dadurch meine Verlegung in den Strafvollzug. Ich möchte zu gern wissen, was Manu gerade macht! Vielleicht ist sie schon in Freiheit?
Draußen wird es immer heißer, aber den Sommer kriegen wir hier kaum mit. Das heißt, von den dreißig Minuten Sonnenstrahlen abgesehen, die wir uns »gesiebt« auf Gesicht und Arme scheinen lassen. Jetzt am Strand liegen oder im Meer schwimmen... Das wäre schön!
PS: Aus Muttis letztem Brief:

Nichts soll dich ängstigen, nichts dich erschrecken. Alles geht vorüber. Gott allein bleibt derselbe. Alles erreicht der Geduldige, und wer Gott hat, der hat alles. Gott allein genügt. – Theresa von Avila.

Samstag, 25. Juni 1988: Gesundheit

Seltsamerweise habe ich seit ein paar Tagen zunehmend gesundheitliche Probleme. Das hatte ich doch während der Verhöre nicht!? Manchmal spüre ich starke Schmerzen im Oberkörper, wie Nadelstiche. Kaum zu glauben. Das Herz?! Spinne ich jetzt, oder was? Atmen kann ich manchmal auch nicht mehr normal.
Das Wochenende habe ich mit Lesen verbracht: Babettes Gastmahl von Tania Blixen, Der vergessene Kontinent über Grönland-Wikinger, eine Reisebeschreibung über Jugoslawien und Der versiegelte Engel von Leskow.
In der Bibel las ich gestern Abend: »Selig ist der Mann der die Anfechtung erduldet, denn nachdem er bewährt ist, wird er die Krone des Lebens empfangen, welche Gott verheißen hat denen, die ihn lieb haben.« (Brief des Jacobus) Trifft das auch auf mich zu?

Sonntag, 26. Juni 1988: Erstickungsanfälle

Heute Mittag dachte ich: Jetzt ist es aus! Meine letzte Stunde hat geschlagen! Ich zittere jetzt noch, wenn ich nur daran denke... Während der Freistunde überkam mich aus heiterem Himmel zum ersten Mal ein Erstickungsanfall. Ines und ich lehnten gerade an der Wand der Freihofzelle und schauten schweigend in die warme Junisonne. Plötzlich bemerkte ich, dass die Atmung langsam auszusetzen begann. Das geht gleich wieder vorbei! dachte ich noch. Aber als wir wieder in der Zelle waren, wurde es schlimmer.

»Geh doch auf's Licht, Birgit!« Ich drückte also auf den Knopf links neben der Tür. Am Spion erschien ein Auge.

»Was is' los?« fragte eine männliche Stimme.

»Ich habe starke Atembeschwerden, bitte rufen Sie einen Arzt.«

Das Auge verschwand wieder und ich legte mich auf die Pritsche. Nach etwa fünfundvierzig Minuten - einer halben Ewigkeit! - wurde ich einem Stasi-Arzt vorgeführt. Der gab mir nur eine Faustan-Beruhigungstablette[22] und ließ mich wieder zurück schließen.

Gegen 19 Uhr begann alles von vorn, nur viel schlimmer. Noch nie habe ich so intensiv an den Tod gedacht, wie in diesen Minuten. Schreckliche Gedanken... besonders wenn man erst neunzehn ist und das ganze Leben noch vor sich hat! Ganz plötzlich setzte wieder Atemnot ein, genau wie am Mittag. Panisch schnappte ich immer hastiger nach Luft. Alles drehte sich, mir wurde schwarz vor Augen. Auf der Pritsche liegend, versuchte ich aufzustehen oder wenigstens meinen Arm anzuheben, um mich aufzurichten. Es ging einfach nicht!

Gott, Verlass mich jetzt nicht! Ich will noch nicht sterben. Jetzt noch nicht. Ich tue alles für dich, wenn du mich leben lässt! schoss es mir durch den Kopf.

In der Zwischenzeit war Ines am Licht. Ein Arzt sei auf dem Weg, wurde ihr versichert. Von draußen beobach-

22 Eine Art Valium

teten die Wärter die Situation und ein junger Schließer versuchte mich durch Ratschläge zu beruhigen. Auf dem Gang klingelte ein paar Mal das Telefon. Endlich wurde die Zellentür aufgeschlossen!! Zwei Schließer halfen mir die Treppe hinauf. Im Arztzimmer legten sie mich dann auf eine Liege und gingen vor die Tür. Der Arzt gab mir nach meiner Schilderung der Symptome als erstes zwei Spritzen. Dann erzählte er mir etwas von Hyperventilation, psychischer Belastung usw. Er war freundlich und erklärte mir, dass wir sofort in ein Lazarett fahren würden. Mir war schon alles so egal!

'Nikita',[23] eine der wenigen Frauen unter dem Wachpersonal, kam auf mich zu. Sie stützte mich und ging mit mir langsam vier Stockwerke nach unten. Im Hof wartete ein weißer Lada. Ich wollte mich umschauen, aber die Stasi-Leute drängten zur Eile und schoben mich ins Auto. Rechts neben mir nahm der Arzt Platz, links von mir saß Nikita. Dann war da noch der Fahrer in Uniform und auf dem Beifahrersitz ein junger Schließer in Zivil.

»Ganz ruhig bleiben. Wir schaffen das schon,« flüsterte Nikita mir zu. Ihre Fürsorge erstaunte mich. Es gibt wohl auch Ausnahmen unter den Stasi-Leuten?

Langsam begannen die Spritzen zu wirken. Ich wurde ruhiger, fühlte mich etwas schummrig, aber entspannt und locker. Nach etwa 15 Minuten Fahrt durch Cottbus kamen wir an einen Wald. »Sperrgebiet« konnte ich auf einem Schild lesen. Von weitem sah man eine Schranke und bewaffnete Uniformierte. Wir wurden auch sofort durchgelassen und hielten genau vor einer Baracke, an der »Lazarett« geschrieben stand. Ein paar Soldaten kamen mir in braunen NVA[24]-Trainingsanzügen entgegen. Einige gingen an Krücken. Ob sie wissen, dass ich aus der Stasi-UHA komme? Sie schauen mich alle so komisch an. Oder bilde ich mir das alles nur ein?

---

23 Wir gaben ihr diesen Namen, weil sie „Nikita" aus dem Elton John Video ähnelte

24 Nationale Volksarmee

Im Vorraum musste ich mich auf eine fahrbare Liege legen und wurde so in ein Arztzimmer geschoben. Da lag ich nun vor zwei Ärzten. Nikita, der Stasi-Arzt und der Beifahrer standen hinter mir. Zuerst bekam ich gleich wieder Spritzen verpasst und zusätzlich Asthmaspray. Apathisch ließ ich alles über mich ergehen. Ich hörte noch, wie sie berieten, ob sie mich am besten da behalten sollten. Tag und Nacht... eine Stasi-Tante... neben mir am Bett?... Nein, danke!... Da kann ich mir wirklich etwas besseres vorstellen... Gedanken schwebten durch meinen Kopf. Meine Wahrnehmung funktionierte noch einigermaßen, nur mein Körper fühlte sich seltsam an. Wahrscheinlich die Spritzen...

Zum Glück musste ich dann doch nicht im Lazarett bleiben und so fuhren wir nach zwei Stunden wieder zurück in die UHA am Spreeufer. Ich fühlte mich wirklich besser, war aber sehr müde und wollte nur noch eins: schlafen. Unterwegs wurde mir klar, dass dieser 'Ausflug' eigentlich etwas ganz besonderes war. Es war ein schöner Sommerabend, als wir durch Cottbus zurück zur UHA fuhren. Nach langer Zeit sah ich endlich wieder ein paar Bäume! Die Luft war mild und die Leute auf ihren Fahrrädern, an denen wir vorbeifuhren, schienen so unbeschwert. Ich konnte mich kaum satt sehen und saugte gierig die Sommerluft auf, die durch den Fensterspalt ins Auto drang. Dann wurde ich schlagartig traurig. Mein Gott, die Leute da draußen wissen gar nicht was es heißt, frei zu sein!! Am liebsten hätte ich laut geschrien, aber ich war zu müde.

Als ich wieder in die Zelle geschlossen wurde, war es schon dunkel. Nachtruhe. Zum Waschen durfte ich aber noch ein bisschen Licht haben. Dann war es wieder stockdunkel. Aber bevor ich erschöpft einschlafen konnte, musste ich Ines noch unbedingt von den Bäumen und den Leuten auf den Fahrrädern erzählen...

Donnerstag, 30. Juni 1988: Neuzugang

Wir haben Neuzugang bekommen: Marion. Ines und ich saßen gerade gelangweilt herum, als mit einem Mal die Tür aufgeschlossen und eine neue Pritsche hereingeschoben wurde. Ein paar Minuten später stand Marion, die neue Nummer »Drei«, in der Zelle. Sie sah ziemlich blass aus und schien nicht sehr gesprächig. Eher total verängstigt. Ich schätzte sie auf Ende zwanzig.

Marion wollte wissen, wie lange wir schon hier seien. »Neunzehn Wochen.« Die Ärmste fiel fast in Ohnmacht! Naja, das kann ich verstehen. Ich dachte am Anfang schließlich auch, dass nach drei bis vier Wochen hier alles gelaufen sei. Die ganze Prozedur zieht sich aber unendlich in die Länge. Manchmal kann der Aufenthalt in der UHA bis zu einem Jahr dauern. Zumindest erzählt das Flanelli.

Samstag, 2. Juli 1988: Marion

Ines und ich haben festgestellt, dass Marion irgendwie nicht zu uns passt. Zu bäuerlich. Zu naiv. Und auch noch aus Sachsen! Der Dialekt klingt seltsam in unseren Ohren. Ines macht aus ihrer Antipathie keinen Hehl. Nach einer Weile tut mir Marion aber leid. Eigentlich ist sie gar nicht soooo unsympathisch. Wir müssen uns eben zusammenreißen, um auf engstem Raum einigermaßen miteinander auskommen zu können. Auch wenn´s manchmal schwerfällt! Sonst drehen wir noch alle durch. (Die Stasi würde sich freuen!) Außerdem ist Marion auch eine Politische. Sie sitzt wegen Republikflucht, hat sie uns erzählt. Ihr Mann wurde ebenfalls verhaftet und ihr Kind hat die Stasi in ein Heim gesteckt, weil Marions Eltern zu alt und gebrechlich sind, um das Kind bei sich aufnehmen zu können. Das muss das Schrecklichste sein für eine Mutter – das Kind im Heim und diese Ohnmacht! Mir bestätigt das wieder einmal, dass bei der Stasi nur Unmenschen zugange sind. Um die Kinder kümmern die sich überhaupt nicht! So ein kleines Kind vergisst doch nichts. Wer weiß, wie es im Heim behandelt wird? Wahrscheinlich erzählen sie ihm, dass Mama und Papa Verbrecher sind und im Gefängnis sitzen... Stasi-Schweine!

Freitag, 15. Juli 1988: Beruhigungsmittel

Der Erstickungsanfall ist jetzt ungefähr drei Wochen her und vorhin hatte ich wieder einen. So langsam kriege ich Routine... Ich habe es zur Abwechslung mal mit Autosuggestion versucht. Das hat auch prima geklappt. Aber zum Arzt bin ich trotzdem gegangen. Man kann ja nie wissen! Jetzt kann ich jederzeit Faustan-Tabletten vom Sani verlangen. Welch´ ein Luxus! Der Arzt hat mir auch gleich wieder zwei Tabletten zur Beruhigung gegeben. Allmählich wird mir das aber zuviel. Vielleicht wollen die mich ja abhängig machen?
Kürzlich dann die Sache mit dem Herzen... Gegen Mitternacht bin ich plötzlich aufgewacht: Herzschmerzen. Bis in den linken Arm zog sich der Schmerz und alles war wie geschwollen. Also bin ich wieder auf´s Licht gegangen. Ich bin ja nun schon Stammkundin, sozusagen. Nach dreißig Minuten stand ich im gestreiften Männerschlafanzug (!) im Arztzimmer. Der Arzt hatte aber keine Lust zu irgendwelchen Untersuchungen und machte deshalb auch nicht viel Federlesen. Er meinte nur, das sei alles psychisch bedingt. Dann wieder eine Faustan und ab in die Zelle! Toll!

Mittwoch, 20. Juli 1988: Brief

Liebe Mutti, lieber Britta und lieber Holm:
Mir geht es den Umständen entsprechend gut. Gott sei Dank habe ich jetzt keine Atembeschwerden mehr. Heute wurde ich wieder gewogen: 56,5 kg. Ich habe also 1 Pfund zugenommen (bei den vielen Süßigkeiten vom letzten Sprecher kein Wunder!).
Zurzeit lese ich auch wieder viel. Gerade habe ich das Puschkin-Buch ausgelesen (Poltawa, südliche Poeme, Ruslan und Ludmilla usw.) sowie ein amerikanisches Buch über Rassendiskriminierung. Momentan lese ich eine „Be-

schreibung Afrikas“ von Leo Africanus und „Die zerschlagene Madonna“ von Rosemarie Schuder. Außerdem noch Gogol. [...]
Betet für Vati und mich! Der Wille des Herrn geschehe!
Eure Birgit.

ANKLAGE, PROZESS UND VERURTEILUNG

Mittwoch, 27. Juli 1988: Unsere Anklageschrift

Die Anklageschrift ist schon einige Tage alt (vom 14. Juli 1988) und ein Witz! Heute habe ich übrigens Flanelli nach vierzehn Tagen das erste Mal wiedergesehen: braungebrannt. Er war wohl im Urlaub?

Flanelli legte mir die Anklageschrift zur Stellungnahme vor. Mehrere Schreibmaschinenseiten, zusammengebastelt aus verfälschten Stasi-Protokollen und einer Menge Hass. Vati und ich werden darin angeklagt,

> *»gemeinschaftlich und arbeitsteilig handelnd, landesverräterische Nachrichtenübermittlung begangen und in Tateinheit dazu die staatliche Ordnung mehrfach durch öffentliche Herabwürdigung und Beeinträchtigung angegriffen zu haben.«*

Wenn ich es nicht besser wüsste, könnte man meinen, hier handele es sich um Spionage oder ein ähnliches Delikt. Und diese ganzen Paragraphen: § 99 Abs. 1, § 22 Abs. 2 Ziff.2 StGB, § 220, § 214!

> *»Der Entschluss der Beschuldigten beinhaltete, die Verbindungsaufnahme zu einer Feindorganisation zur Durchsetzung ihrer ständigen Ausreise zu nutzen und sie durch Ausstattung mit Informationen in die Lage zu versetzen, feindliche Aktivitäten gegen die DDR zu entwickeln und sich in die inneren Angelegenheiten der DDR einzumischen. […] Seit Ende des Jahres 1987 entschieden sich die Beschuldigten, mit massiven Verleumdungen gegen die staatliche Ordnung der DDR vorzugehen und verliehen gefertigten Schreiben eine zunehmende Aggressivität.*

[...] Das Handeln der beiden ist gesellschaftsgefährlich. [...] Neben den verletzten gesellschaftlichen Verhältnissen ist die mehrfache Tatbegehung, die mehrfache Gesetzesverletzung und die Intensität, mit der die Handlungen begangen wurden, für die Einschätzung der Gesellschaftsgefährlichkeit von Bedeutung.«

Unterschrieben hat ein Mann namens Adam, Staatsanwalt. Diese Idioten! Wir und gesellschaftsgefährlich?? Wir haben doch keinem Menschen etwas getan!

Freitag, 29. Juli 1988: Mensch-ärgere-dich-nicht
Die Beziehung zwischen Ines und Marion ist noch immer frostig. Um alles ein bisschen aufzulockern, habe ich das abendliche Mensch-ärgere-dich-nicht Spiel eingeführt. Das hat Manu, Bärbel und mir eigentlich immer Spaß gemacht. Außerdem hat es noch einen anderen Zweck zu erfüllen. Wer das erste Spiel gewinnt, darf sich abends als Erste waschen. Dann muss noch ein zweites Spiel ausgetragen werden, um zu entscheiden, wer morgens am längsten liegenbleiben darf. Die Verliererin muss immer als Erste aufstehen. So kommen wenigstens keine Streitigkeiten auf.
PS: Flanelli hat mir die Ladung zum Gericht vorgelegt. Der Prozess beginnt am 4. August um 13:15 Uhr beim 1. Strafsenat des Bezirksgerichts Cottbus.

Donnerstag, 4. August 1988: Unter Ausschluss der Öffentlichkeit
Der Prozess! Morgens wurde ich zeitig abgeholt. Zur Beruhigung wollte man mir als erstes gleich wieder eine Tablette verpassen. Dabei bin ich die Ruhe in Person. Es kommt sowieso, wie es kommen muss. Und vor dem Staatsanwalt habe ich keine Angst.
'Hexe', eine Stasi-Wärterin mit platinblonden, strohigen Haaren, führte mich in eine Effektenzelle. Nachdem sie alles kontrolliert hatte, durfte ich mich umziehen. Mutti hatte Sachen für mich abgegeben und in diesen Privat-

sachen fühlte ich mich zum ersten Mal wieder wie ein Mensch. Wie lange ist das jetzt her! Mein Selbstbewusstsein stieg sofort. In einem günstigen Moment steckte ich mir schnell noch ein paar Vitaminbonbons und ein aus Streichhölzern gebasteltes Kreuz in die Hosentasche.
Durch den inzwischen bekannten Irrweg innerhalb der Stasi-UHA ging es hinunter auf den Hof. Die Miniausführung einer Minna, ein olivgrüner Barkas, stand abfahrbereit vor dem Tor. In der Sardinenzelle saß ich eingezwängt, mit angezogenen Beinen und wartete auf die Abfahrt.
Unglaublich, was uns für ein Transport zugemutet wurde! Manuela hatte wirklich kein bisschen übertrieben! Ich fühlte mich wie in einem Sarg: stockdunkel, kein Fenster, kein Luftspalt. Mit dem Rücken und den Knien berührte ich jeweils die Wände. Auch meine Ellbogen stießen sich an den Seitenwänden. Man konnte sich nicht ausstrecken, geschweige denn bequem sitzen. Ein Glück, dass ich nicht klaustrophobisch bin! Genau vor meinem Kopf war ein Stück Schaumgummi angemacht. Wahrscheinlich damit ich mir nicht den Kopf einschlage, wenn das Auto um die Kurven fährt! Der Fahrer fuhr wie ein Henker. Zum Glück waren es bis zum Gericht 'nur' zehn Minuten Fahrt. Aber das hat mir gereicht!
Im Gerichtsaal sah ich endlich, nach fast sechs Monaten, Vati wieder. Er hatte stark abgenommen, sein Haar war länger als gewöhnlich und über den Schläfen merklich angegraut. Mit Entsetzen sah ich auch, dass man ihm Handschellen angelegt hatte. Die uns begleitenden Stasi-Wärter waren zusätzlich bewaffnet, damit sie uns im Notfall auf der Flucht erschießen könnten. Einer von ihnen (er wird von uns Häftlingen wegen seiner grauen Haare 'Grauschimmel' genannt) nahm Vati im Gerichtssaal endlich die Handschellen ab. Gleichzeitig belehrte er uns, dass private Gespräche verboten wären. Der kann mich mal im Mondschein besuchen...
»Wie fühlst du dich im Moment?«
»Sehr gut,« sagte Vati lächelnd.

Grauschimmel reagierte nicht, und so setzten wir unser Gespräch fort bis unser Anwalt eintraf. Vor Beginn des Prozesses gab mir Wolfgang Schnur noch schnell das Losungsbuch, in dem er mir ein Tagesgebet zeigte, das ich lesen sollte.

Beim Eintreten des Hohen Senats mussten sich alle von den Plätzen erheben. Der Staatsanwalt begrüßte uns mit einem besonders 'freundlichen' Blick, den ich nur erwidern konnte. Wie bei politischen Prozessen üblich, fand auch unsere Gerichtsverhandlung unter Ausschluss der Öffentlichkeit statt. (Die Geheimhaltung erfolgt wahrscheinlich im Interesse des Volkes?!)

Staatsanwalt Adam legte die Anklage dar, deren Schwerpunkt unsere Briefe an die »Feindorganisation« Internationale Gesellschaft für Menschenrechte (IGfM) waren. Vom Richter, Genosse Hauptmann, wurden anschließend einige Briefe als 'schändliche Beispiele' verlesen. Hin und wieder musste ich dabei nach vorn kommen um zu bestätigen, dass ich diesen oder jenen Brief auf meiner Schreibmaschine abgetippt hatte.

Bei dieser Gelegenheit konnte ich mir den Richter und seine ihn flankierenden Schöffen aus der Nähe betrachten. Der Richter selbst war ein kleines buckliges Männchen. Auf seiner großen Nase saß eine Brille; sein schütteres Haar bedeckte spärlich eine Halbglatze. Am Revers seines Anzuges prangte (wie könnte es anders sein?) das Parteiabzeichen der SED. Als Schöffin, links neben ihm, saß Frau Burwitz, die einer Mongolin ähnelte. Sie hatte kleine Schlitzaugen und machte ein grimmiges Gesicht. Kleidungsmäßig hinkte sie der Zeit etwas hinterher: das feuerwehrrote Kostüm und die klobigen Schuhe erinnerten an die Siebziger. Herr Noack, der zweite Schöffe, war wie der Richter Brillenträger. Die ganze Zeit schaute er drein, als hätte ihm jemand die Butter vom Brot genommen. Ansonsten war er sehr schweigsam.

Mir war seit der ersten Minute aufgefallen, dass mich Frau Burwitz musterte. Vielleicht erwartete sie, dass ich Angst

zeigen oder gar Tränen der Reue vergießen würde? Leider musste ich sie enttäuschen! Der Hass zeichnete sich deutlich auf ihrem Gesicht ab. Wenn sie oder der Staatsanwalt denken, dass mich das beeindruckt, dann irren sie sich aber! - Alles erscheint mir hier so sinnlos. Diese Verhandlung ist das reinste Marionettentheater! Alles abgekartet...
Ein paar Stunden waren bereits vergangen, als eine kurze Pause angekündigt wurde. In der Pause aßen Vati und ich meine geschmuggelten Vitaminbonbons. Grauschimmel sah zu.
»Hast du für den netten Herrn nicht auch ein Bonbon?« fragte Vati und grinste.
»Nee, da könnte ja jeder kommen. Außerdem könnte ihm das Bonbon möglicherweise im Halse steckenbleiben. Es ist nämlich ein 'kapitalistisches' Produkt.« Wir lachten über das vertrottelte Gesicht, das Grauschimmel machte. Er blieb aber weiterhin stumm.
Im zweiten Teil der Verhandlung bemühte sich Staatsanwalt Adam immer wieder, uns als Staatsfeinde darzustellen. Ohne Ergebnis wurde die Verhandlung vertagt. Zurück in unsere Zellen!

Mittwoch, 10. August 1988:
Die restliche Verhandlung

Der Rest der Verhandlung (letzten Freitag und heute) verlief so ähnlich wie am ersten Tag. Es wurde scheinbar 'sachlich' verhandelt, aber was wir auch entgegneten, immer bekam der Staatsanwalt recht.
Gestern kam es zu einer kleinen Ausschreitung. Vati antwortete auf eine entsprechende Frage des Richters, dass er damals von seinem Chef unter Druck gesetzt und damit gezwungen wurde, in die Partei einzutreten. Er hätte sonst seine Position im Betrieb verloren. Doch diese Antwort hat unser Staatsanwalt nicht verkraften können! Adam sprang von seinem Sitz auf und schrie: »Das lasse ich mir nicht gefallen! Niemand wird in der Deutschen Demokratischen Republik gezwungen, in die Partei der Arbeiterklasse ein-

zutreten. Ich bin selbst Mitglied der Partei von Marx und Engels. Ich verbitte mir solche Äußerungen!«
Schnur: »Wenn Sie Ihren Ton nicht ändern, sagt mein Mandant überhaupt nichts mehr, Herr Staatsanwalt!« (Krolopp hätte an dieser Stelle garantiert den Staatsanwalt unterstützt!) Daraufhin meldete sich der Richter zu Wort: »Ich bitte um Ruhe, meine Herren! Meine Verhandlungen sind als ruhig und sachlich bekannt und so wollen wir doch auch fortfahren.« Danach kehrte wieder Ruhe ein und die Verhandlung lief wie gewohnt weiter. Eine einzige Farce! Man kann darüber nur noch den Kopf schütteln.
Was mich am meisten erschüttert hat, war ein ganz anderes Erlebnis. Während der Gerichtspause wollte ich zur Toilette gehen. Ich verließ also den Gerichtssaal, gefolgt von Hexe und einem männlichen Bewacher in Uniform. Plötzlich sah ich auf einer Bank im Gang des Gerichtsgebäudes Mutti sitzen. Ich lief sofort auf sie zu und wollte sie umarmen. Aber kurz vor ihren ausgebreiteten Armen packte mich der Stasi-Wärter, der mir hinterhergelaufen war, am Oberarm und riss mich mit stahlhartem Griff zur Seite. Ich wehrte mich, wollte mich losreißen.
»Ich werde wohl noch meine Mutter umarmen dürfen,« schrie ich ihn an. Ich war so wütend, total außer mir, und Tränen standen mir in den Augen. Aber der Typ war stärker als ich und zerrte mich den Gang entlang. Dann brüllte er mich noch an: »Das ist verboten! Sie wurden darüber belehrt! «
»Das ist eine verdammte Lüge! Lass mich gefälligst los!«
Ich rettete mich in die Damentoilette, in die er mir zum Glück nicht folgen konnte. Dafür wartete Hexe dort auf mich und wich mir keine Sekunde von der Seite. Aber das war noch nicht alles!
Als ich zurück zum Gerichtssaal eskortiert wurde, stand Britta an der Tür. Ich ging an ihr vorüber, denn ich hatte sie nicht erkannt! Sie hatte sich in den fast sechs Monaten äußerlich verändert und erst als sie mich ansprach, wurde mir bewusst, dass es meine Schwester war. Ich war total

verwirrt! Doch noch ehe ich richtig zur Besinnung kam, wurde sie zur Seite geschoben und die Tür zum Verhandlungssaal geschlossen. Als ich wieder auf der Anklagebank saß und Vati alles berichtet hatte, stieg in mir eine ohnmächtige Wut hoch. Ich konnte mich kaum beruhigen, so sehr kochte ich! Mit hasserfüllten Blicken auf Staatsanwalt, Richter und Schöffen reagierte ich mich langsam ab. Mein Arm schmerzte noch immer.

Als wir in die UHA zurückgefahren wurden, ließ man uns auf dem Hof der Stasi-Zentrale geschlagene dreißig Minuten in der prallen Augustsonne stehen. Normalerweise ist es im Barkas streng verboten zu sprechen, zu pfeifen, zu husten oder dergleichen. Schließlich wurde es mir zu bunt.

»Aufmachen!!« brüllte ich aus meiner Sardinenbüchse heraus. Endlich kam jemand und holte uns raus. »Sie scheinen nicht zu wissen, dass ich kürzlich Erstickungsanfälle hatte. Wenn das wieder losgeht, können Sie sich frisch machen!«

Scheinheilig meinte der Schließer: »Ja, warum ham Se denn nich´ schon eher ´was gesagt?« Blödmann!!!

Später hatten wir auch noch ein Gespräch mit unserem Anwalt. Wir überlegten gemeinsam, ob wir eventuell nach dem Urteilsspruch Berufung gegen das Urteil einlegen sollten. Schnur riet uns davon ab. Es sei völlig sinnlos und hätte sowieso keinen Erfolg. »Ihr Aufenthalt in dieser Untersuchungshaftanstalt würde sich dadurch nur unnötig verzögern und in Ihrer Ausreiseangelegenheit bewegt sich sowieso erst etwas, wenn Sie im Strafvollzug sind. Vorher nicht.« – So ähnlich hatte ich das auch schon von Flanelli gehört. Also willigten wir ein, nicht in Berufung zu gehen. Außerdem wird die Hitze in der Zelle immer unerträglicher. Je schneller wir aus der UHA verlegt werden, umso besser!

Donnerstag, 11. August 1988: Hochsommer
Die Hitze bringt uns noch um. Ist es wirklich ein so heißer Sommer oder kommt es uns nur so vor? Durch das Erhitzen der Glasbauteine im Zellenfenster wird jegliche Luftzirkulation unterbrochen. Wir können kaum atmen. Dazu kommen noch jede Menge Mücken, die uns piesacken. Unsere Bitte nach leichterer Bekleidung wurde abgelehnt - der Trainingsanzug bleibt ein Muss. Das einzige Zugeständnis sind abgeschnittene Kittelschürzen, die uns als 'Sommerblusen' dienen. Manchmal kommen wir uns vor wie in der Sauna und beneiden insgeheim die männlichen Häftlinge. Die können wenigstens in der Zelle mit freiem Oberkörper herumlaufen.
PS: Heute durfte ich wieder einen Brief nach Hause schreiben:

> *Meine liebe Mutti, liebe Britta, lieber Holm!*
> *Vielen Dank für Eure letzten beiden Briefe! Ich habe sie soeben gelesen und mich sehr gefreut. [Die Verhandlung] war gar nicht so schlimm wie ich anfänglich dachte. Du brauchst also keine Angst um mich haben, Mutti. Ich glaube auch, dass alles gut wird. Es war sehr lieb von Euch, dass Ihr letzte Woche im Gerichtsgebäude wart. Vor Schreck habe ich Britta gar nicht erkannt, sie sah irgendwie anders aus. Wahrscheinlich wäre ich total an ihr vorbeigelaufen, hätte sie mich nicht begrüßt. Nach nunmehr 6 Monaten habe ich auch Vati wiedergesehen. Es war ein schönes Gefühl. Er fühlt sich gut, sagte er mir. [...] Bleibt gesund und vertraut auf Gott! Viele Grüße an alle Freunde! Es umarmt Euch herzlich, Eure Birgit.*

Freitag, 12. August 1988: Urteilsverkündung
Wieder durften keine Zuschauer anwesend sein! Es war ein schöner, warmer August-Nachmittag gestern. Verteidiger und Staatsanwalt lieferten sich noch einmal einen Schlagabtausch. In seinem Schlussplädoyer sprach sich Schnur für geringere Strafen aus, als von der Staatsanwaltschaft beantragt. Er plädierte bei Vati für eine Herabsetzung der

beantragten Strafe von viereinhalb Jahren auf drei Jahre und sechs Monate, und bei mir für eine Herabsetzung von zweieinhalb Jahren auf ein Jahr und sechs Monate. Unter Bezugnahme auf den Paragraphen für außergewöhnliche Strafmilderung erläuterte er seinen Antrag. Aber, wie zu erwarten war, wurde dieser Antrag abgelehnt.

Dann die Urteilsverkündung. Stehend mussten wir das Urteil »im Namen des Volkes« über uns ergehen lassen. Die Ankläger hatten ihr Ziel erreicht: die Anklageschrift wurde als Urteil einfach übernommen.

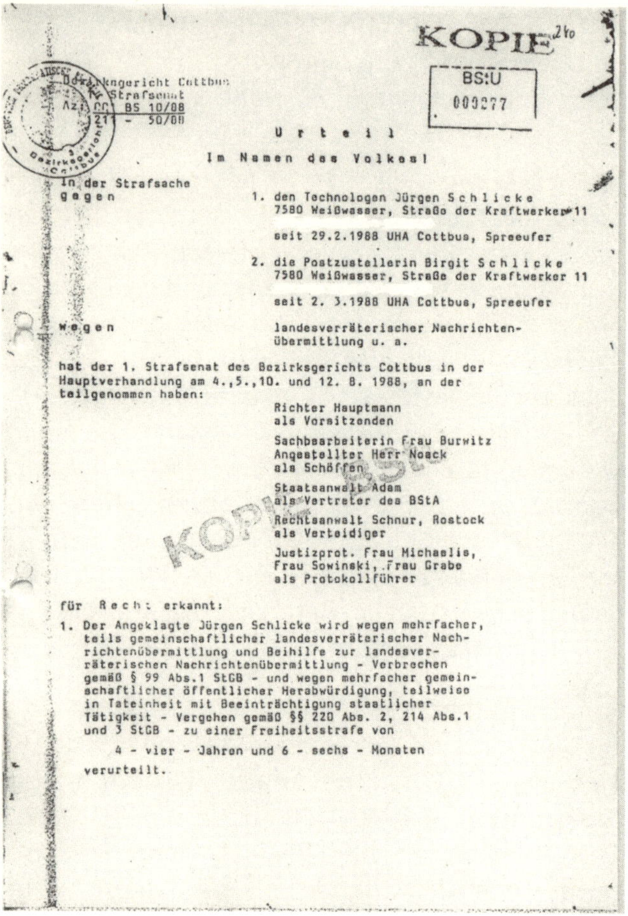

Bezirksgericht Cottbus
1. Strafsenat
Az.: CC BS 10/88
211 - 50/88

U r t e i l

Im Namen des Volkes!

In der Strafsache
gegen

1. den Technologen Jürgen S c h l i c k e
7580 Weißwasser, Straße der Kraftwerker 11

seit 29.2.1988 UHA Cottbus, Spreeufer

2. die Postzustellerin Birgit S c h l i c k e
7580 Weißwasser, Straße der Kraftwerker 11

seit 2. 3.1988 UHA Cottbus, Spreeufer

w e g e n landesverräterischer Nachrichtenübermittlung u. a.

hat der 1. Strafsenat des Bezirksgerichts Cottbus in der Hauptverhandlung am 4.,5.,10. und 12. 8. 1988, an der teilgenommen haben:

Richter Hauptmann
als Vorsitzenden

Sachbearbeiterin Frau Burwitz
Angestellter Herr Noack
als Schöffen

Staatsanwalt Adam
als Vertreter des BStA

Rechtsanwalt Schnur, Rostock
als Verteidiger

Justizprot. Frau Michaelis,
Frau Sowinski, Frau Grabe
als Protokollführer

für R e c h t erkannt:

1. Der Angeklagte Jürgen Schlicke wird wegen mehrfacher, teils gemeinschaftlicher landesverräterischer Nachrichtenübermittlung und Beihilfe zur landesverräterischen Nachrichtenübermittlung - Verbrechen gemäß § 99 Abs.1 StGB - und wegen mehrfacher gemeinschaftlicher öffentlicher Herabwürdigung, teilweise in Tateinheit mit Beeinträchtigung staatlicher Tätigkeit - Vergehen gemäß §§ 220 Abs. 2, 214 Abs.1 und 3 StGB - zu einer Freiheitsstrafe von

4 - vier - Jahren und 6 - sechs - Monaten

verurteilt.

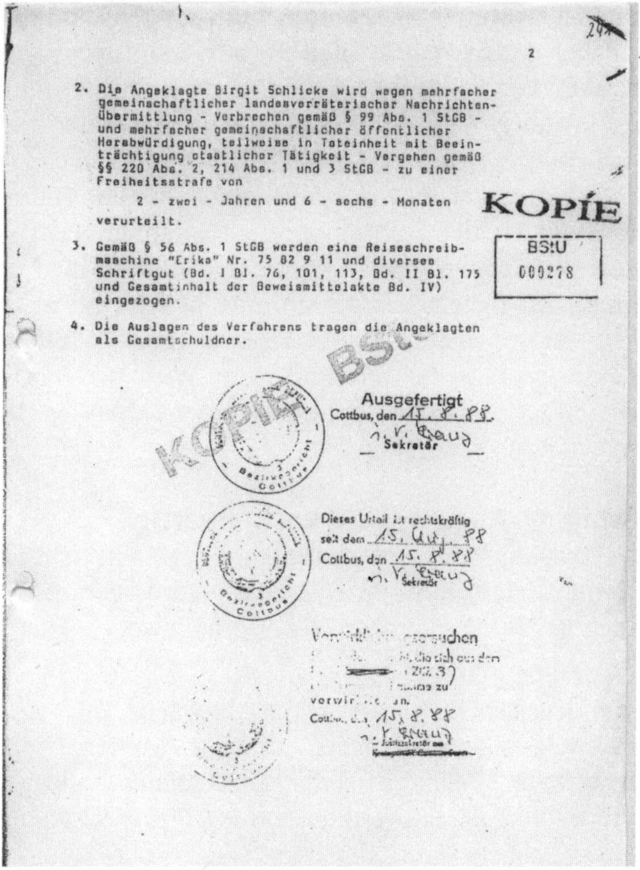

2

2. Die Angeklagte Birgit Schlicke wird wegen mehrfacher gemeinschaftlicher landesverräterischer Nachrichten-Übermittlung - Verbrechen gemäß § 99 Abs. 1 StGB - und mehrfacher gemeinschaftlicher öffentlicher Herabwürdigung, teilweise in Tateinheit mit Beeinträchtigung staatlicher Tätigkeit - Vergehen gemäß §§ 220 Abs. 2, 214 Abs. 1 und 3 StGB - zu einer Freiheitsstrafe von

2 - zwei - Jahren und 6 - sechs - Monaten

verurteilt.

3. Gemäß § 56 Abs. 1 StGB werden eine Reiseschreibmaschine "Erika" Nr. 75 82 9 11 und diverses Schriftgut (Bd. I Bl. 76, 101, 113, Bd. II Bl. 175 und Gesamtinhalt der Beweismittelakte Bd. IV) eingezogen.

4. Die Auslagen des Verfahrens tragen die Angeklagten als Gesamtschuldner.

KOPIE

BStU 000278

Ausgefertigt
Cottbus, den 15. 8. 88
Sekretär

Dieses Urteil ist rechtskräftig
seit dem 15. Aug. 88
Cottbus, den 15. 8. 88
Sekretär

Vier Jahre und sechs Monate Zuchthaus für Vati. Zwei Jahre und sechs Monate für mich. Keine Bewährung. So einfach ist das also – verurteilt im Namen des Volkes!

Am Ende erteilte man uns, den Verurteilten, pro forma das Wort. Wir machten unseren Herzen noch einmal Luft und betonten, dass wir an unserem Ausreiseanliegen festhalten würden. Unser Anwalt sagte nur noch: »Vermeiden Sie im Strafvollzug unbedingt AV[25]. Ich werde Ihnen schreiben.« Dann wurden wir abgeführt. Als wir zur Minna gingen (Vati lief in Handschellen hinter mir – warum legte man mir eigentlich keine an?), sah ich am Ausgang

25 Arbeitsverweigerung

wieder Mutti stehen. Britta, Holm und Hagens Frau, Erika, waren bei ihr. Sie hatten den Termin der Urteilsverkündung wohl von Schnur erfahren. Meine Bewacher wurden etwas unruhig. Zum ersten Mal seit meiner Inhaftierung sah ich Holm wieder. Auch er hatte sich unwahrscheinlich verändert und war inzwischen total gewachsen. Natürlich durften wir wieder einmal nicht miteinander reden. Diese Stasi-Verbrecher! Ich rief Mutti trotzdem schnell unser Strafmaß zu. Dabei lächelte ich, um ihr Mut zu machen. Woher kommt meine Kraft? Eigentlich sollte mir zum Heulen zumute sein... Ich spüre nur Wut in mir. Dieser besch.... Staat! Jetzt erst habe ich sein wahres Gesicht erkannt. Viel zu spät.

Samstag, 13. August 1988: Rechtskräftig

Heute mussten wir uns entscheiden, ob wir das Urteil annähmen oder nicht. Da Herr Schnur uns geraten hatte nicht in Berufung zu gehen, schrieb ich also:

> *Erklärung*
> *Am heutigen Tag (13. August 1988) wurde mir das Urteil des Bezirksgerichts Cottbus vom 12. August 1988 zur Kenntnis- und Einsichtnahme vorgelegt. Ich nehme dieses Urteil an und lege keine Berufung ein.*
> *Birgit Schlicke*

Jetzt ist das Urteil rechtskräftig...

Montag, 15. August 1988: Sprecher mit Vati

Nach dem Prozess hatte mir Hinkebein einen Sprecher mit Vati versprochen. Wie immer gab es dafür keine vorherige Ankündigung. Plötzlich stand ich also wieder einmal in diesem Zimmer, in dem ich schon so oft die größten Ängste ausgestanden hatte. Am Tisch saß Vati und daneben Hinkebein, der sein unverkennbares Grinsen darbot. Zum ersten Mal sah ich Vati im hauseigenen, dunkelblauen UHA-Trainingsanzug. Auch ich trug einen Trainingsanzug. Allerdings in Weinrot und um einige Nummern zu groß. Und beide hatten wir diese schrecklich lächerlichen, braun-gelb-karierten Filzpantoffeln an den Füßen. Zum Totlachen!

»Ich glaube, das erste was ich mir im Westen kaufen werde, wird wohl ein roter Trainingsanzug sein. Auf so ein Teil kann ich in Zukunft kaum verzichten,« scherzte ich.

»Nu setzen Se sich erst mal hin, jetz´ gibt´s gleich Kaffee,« meinte der grinsende Major. Nachdem jeder eine Tasse Kaffee vor sich stehen hatte, begannen wir offen über die kommenden Monate, die Zukunft, aber auch über die Verhandlung, das von der Stasi abgekartete Urteil und den Staatsanwalt zu sprechen. Die Gegenwart des Stasi-Majors störte uns überhaupt nicht. Wir hatten schon lange nichts mehr zu verlieren. Nur wenn wir uns über die Kommunisten lustig machten, schritt er ein. So etwas wollte er natürlich nicht hören.

Im Verlauf des Gesprächs stieg in mir erneut die Angst vor dem Knast hoch. Soll ich darüber sprechen? Kann Vati mir diese Angst nehmen? Wann werde ich ihn überhaupt wiedersehen, wenn dieses Treffen hier vorbei ist? In einem Jahr? Später?

»Ich habe solche Angst vor den Mördern. Ich glaube, ich halte das nicht aus...« Schon liefen mir wieder Tränen über das Gesicht. Ich konnte nicht weiterreden.

»Ach, das wird schon nicht so schlimm. Außerdem kommst du garantiert nicht mit den Mördern zusammen. Du bist doch erst Neunzehn. Die Staatssicherheit wird dich wahrscheinlich in den erleichterten Vollzug schicken. Lange sitzen wir sowieso nicht im Knast,« meinte Vati.

»Wenn wir aber die Hälfte absitzen müssen, was dann? Das wären bei dir über zwei Jahre und bei mir fünfzehn Monate. Das schaffe ich nicht... Vor allem, wenn wir Weihnachten noch nicht frei sein sollten.«

»Weihnachten sind wir längst draußen, du wirst sehen.«

»Woher nimmst du diese Gewissheit?« wollte ich wissen.

»Der Stasi-Chef von Cottbus hat es mir gesagt.« Diesen Satz sagte Vati so leise, dass Hinkebein ihn nicht hören konnte.

Jetzt redete auch Hinkebein auf mich ein: »Ihre Angst is´ doch völlig unbegründet. Das hab´ ich Ihnen schon ´zigmal gesagt. Vielleicht kommn Se sogar nach Hohenleuben[26]. Taschentücher nähen oder so. Wird Ihnen bestimmt Spaß machn. Da isses nich´ so langweilig wie hier und Pakete könn' Se och empfangn oder sich mit andern Strafgefangnen aufm Freihof treffn.«

Dann wandte er sich Vati zu: »Se werden´s schon schaffn, bei den BVern[27]. Die Kleene hier wird´s schwerer ham. Aber das hätten Se sich mal eher überlegen solln. Warum ham Se och bloß die Kleene in die ganze Sache mit reingezogn?« So will dieser Verbrecher also meinen Vater fertig machen!!

»Lass mal Vati – irgendwie schaff´ ich´s schon. Es bleibt mir ja nichts anderes übrig.«

Trotz solcher Sprüche saß mir die Angst aber noch gehörig in den Knochen. Horrorszenen schossen mir durchs Gehirn. Doch dann dachte ich an Hohenleuben, das einen relativ humanen Ruf hat. Nur nicht verrückt machen! Erst mal abwarten was kommt.

Dienstag, 16. August 1988: Sprecher

Heute werde ich den letzten UHA-Sprecher mit Mutti haben. Ihr gegenüber muss ich meine Worte bezüglich meiner Ängste besonders sorgsam wählen. Sie leidet sehr darunter, dass man ihr nicht nur den Mann genommen hat, sondern auch noch die Tochter. Außerdem habe ich große Angst um ihre Gesundheit. Optimismus ausstrahlen!

Während des Sprechers berief ich mich immer wieder auf die Aussagen unseres Anwalts Schnur. So sagte ich Mutti in einem günstigen Moment, dass ich meine dreißig Monate nicht absitzen würde. Mit der Hälfte müsste ich aber

---

26 Erleichterter Strafvollzug in der Nähe von Gera, in dem hauptsächlich Gefangene mit Kurzstrafen einsaßen.
27 Berufsverbrecher, kurz: BVer.

wahrscheinlich schon rechnen. Flanelli schnappte die letzten Worte auf und lächelte zu mir herüber. Ohne mich zu unterbrechen, ließ er mich sogar weiterreden. Es geschehen noch Wunder!

»Immerhin habe ich von den fünfzehn Monaten schon sechs abgesessen, Mutti. Den Rest schaffe ich auch noch, keine Angst.«

»Aber du bist doch noch so jung und hast nichts Schlechtes getan… Ich verstehe das alles nicht!«

»Hmm-hmm. Natürlich bin ich kein Staatsfeind, wie die Stasi immer behauptet. Ich hab´ kein Verbrechen begangen. Aber jetzt bin ich in diese Mühle geraten und kann nur noch versuchen, da wieder heil rauszukommen. Ich schaff´ das schon… im Strafvollzug wird´s bestimmt nicht so schlimm. Dort hab´ ich Abwechslung durch Arbeit. Da vergeht die Zeit viel schneller als hier in der U-Haft.« Ich merkte, wie ich gleichzeitig zu mir selbst redete, um mich zu beruhigen. So frei von Angst und Zweifeln, wie ich Mutti Glauben machen wollte, war ich keineswegs.

Nach dem Sprecher meinte Flanelli, wenn Britta ihren achtzehnten Geburtstag feiert, dann würde ich schon mit ihr feiern können. Das wäre ja schon in einem Vierteljahr! Weiß Flanelli etwa schon, wann ich in den Westen abgeschoben werde?? Drei Monate im Vollzug würde ich wohl aushalten…

Neben anderen Geschenken hatte mir Mutti diesmal eine Wassermelone mitgebracht. Eine Köstlichkeit bei diesem Wetter! Die stickige Luft und die Mücken plagen uns nach wie vor. Das Atmen in der Zelle fällt uns allen schwer. Noch am Abend machten Marion, Ines und ich die Melone nieder.

Jetzt muss ich jeden Tag mit dem Transport rechen. Transport … wie sich das anhört! Als wolle man ein Stück Vieh verladen und zum Schlachthof bringen. Oft muss ich an Bilder von KZ-Transporten denken, überfüllte Waggons und so. (Entsetzlich! Aber nein – diese Zeiten sind vorbei.)

Ich weiß noch nicht, wie der ganze Transport vonstatten gehen soll, aber wohl ist mir dabei absolut nicht.

Mittwoch, 17. August 1988: Flanelli verabschiedet sich
Flanelli war heute wieder einmal die Freundlichkeit in Person! Er bestellte für sich und mich Kaffee, lächelte und plauderte so ungezwungen mit mir, dass ich absolut erstaunt war. Seine Arbeit ist ja nun abgeschlossen. Es gibt nichts mehr auszuquetschen.
»Na, nun geht´s ja bald los. In den Strafvollzug. Da isses nich´ so schön wie hier bei uns. Se werdn noch oft an die Zeit hier zurückdenkn.«
»Ach ja? Haben Sie denn schon mal ´nen Strafvollzug von innen gesehen?«
»Nee, das nicht. Aber Häftlinge, die schon zum zweiten Mal hier sitzen, ham erzählt, dass das Essen bei uns so gut ist und auch die Hygiene und so weiter.«
»Und in welchen Vollzug werde ich kommen? Wissen Sie das schon?«
»Nee. Darauf ham wir gar keenen Einfluss. Aber Se brauchen keene Angst zu ham. Es wird alles halb so schlimm.«
Der hat gut reden! Und wem soll ich jetzt eigentlich glauben – ihm oder Hinkebein? Ich denke, ich soll nach Hohenleuben geschickt werden?! Hat die Stasi etwa doch keinen Einfluss auf den Vollzugsort? Mir wird gleich wieder schlecht...
»Und wie ist das mit den Mördern? Werde ich mit denen zusammengesperrt oder sind die Politischen auf einer Extrastation?«
»Also, dass das gleich mal klar is´: In der DDR gibt´s keene politischen Strafgefangnen. Sie ham ´ne Straftat begangen und wurden deshalb verurteilt. Sie sind nich´ besser als jeder andre Straftäter. Im Übrigen glaube ich aber nich´, dass Se mit Mördern zusammenkommn. Wo ham Se denn diese Horrormärchen her? Das hat wohl och der Löwenthal erzählt, was? Na, der hat doch sowieso ´n Rad ab! Es gibt vielleicht höchstens ´n paar lesbische Weiber...«

Entsetzen auf meinem Gesicht. Also doch!
»... aber wenn Se keene Anstalten machen, Se wissen schon... dann brauchn Se och nichts zu befürchtn. Nur keene Panik! Die werden Se schon nich´ fressen dort!«
»Das ist doch aber ...! Abartig! Ich hab´ Angst vor dem Vollzug...«
»Na klar is´ das nich´ schön, aber da müssen Se jetzt durch. Denken Se an die Zukunft. Im Westen singen die sogar so ´n Lied: 'Alles hat ein Ende, nur die Wurst hat zwei.' Hahahahaha. Se werden´s schon packen, hmmmm?« Dabei lächelte er und nahm einen Schluck von seinem süßen Kaffee.
Um mich von meinen Ängsten abzulenken, versuchte ich das Gespräch in eine andere Richtung zu lenken. Warum er wohl ausgerechnet hier bei der Stasi arbeitet? »Kann ich Sie mal ´was anderes fragen? Wie sind Sie eigentlich an diesen Job gekommen? Hatten Sie ein sozialistisches Elternhaus oder wie war das?«
»Meine Eltern ham mich im sozialistischen Sinne erzogen, das is´ richtig. Dann hab´ ich das Abitur gemacht und ´n Jurastudium begonnen.«
Neugierig fragte ich weiter. »Welche Studienfächer hatten Sie denn? Auch Psychologie?«
»Ja, Psychologie och. Und dann noch Kriminalistik, Gerichtsmedizin und so weiter. Alles sehr interessant.« Du meine Güte – das alles scheint ihm tatsächlich Spaß zu machen!
»Und gefällt Ihnen Ihre Arbeit? Ich kann mir nicht vorstellen, dass es schön sein soll, unschuldige Menschen auszuquetschen und sie mit Psychotricks fertigzumachen.« Plötzlich verfinsterte sich seine Miene. »Bei uns wird niemand fertiggemacht! Klar?! Und von unschuldig kann ja wohl keene Rede sein. Jetzt lassen Se aber gefälligst die Kirche im Dorf! Se haben gegen die Gesetze der DDR...«
»Ja, ja... das habe ich jetzt schon hundertmal gehört,« fiel ich ihm schnell ins Wort. »Sie haben meine Frage noch nicht beantwortet. Gefällt Ihnen Ihr Beruf?«

»Mein Beruf macht mir Spaß, klar« verkündete er nicht ohne Stolz. »Er hat mit Menschen zu tun und ist äußerst interessant.«
»Aber als Stasi-Mann dürfen Sie nicht ins westliche Ausland fahren, oder?«
»Das is´ och gar nich´ nötig. Ich war schon sehr oft in sozialistischen Ländern im Urlaub. Bin viel rumgekommen. Der Kaukasus is´ zum Beispiel sehr schön.«
»Sie verdienen auch nicht schlecht, stimmt´s?« fragte ich weiter. »Man hört da so einiges...«
»So, was denn? Da bin ich aber sehr gespannt! Was verdien´ ich denn Ihrer Meinung nach?«
»Hmm, ich schätze so drei- bis viertausend Mark im Monat.«[28]
»Hahahahahaha! Wenn Se mir noch ´n paar Schecks zulegen, vielleicht.«
Ich bohrte noch ein bisschen weiter, denn die Gelegenheit war günstig. »Sind Sie eigentlich nie unzufrieden mit der Misswirtschaft in diesem Land?«
»Natürlich gibt´s ´n paar Versorgungsprobleme in der DDR. Das ham wir nie bestritten. Ich würd´ auch lieber ´nen VW fahren. Aber ich brauch´ zum Beispiel keene Bananen. Das is´ was für kleene Kinder, zu Weihnachten. Darauf kann man och verzichten.«
»Und was glauben Sie, was im Westen einmal aus mir werden wird? Bestimmt denken Sie doch, ich lande irgendwo unterm Brückenpfeiler und werde arbeitslos dahinvegetieren.«
»Naja, einige schaffn den Sprung in den Westen. Manche kommen dort och wieder auf die Socken. Aber viele bleiben auf der Strecke und gehn unter im 'goldnen Westen.' Was Sie betrifft – Se könntn´s vielleicht schaffn in der BRD. Aber das wird hart. Wenn Se wolln, schreiben Se doch später mal nach Cottbus.«
»Sie dürfen doch gar keine Post aus dem Westen empfangen.«

28 Das durchschnittliche Monatseinkommen eines DDR-Bürgers betrug ungefähr 700 DDR-Mark.

»Wer sagt denn so ´was? Wir bekommn hin und wieder mal ´ne Karte aus Spanien oder so, von Ehemaligen. – So, jetzt muss ich aber gleich zu einer wichtigen Beratung.«
Er reichte mir seine Hand. »Ich wünsch´ Ihnen alles Gute. Haltn Se die Ohren steif. Und denken Se an das, was ich Ihnen über die Lesben gesagt hab´. Na, hoffentlich seh´ ich Se hier nich´ noch mal wieder!«
»Das glaube ich kaum. Auf Nimmerwiedersehn!«
Bevor ich abgeholt wurde, fiel ihm plötzlich noch etwas ein. »Wie viele Vernehmer ham Se denn in diesn sechs Monaten bei uns eigentlich kennengelernt?«
Ich musste überlegen. Hinkebein. Flanelli. Igel. Der Bulgare. »Vier.«
»Könnten Se die beschreiben?«
»Glaub´ schon. Warum?« Das Walross stand bereits in der Tür und wartete.
»Im Westen fragt Se der BND vielleicht danach. Naja, is´ auch egal. Ich bin dort sowieso schon registriert. Se können gehn.«
Dieses Gespräch ging mir noch ein paar Mal durch den Kopf. Flanelli wollte als 'Freund' und nicht als 'Feind' von mir gehen, hatte es den Anschein. Wahrscheinlich will er damit sein schlechtes Gewissen beruhigen. Seltsam... Ich empfinde keinen Hass für ihn. Ich kann ihn eigentlich nur bedauern, verachte ihn aber für das, was er Unschuldigen antut. Hinkebein dagegen hat sich für immer in mein Gedächtnis eingeprägt. Noch nie ist mir ein so menschenverachtendes Wesen begegnet! Und dieser Zynismus!

Donnerstag, 18. August 1988: »Strafgefangene«

Ines und ich hatten es uns nach dem Freigang auf der Pritsche bequem gemacht. Wir spielten Halma und aßen Schokolade, als es plötzlich hinter der Tür dröhnte: »Eins, fertigmachen!« Wie, schon wieder zum Vernehmer? Ich habe mich doch schon von Flanelli verabschiedet! Oder muss ich vielleicht noch einmal zu Hinkebein? Hastig zog ich mir die Trainingsjacke an. Natürlich wusste ich in die-

sem Moment nicht, dass ich für immer aus dieser Zelle ging und verabschiedete mich deshalb auch nicht von Ines und Marion. Erst im Effektenraum ging mir ein Licht auf. »Geht´s schon los?« fragte ich mit zitternder Stimme. »Bringen Sie mich denn nicht noch mal in die Zelle zurück?«
»Nee. Se wussten doch, dass Se jeden Tag mit dem Transport rechnen können.«
»Aber ich habe mich noch gar nicht verabschiedet.« Das Walross zuckte nur mit den Schultern. Mir fiel noch etwas anderes ein: »Ich muss aber noch mal zurück! Ich habe meine Brille oben vergessen. Und meine Kosmetiksachen.«
»Ich werde Ihr Zeug holn!« meinte Walross und schnaufte missgelaunt davon.
In der Zwischenzeit überreichte mir ein Uniformierter eine Liste. All meine Habseligkeiten waren dort genauestens aufgeführt. Ich sollte überprüfen, ob etwas fehlte. Hinter einigen Kleidungsstücken stand das Kürzel »b. d. SG.«
»Was bedeutet das?«
»Bei der Strafgefangenen. Se sind ja nun verurteilt und somit ´ne Strafgefangne. Heute werden Se an das Ministerium des Innern übergeben. Wir sind dann nich´ mehr zuständig für Sie.«
Walross erschien mit einer Tüte im Arm. Ines und Marion hatten alles eingepackt, sogar die Tomaten, die ich gar nicht mitnehmen wollte.
»Behaltn Se die mal lieber. Wer weiß, ob Se so schnell wieder ´was kriegen. Und dann noch ´n Tipp: kennzeichnen Se Ihr Zeug. Im Knast wird nämlich geklaut.« Schöne Aussichten!
Nach einigen Minuten betrat eine Stasi-Wärterin die Zelle. Die Männer gingen vor die Tür und ich musste mich nackt ausziehen. Alles wurde noch einmal kontrolliert. Zum Glück blieben mir dieses Mal die Kniebeugen erspart! In der Hand hielt ich zitternd mein kleines Holzkreuz, das ich seit dem Prozess ständig bei mir trug.
»Was ham Se denn da?«

»Ach, nur ein Kreuz. Darf ich das behalten?« fragte ich hoffnungsvoll.
»Gebn Se mal her!« Sie lächelte spöttisch. Zögernd reichte ich das Kreuz über die Holzabsperrung und schon war es für immer verschwunden. So eine blöde Kuh! Ich warf ihr ein paar giftige Blicke zu und zog meine Privatsachen an.
»Fertig!« rief die Stasi-Angestellte durch die Tür und Walross öffnete, um mich in Empfang zu nehmen.
»Gehn Se. Nach rechts,« dirigierte er. »Halt. Gesicht zur Wand. Und nach oben bitte.« Wir kamen auf der Männeretage an. Ich wurde in Zelle 66 eingeschlossen. Hat Vati beim Sprecher nicht angedeutet, er sitze in der 65? Nachdem Walross davongetrottet war, startete ich Klopfversuche. Keine Reaktion. Wahrscheinlich ist er gerade bei den Effekten. Nach etwa dreißig Minuten wurde ich abgeholt. Zum letzten Mal ging es die inzwischen vertrauten Gänge und Treppen entlang. Wieder einmal überlegte ich, was mich wohl im Strafvollzug erwarten würde...
Auf dem Hof stand schon der Barkas bereit. Beim Einsteigen sah ich auf einem Sitz zwei fast identische Plastiktüten mit Inhalt. Die gleichen Schokoladenkekse, die Mutti mir beim letzten Sprecher mitgebracht hatte. Vati ist also auch hier. Hab ich mir´s doch gedacht! Ein Husten bestätigte die Vermutung umgehend.

Später: in der UHA für Kriminelle, Bautzener Straße

Es waren keine zehn Minuten vergangen, da hielt auch schon der Wagen. Nachdem man sich geeinigt hatte, ob man »sie« oder »ihn« zuerst herausholen sollte, wurde ich mit meinem Beutel unterm Arm einer dicken Wachtmeisterin in dunkelblauer Uniform zugeschoben. Sie nahm mir als erstes die Tüte weg und musterte mich eingehend. Nun bin ich also in der U-Haft für kriminelle Verbrecher. Ich bin eine Strafgefangene!
Mit dem Gesicht zur Wand, ganz wie ich es bei der Stasi gelernt hatte, stand ich einige Minuten auf dem Gang. Die Wärterin telefonierte in einer Art Pförtnerloge. Vorsichtig

sah ich mich um... Alles war heruntergekommen und entsetzlich dreckig. Als mich eine circa 56jährige, fast zahnlose Gestalt von hinten anschlich und mich ohne Vorwarnung mit »Hallo« begrüßte, zuckte ich zusammen. Sie hieße Christa und sei Kalfaktor[29] auf dieser Station, erklärte sie mir. Irgendwie habe ich schon wieder höllische Angst. Es ist hier wie in einer anderen Welt... Hier herrschen andere Gesetze, das ist mir intuitiv sofort klar.
»So, hier ham Se Ihr´n Beutel wieder. Komm´ Se mit.« Die Wärterin öffnete Zelle 21. Krachend flog die Tür auf. Zwei Augenpaare starrten mich an, oder besser gesagt, meiner Vorratstüte. Ich hatte Horror diese fünfzehn Quadratmeter große, muffige Zelle zu betreten, aber Schweinebacke (so wird diese Wärterin hier genannt, wie ich später erfahre), schob mich gnadenlos in die Zelle. Dreimal drehte sich der Schlüssel im Schloss und ich saß fest! Ich hätte auf der Stelle losheulen können! Bei der Staatssicherheit kam ich mir noch irgendwie »behütet« vor. Da hatte ich wenigstens Gleichgesinnte um mich. Was aber habe ich wohl mit Kriminellen gemeinsam?
Ich fühle mich völlig ausgeliefert und habe Angst. Angst, den richtigen Verbrechern nicht gewachsen zu sein. Auch die Wärter in dieser UHA sind ganz anders. Sie haben einen anderen Blick als die Stasi-Schließer, wirken grobschlächtiger und tragen ihre Totschläger ungeniert zur Schau. Positiv ist allerdings, dass ich meine privaten Sachen anbehalten darf. Obwohl es morgens ziemlich kühl ist, und ich in meiner dünnen Sommerkleidung erheblich friere, bin ich doch froh, keinen Stasi-Trainingsanzug tragen zu müssen.
Nachdem mein Bett bezogen war, setzte ich mich verschüchtert auf einen Holzschemel rechts neben dem Schrank. Die Frauen starrten mich an.
»Biste ´n Selbststeller?« fragte mich die eine. Sie sah magersüchtig aus, hohlwangig und bleich. Petra, so stellte sie

29 Kalfis/ Kalfaktoren sind Strafgefangene, die verschiedene Hilfsdienste ausführen.

sich mir vor, hatte kaum Zähne im Mund und rauchte ein übles Kraut, das erbärmlich stank.

»Selbststeller? Keine Ahnung. Was ist denn ein Selbststeller?«

»Aha, alles klar. Bist ´n Erststrafer, wa?« Petra wechselte einen vielsagenden Blick mit der pummeligen Frau, die auf dem Bett saß.

»Meinst du, ob ich zum ersten Mal im Knast bin...?« fragte ich zurück.

»Ja, genau. Ich wette, du sitzt wegen R-Flucht[30] oder so. Wann biste denn eingefahren?«

»Eingefahren???«

»Na, ich meine, wann ham dich die Bullen hochgenommen?«

Ich erzählte den beiden in groben Zügen meine Geschichte. »Ihr habt hier so seltsame Spezialausdrücke...« sagte ich später zu Renate, der 35jährigen Frau auf dem Bett. Sie hatte erst vor kurzem eine Gesichtslähmung, die ihr Gesicht noch immer entstellte. »Da gewöhnste dich schnell dran,« meinte sie lapidar. Unser Gespräch wurde durch Geklapper vor der Tür unterbrochen. Die Klappe in der Tür öffnete sich und Christa, der Kalfaktor, schaute in die Zelle: »Wie viel Brot?«

»Haste Hunger?« fragte Renate. Ich schüttelte den Kopf. »Wir nehmen eins,« brüllte sie nach draußen. Zu mir gewandt erklärte sie: »Christa is´ in Ordnung. Die is´ unser Kalfi. Manchmal bringt se uns die Kassiber[31]. Das Abendbrot krieg´n wa übrigens imma so zeitig.«

Es war etwa 14 Uhr. Gegen 17 Uhr wurde der Tee für das Abendbrot hereingereicht. Wir saßen zu dritt am Tisch. Jeder hatte eine große braune Plastiktasse vor sich stehen. Ich schnitt zwei Tomaten auf, die ich noch vom letzten Sprecher hatte und legte eine Kubaorange auf den Tisch. »Mann, wo haste denn das her??« fragten Petra und Renate fast gleichzeitig und griffen sofort zu. Von dem Laib

30 Republikflucht, § 213 StGB
31 kleine Briefe, die heimlich unter Gefangenen ausgetauscht werden.

Brot, der uns 14 Uhr hereingereicht wurde, waren gerade noch vier Scheiben übrig. Mir war aber der Appetit sowieso schon vergangen. Mit Mühe und Not aß ich ein bisschen Brot und trank eine halbe Tasse lauwarmen Kräutertee. Gegen 18 Uhr fand die Zählung statt. Das war etwas Neues für mich. Schon von weitem hörte man die Schlüssel klappern. »Mach´ ma das Fenster zu und zieh´ dir die Hauslatschen an,« fauchte mich Petra an. Dann stellten wir uns hintereinander auf, die Tür wurde aufgerissen und Renate meldete im Eiltempo:
»Frau Obermeister, Zelle 21, belegt mit drei Strafgefangenen zum Zählappell angetreten. Gutn Abend.«
»Guten Abend Strafgefangene!« sagte Schweinebacke.
Als sie wieder weg war, machten wir uns fertig zum Schlafen. Ich wusch mich gleich als Erste, da ich schnell ins Bett wollte und die anderen keine Anstalten zum Waschen machten. Das Waschbecken war dreckig und es gab nur kaltes Wasser. Auch das Nachthemd, das man mir nach der Zählung gegeben hatte, war eine Katastrophe. Das reinste Leichenhemd. Ein Ärmel war eingerissen. Notgedrungen musste ich es jedoch anziehen. Petra und Renate lagen bereits im Bett. In der Zelle standen zwei Doppelstockbetten. Die oberen Etagen waren noch frei, also kletterte ich nach oben. Dann ging plötzlich das Licht in der Zelle aus und ich konnte nun Renate ein bisschen über das Leben hier ausfragen. Von Petra wollte ich mich dagegen möglichst fernhalten. Ich ekelte mich vor ihr: sie war schmierig-schlampig und rückte mir nicht von der Pelle. Und wie sie mich beobachtet hatte, als ich das Nachthemd anzog! Angeblich sitzt sie ja nur wegen asozialem Verhalten, aber ich tippe eher auf Prostitution. Vielleicht ist sie auch lesbisch?
Wenn Renate aus ihrem Leben berichtet, fallen mir zwei Dinge besonders auf: ihre Vorliebe für Eulen bzw. Rohre[32] und die Aussage »kein Bock auf Arbeit.« Renate ist nicht zum ersten Mal hier. Vor einem Jahr saß sie bereits we-

32 große Schnapsflaschen

gen asozialem Verhalten im Knast in Halle, wurde dann aber nach wenigen Monaten amnestiert und wiedereingegliedert[33]. Zusammen mit ihrem Freund Addi hauste sie fortan in einem Wohnwagen. Offensichtlich führten sie ein fröhliches Leben, in dem so manche Eulen geleert wurden. Doch dann schlugen die Gesetzeshüter erneut zu. Die Putzstelle im örtlichen Kindergarten hatte Renate nach wenigen Tagen bereits verlassen, so dass sie nun wieder als 'Schmarotzerin' und 'asoziales Element' verhaftet wurde. So schnell konnte das gehen!

Während wir uns unterhielten, erhob sich von draußen ziemlicher Lärm. »Jetzt beginnt das Abquatschen und Pendeln,« meinte Renate. »Früher konnte man durch´s Bello quatschen, aber die Zeiten sind vorbei. Die Bullen ham da irgendwas eingebaut.«

»Was bedeutet pendeln, Renate?«

»Entweder man schickt ´was durch´s Bello[34] oder man pendelt am Fenster. Die Männer lassen von oben Bänder aus´m Fenster. Da sind dann Taschentücher dran oder Socken mit irgendwelchm Zeug drin. Meistens Zigaretten.«

Während mir Renate bereitwillig Auskünfte gibt, steht Petra auf einem Hocker am Fenster und brüllt durch die Gitter. »Lutz, mein Schatz! Hier is Petra aus der 21.«

»Was gibt´s, Süße?« meldete sich eine männliche Stimme vom Obergeschoß. Das muss wohl dieser Lutz sein. Es entspann sich eine heiße Unterhaltung und die gesamte UHA hörte mit. Plötzlich rief jemand aus unserer Nachbarzelle: »Blau!!« Petra sprang wie von einer Tarantel gestochen vom Hocker und schmiss sich mit einem gekonnten Hechtsprung ins Bett. Im selben Moment ging das Licht in unserer Zelle an. Ich hielt den Atem an. Dann ging das Licht wieder aus. Der Spion klapperte leise. Blau ist also ein Warnsignal – blaue Uniform im Anmarsch!

33 resozialisiert

34 Bello nennen die Gefangenen in der UHA das Toilettenbecken. Das Abflussrohr der Toilette wurde zum »Telefonieren« mit einem Scheuerlappen leergepumpt und diente früher als Kommunikationsapparat zwischen unserer Etage und der Männerstation, die sich direkt über uns befand. Auf diese Weise wurden auch gut verpackte Gegenstände wie Zigarettenschachteln, Schokoladentafeln, Jeans und ähnliches von oben nach unten gezogen.

Nach fünf Minuten Funkstille begann das Spiel von neuem. Diesmal unterhielten sich andere Häftlinge aus den Nachbarzellen und flirteten durch die Nacht. Einige kommunizierten in einer Geheimsprache, die nur Eingeweihte verstanden. Zusätzlich hörte man die Klopfzeichen im Haus, die Nachrichten von Zelle zu Zelle übermittelten. In dieser Nacht kam ich kaum zum Schlafen. Petra sang uns ununterbrochen selbstgedichtete Knastlieder vor und erzählte von ihren diversen Männern. Gegen vier Uhr müssen wir dann aber doch eingeschlafen sein. Was für ein Tag!!

Freitag, 19. August 1988: Alltag in der Kriminellen-UHA

Sechs Uhr morgens standen wir schon wieder gewaschen und angezogen in Reihe und Glied, fertig zum morgendlichen Zählappell. Anschließend gab es gallenbitteren Malzkaffee, Brot, Margarine und ein undefinierbares Gemisch das, aus riesigen Pappeimern auf einen Teller geklatscht, als »Marmelade« verteilt wurde. Mein Appetit ließ mich mal wieder im Stich. Stattdessen griff ich zu einem Schokoriegel, den ich noch im Proviantbeutel hatte. Nachdem ich die scheinbar problemlose Kontaktaufnahme zwischen den Häftlingen in dieser Untersuchungshaftanstalt kennen gelernt hatte, fragte ich Petra, wie ich an meinen Vater herankommen könnte.

»Wenn die Männer Freistunde ham, stellste dich ans Brett[35] und leuchtest ab.« Meinem fragenden Blick entnahm sie, dass ich nicht so ganz verstanden hatte. »Mann, du stellst dich hierher, aufn Hocker. Dann guckste da durchn Ritz, links in der Blende, und wartest bis die Männer vorbeilatschen. Aber erschreck mal nich´, da sind ganz schöne Tropenvögel dabei!« Zur fraglichen Zeit stand ich also am Fenster... Die Sichtblende, die davor angebracht war, verhinderte jeglichen Ausblick und auch der winzige Spalt

35 Fenster

auf der linken Seite konnte mir nicht weiterhelfen. Nach einigen Minuten gab ich das Unternehmen auf.

»Fertigmachen zur Freistunde!« rief jemand vor der Tür. Renate und Petra schnappten ihre Jacken. Ich hatte leider keine dabei und musste deshalb ohne auf den Freihof gehen. Mit uns wurden sechs weitere Frauen aus den Zellen geschlossen. Sie beäugten mich als Neuzugang. Verzweifelt suchte ich in den Gesichtern der Frauen eine Gleichgesinnte, eine Politische. Aber umsonst - es waren alles Kriminelle, das sah man auf den ersten Blick. Asoziale, Diebe, Scheckbetrügerinnen, Prostituierte und andere. Die meisten waren tätowiert und sahen sehr ungepflegt aus.

Eine Schließerin, Blauäuglein genannt, führte uns zu einer Freihofzelle. Der Freihof war dreieckig, mit ungefähr drei Meter hohen Mauern. Ringsherum verrosteter Stacheldraht. Entlang der Mauern befand sich ein zweireihiger Plattenweg, den wir hintereinandergehend im Uhrzeigersinn entlanglaufen mussten. Gespräche waren verboten. Gleich neben dieser Zelle erhob sich drohend ein Wachturm. Der Pole, ein Wärter mit Schnauzbart und grimmigen Blick, beobachtete uns und erteilte die Kommandos. Bei »Kehrt!« mussten wir in die entgegengesetzte Richtung marschieren. Zwischendurch riskierte ich einen Blick in die Ferne. Der Himmel war grau verschleiert und sah ziemlich gespenstisch aus. Weit und breit kein Baum in Sicht. Es schien, als hätte man ringsherum alles abgebrannt. Ab und zu jaulte ein Hund... Ich kam mir vor wie in einem KZ - einfach entsetzlich. Kalt war mir an diesem Morgen auch.

Erleichtert und verfroren trat ich nach dreißig Minuten endlich den Rückweg in die Zelle an. Bevor uns Blauäuglein in die Zelle schloss, sagte sie, dass sie uns in einer halben Stunde zum Duschen abholen würde. »Ich bring´ gleich die Bademäntel.« Die sogenannten Bademäntel, fleckige, blaue Lappen (ausrangierte Schlosseranzüge??), wurden in die Zelle geworfen. Mit Widerwillen zog ich mir diesen Lumpen über. Zusammen mit fünfzehn ande-

ren Frauen liefen wir anschließend den Gang hinunter bis zur Dusche. Beim Öffnen der Tür schlug uns bereits eine große Dampfwolke entgegen. Ich wurde mit den anderen hineingeschickt und sah erst einmal überhaupt nichts mehr. Inzwischen tummelten sich die ersten unter der dampfenden Dusche. Es erstaunte mich, dass viele Frauen - etwa neunzig Prozent von ihnen! - tätowiert waren. Auf den Oberarmen, auf dem Rücken, der Brust und den Beinen konnte ich riesige Adler, Spinnen, Kreuze und diverse Sprüche sehen. Zum Teil waren auch ganz junge Frauen in meinem Alter dabei, schätzungsweise achtzehn Jahre alt. Was die wohl auf dem Kerbholz haben?
Während des Duschens wurde kaum gesprochen und nach wenigen Minuten war die gesamte Aktion beendet. »Se gehn heute noch ins MD[36],« sagte mir Blauäuglein beim Herausschließen. In der Zelle fragte ich gleich Renate, was ich da im MD soll. »Was ist das überhaupt?«
»Das is´ die Krankenstation. Da wirste untersucht - Aidstest und so.« Aidstest??? Die spinnen wohl!

Nachmittags: Im MD

Ich hatte nicht gewagt, mich zu widersetzen und bin ins MD gegangen, als man mich abholte. Hinter der Schließerin lief ich quer über den Hof bis zum MD-Gebäude. Aus der Werkshalle des angrenzenden Männerstrafvollzugs pfiffen mir ein paar Männer hinterher. Ich schaute nach oben und sah hinter den Gittern verschwommen ihre Gesichter. Zum Glück hatte ich meine Brille nicht dabei!
Im Warteraum war es dann ziemlich dunkel. Die Wände hatten einen dunkelgrünen Anstrich und die Fenster waren so winzig, dass kaum ein Lichtstrahl in die Zelle dringen konnte. Wie im Keller! An den Wänden nur ein paar Bretter: die »Sitzbänke.« Und nach zweimaligem Hinsehen entdeckte ich in der Ecke auf einer dieser Bänke eine Frau. Zuerst dachte ich ja sie sei ein Mann. Ihre harten Gesichtszüge, der muskulöse Oberkörper und das extrem

36 Medizinischer Dienst

kurzgeschnittene Haar hatten mich in die Irre geführt. Ihre Haut war mit roten Flecken übersät. Krätze? Das soll in der UHA nichts außergewöhnliches sein, hatte mir Renate erzählt. Da sie mich ununterbrochen anstarrte, und ich die peinliche Situation beenden wollte, sprach ich sie einfach an. Sie begann auch gleich zu erzählen und zeigte mir munter ihren Ausschlag, indem sie sich die Bluse aufknöpfte. Mir wurde schlecht.

»Sieht schlimm aus, wa?« Ich nickte nur.

»Strafgefangene Schlicke?« Ein älterer Arzt in einem weißen Kittel schaute über seine Brillengläser und deutete mir an, im Nachbarzimmer Platz zu nehmen. Ich setzte mich auf den weiß gestrichenen Stuhl im Behandlungszimmer.

»Waren Sie hier schon beim Frauenarzt?«

»Nein, ich werde auch nicht hingehen. Ich wurde schon bei der Staatssicherheit untersucht.« (Allein der Gedanke bei diesen Zuständen hier gynäkologisch untersucht zu werden! Horror!!)

»Aha, daher kommen Sie also! Na, machen Sie mal den Oberkörper frei.« Flüchtig ließ er sein Stethoskop über meinen Rücken gleiten. Dann stellte er noch ein paar Fragen über Kinderkrankheiten, eventuelle Beschwerden usw. »Alles in Ordnung. Sie können wieder in den Warteraum gehen, bis Sie abgeholt werden.«

Als nächstes musste ich noch in eine Art Labor, wo man mir mehrere Reagenzgläser Blut abnahm. Aber keiner sagte mir, wozu das alles eigentlich nötig sei.

Montag, 22. August 1988: Nachhilfe in Knastologie

Petra wurde zum Glück heute Morgen verlegt, weil sie erst später auf Transport geht. Dafür kam Hannelore aus Weißwasser zu uns. Ich hatte sie zuvor noch nie gesehen, obwohl Weißwasser mit 40.000 Einwohnern ja eine relativ kleine Stadt ist. Hannelore ist um die 45 Jahre alt und sieht ziemlich kernig aus. Typ: männlich-herb. Große Knasterfahrung hat sie auch. Ihr erster Akt in unserer Zelle war es, ein Tütchen[37] zu rauchen, das gewaltig stank. Hannelore erzählte mir allerlei aus ihrem Leben und später auch von den Lesben, weil ich ihr gesagt hatte, dass ich vor denen im Knast am meisten Angst habe. Diese ganzen Schauergeschichten, die man überall hört... Sie meinte, ich bräuchte mir keine Sorgen zu machen. Diese Frauen könnten angeblich die besten Kumpels sein. Na, hoffentlich stimmt das!

Dienstag, 23. August 1988: Schreckliche Nachrichten

Vorhin waren wir bei den Effekten. Hannelore meinte, dort könnten wir herausbekommen, wohin wir geschickt würden. Auf dem Aktendeckel stünde nämlich meist das jeweilige Zuchthaus drauf. Ich konnte meine Akte aber nirgends sehen, deshalb fragte ich den Effektentyp, ob er mir etwas sagen könne. »Können Sie schweigen?« wollte er wissen. Er tat sehr geheimnisvoll. Zu guter Letzt erfuhr ich es dann doch und fiel dabei aus allen Wolken: Hoheneck!! Der absolute HORROR!! Das kann nur ein Irrtum sein! Bitte Gott, das darfst Du nicht zulassen!

In der Zelle brach ich in Tränen aus. Hannelore versuchte mich zu beruhigen. Später, beim Zählappell, machte sie mit der Wachtel[38] einen Test um ganz sicher zu gehen, dass unsere Vermutungen auch der Wahrheit entsprachen. Nach der Meldung fragte sie Schweinebacke, in welche Strafvollzüge wir geschickt würden. Sie bestätigte: Hannelore kommt nach Halle, Renate nach Köpenick und ich nach Hoheneck. Als ich nach dem Grund fragte, antwortete Schweinebacke: »Das is doch klar, dass Se nach Hoheneck kommen. Da kommen alle Verbrecher hin. Sie ham doch mehr als zwei Jahre[39]. Was ham Se denn erwartet? Een Sanatorium?« Dabei schaute sie mich verächtlich

---

37 Entweder eine »Zigarette« aus mit Zahnpasta beschmiertem Zeitungspapier, auch »Prawda« genannt, oder ein Stück Zeitungspapier, gedreht mit Billigtabak und gestreckt mit Seegrasmatratze.

38 weibliches Personal im Strafvollzug; Schließerin

39 Haftstrafen unter zwei Jahren werden als »Vergehen« bewertet. Alles über zwei Jahre Freiheitsentzug zählt zur Kategorie »Verbrechen«.

von oben bis unten an. Ich hätte ihr dafür an die Gurgel gehen können!
Auf dem Freihof versuchte ich ein paar Frauen aus der Nachbarzelle über Hoheneck auszufragen. Eine von denen war sogar schon mal dort gewesen, allerdings nur auf der Krankenstation. Viel wusste sie deshalb nicht zu berichten, außer dem Fakt, dass es dort jeden Tag Brötchen zum Frühstück gibt. Von der »blutigen Erika«, einer grausamen KZ-Aufseherin, hatte sie auch gehört. Sie soll schon 25 Jahre oder noch länger auf der Burg einsitzen und soll damals Bluthunde auf KZ-Häftlinge gehetzt haben.
Im Allgemeinen hat Hoheneck einen schlechten Ruf. Hauptsächlich wegen der vielen Lebenslänglichen und dann ist es ja auch ein allgemeiner Vollzug. Das heißt, man wird ständig weggeschlossen, im Gegensatz zum erleichterten Vollzug (wo man sich einigermaßen frei im Strafvollzug bewegen kann).
Ich bin völlig am Ende. Ob ich DAS überleben werde? Hoheneck! Das ganze Stasi-Geschwafel über Hohenleuben – alles Lügen. Naiv wie ich bin, habe ich denen das sogar geglaubt. Und nun geht es morgen schon auf Transport – in das schlimmste Frauenzuchthaus, das es in der DDR gibt. Gott stehe mir bei!

Donnerstag, 25. August 1988: Grothewohl-Express[40]

Nachts um eins wurden wir geweckt: »Anziehen und fertigmachen zum Transport!« Alles ging sehr schnell, denn wir hatten ja gestern schon unser Bündel geschnürt. Auf dem Weg zur Minna[41] drückte uns eine Wachtel einen Proviantbeutel in die Hand, dann standen wir in der Schleuse. Die sogenannten Fluchtkarten wurden gezückt. Es folgte eine Belehrung: »Bei Fluchtversuch wird von der Schusswaffe Gebrauch gemacht.« Wie im Film! Das darf doch nicht wahr sein...

40 Häftlingstransportzug, benannt nach Otto Grothewohl, dem ersten Ministerpräsidenten der DDR
41 ein grauer W 50, eine Art LKW

Nacheinander sollten wir nach vorn treten, sowie Name und Geburtsort nennen. Anschließend wurden unsere Gesichter mit den Schwarzweißfotos auf den Fluchtkarten verglichen. Wir Frauen stiegen als letzte in die Minna, die in zwei große Zellen unterteilt war. In der rechten Zellenhälfte saßen die Männer – sehen konnten wir sie aber nicht. Ob Vati auch hier ist?
Das Gitter wurde hinter uns verschlossen. Nur der Wachmann mit seinem Schäferhund stand noch vor dem Wagen. Von der rechten Zellenhälfte rief währenddessen ein Mann, wer das Mädchen im hellen Pulli sei. Ich schaute mich in unserer Zelle um. Der meint wohl mich!?
»Bist du das Mädchen, das mit ihrem Vater verurteilt wurde?« Ich bejahte. Die Männerstimme erklärte daraufhin, er wäre mit Vati in einer Zelle gewesen. Es ginge ihm gut, aber er sei heute noch nicht beim Transport dabei.
»Wissen Sie zufällig, in welchen Vollzug er kommt?«
»Brandenburg,« rief die Stimme.
»Oh nein! Brandenburg...?? Ist das sicher?«
»Ja. Die haben´s uns gestern bei den Effekten gesagt. Aber mach´ dir keine Sorgen, Mädel! Weihnachten sind wir alle im Westen!«
»Hoffentlich!« erwiderte ich.
»Hundertprozentig!«
Plötzlich knallte eine Tür zu. Der Hund und der Wachmann postierten sich vor dem Gitter. Dann begann die Fahrt, die aber schon nach wenigen Minuten auf dem Bahnhof endete. Auf dem Bahnsteig standen nur vereinzelt ein paar Leute. Von der kalten Morgenluft zitternd wurden wir in den letzten, unauffällig aussehenden Waggon eines Zuges geschoben. Der berüchtigte Grothewohl-Express! Er war als Postwaggon getarnt. Hannelore, von der ich inzwischen getrennt worden war, hatte mir davon in der UHA erzählt. Ich war also einigermaßen vorbereitet. Renate und ich fanden uns in einem ein bis zwei Quadratmeter großen Abteil wieder, zusammen mit vier anderen Frauen. In dieser Minizelle war es so eng, dass nur vier von

uns sitzen konnten. Renate und ich waren also zum Stehen verdammt. Die Enge war entsetzlich, die Luft stickig und die tätowierten Gesichter um mich herum flößten mir Angst ein. Langsam setzte sich der Zug in Bewegung. Ich weiß nicht, wie lange wir dermaßen eingezwängt durch die Gegend fuhren. Eine von oben bis unten tätowierte Berlinerin in unserer Zelle wurde nach einigen Stunden Fahrt nervös, begann nach den Wärtern zu schreien und verlangte etwas zu trinken. Die Tür wurde geöffnet. Vor uns auf dem Boden stand ein verbeulter Teekübel in dem ein Plastikbecher schwamm. Zwei Frauen ergatterten einen Schluck Kräutertee, bevor die Tür wieder zuschlug. Kurze Zeit später hielt der Zug und zwei Frauen aus unserem Abteil wurden herausgeholt. Unterhalb des Fensters befand sich ein ausklappbarer Notsitz, auf dem ich nun endlich sitzen konnte. Weil es so stickig war, öffneten wir das Fenster (eine vergitterte, weiß getünchte Scheibe), welches sich etwa einen Zentimeter anklappen ließ.
So fuhren wir kreuz und quer durch die ganze DDR. Das nannte man »Ringtransport«. Nie wussten wir, wo wir gerade anhielten, wohin die Reise als nächstes gehen würde oder wie lange wir überhaupt schon unterwegs waren. Die Zelleninsassen wechselten ständig. Jeder Bahnhof auf dem wir hielten, bedeutete für einige Strafgefangene »Endstation«. Auch Renate war inzwischen verschwunden. Andere wieder stiegen zu. Zwei der neu zugeführten Frauen, etwa Mitte zwanzig, sahen aus wie Politische. Ich sprach sie an und sie erzählten mir, dass sie in der Stasi-U-Haft in Berlin-Hohenschönhausen gesessen hätten und nun auf dem Weg nach Hohenleuben wären. Wie ich die beiden beneidete! Kurz darauf wurden wir drei aus der Zelle geholt. Die beiden Frauen stiegen in Gera aus; ich wurde in ein anderes Abteil verlegt. In dieser Zelle befanden sich bereits zwei Frauen, die auch nach Hoheneck kommen sollten. Ramona, so hieß die Jüngere von den beiden, war eine politische Gefangene. Sie wirkte überhaupt nicht ängstlich, sondern lachte viel und war mir deshalb

sehr sympathisch. Die andere hieß Marion. Eine Kleinkriminelle aus Dresden und zum Glück ganz harmlos.

Mittags: Ankunft in Karl-Marx-Stadt[42]

Gegen Mittag hielt der Grothewohl-Express in Karl-Marx-Stadt. Beim Aussteigen wurden wir in Zweierpaaren mit Handschellen aneinandergekettet. Ramona und ich liefen nebeneinander den Bahnsteig entlang. Schäferhunde und Uniformierte mit Maschinenpistolen umgaben uns von allen Seiten.

Die Menschen auf dem Bahnhof starrten zu uns herüber. Ohne Angst oder Scham erwiderte ich ihre Blicke. Sie müssen doch sehen, dass Ramona und ich keine Kriminellen sind!!

Durch einen unterirdischen Gang ging es weiter, bis zu der bereits wartenden Minna, die uns in die Karl-Marx-Städter UHA bringen sollte. Zusammen mit Ramona, Marion und zwei weiteren Kriminellen schloss man uns in eine Zelle über der Heizung ein. Dort krochen die Kakerlaken in Scharen die Wände hoch und runter. Gegen Ramona hatten sie aber kaum eine Chance. Ich wollte mich an der Kakerlakenjagd jedoch nicht beteiligen ... ich war hundemüde. Vorsichtig klopfte ich das Bett ab und legte mich dann einigermaßen beruhigt auf die Matratze.

Gegen 15 Uhr servierte uns der Kalfi das Mittagessen: Maccaroni und Tomatensoße. Zwei Stunden später dann der Weitertransport nach Hoheneck. Das gleiche Spiel: Fluchtkarte, Belehrung, Ablaufen. Wer während der Fahrt eine Toilette aufsuchen musste, hatte Pech gehabt: es gab nur einen Kübel in der Ecke der fahrenden Zelle. Während der Fahrt war Marion gutgelaunt und pfiff Lieder. Nach einiger Zeit hörten wir dann, wie sich die Schleusentore von Hoheneck öffneten. Die Minna hielt. Wir stiegen aus und wurden in der Schleuse eingeschlossen. Dann endloses Warten...

---

42 heute Chemnitz

FRAUENZUCHTHAUS HOHENECK IN STOLLBERG

Abends: Auf Burg Hoheneck

Schließlich wurden wir von einer Wachtel in Empfang genommen. Zuerst ging es zu den Effekten. In der kleinen, dunklen Kammer direkt unter dem Dach sollten wir uns nackt ausziehen und die Knast-Klamotten anziehen, die uns zwei Mörderinnen[43] zugeteilt hatten. Wie die Wachteln uns anstierten! Wir kamen uns bei dieser Prozedur wie der letzte Dreck vor. Die Knast-Unterwäsche war außerdem drei Nummern zu groß, ein Umtausch nicht möglich. Wir sahen einfach lächerlich aus. Insgesamt beinhaltete die Grundausstattung drei Decken (eine gelbe, zwei graue), Unterwäsche in Größe 44, drei Still-BH (!), vier Paar Kinderkniestrümpfe, ein Paar schwarze Schuhe, eine blaue Arbeitsschürze, ein Paar Hauslatschen, ein Paar Badeschlappen, ein schwarzes Kopftuch, fünf Taschentücher, ein graugrüner Pullover, vier Blusen, vier Latzhosen, eine dunkelblaue Uniformjacke samt passendem Rock, eine Garnitur Bettwäsche, zwei Nachthemden, eine braune Plastiktasse, eine Butterdose, eine Zahnbürste mit Zahnpasta und Zahnputzbecher, ein Stück Seife, zwei Waschlappen, eine Flasche Haarshampoo und vier (Geschirr-) Handtücher. Zusätzlich gab man uns rotes Stickgarn und Wäscheband, mit der Auflage, unsere Namen und Zellennummern (sobald uns diese bekannt seien) auf das Band zu sticken und in jedes einzelne Wäschestück zu nähen.

Nachdem wir alles in die gelbe Decke gewickelt und zu einem Bündel verknotet hatten, machten wir uns auf den Weg in die Zugangszellen. Mit dem schweren Bündel auf dem Rücken liefen wir enge Gänge entlang und steile, eiserne Treppen hinab. Im Treppenhaus putzte eine Straf-

43 In der Regel arbeiten in der Effektenkammer Lebenslängliche.

gefangene die Treppen. Wolle, so hieß die Mörderin mit Spitznamen, jagte uns allein durch ihr Aussehen - fast kahlköpfig und beinahe völlig zahnlos - einen gehörigen Schrecken ein.

Marion, Ramona und mir wurde eine zwei Mal zwei Meter große Zugangszelle zugewiesen, in der wir unsere Bündel ablegten. Danach traten wir zum Duschen an. Dazu wurden wir in den Krankenhaustrakt des Zuchthauses geschlossen. Eine Langstraferin gab uns Anweisungen, wie wir uns mit dem Läusemittel die Haare zu waschen hätten. Wieder zurück in der Zelle, bezogen wir die Betten. Im Schrank lag eine Mappe mit der Hohenecker Anstaltsordnung, sämtlichen Dienstgraden usw. Man hatte uns angewiesen, die Dienstränge und die dazugehörigen Schulterstücke der Uniformen auswendig zu lernen, um stets korrekte Meldungen machen zu können. Auch der Bettenbau, der sogenannte Kastenbau (mit messerscharfen Kanten und faltenfreier Bettdecke!), wurde dort genauestens beschrieben.

Jeden Abend, pünktlich um 18 Uhr, wurde der Zählappell über Lautsprecher im ganzen Zuchthaus angekündigt. Marion, die schon mehrfach eingesessen hatte und mit den Meldungen vertraut war, übernahm für uns die Meldung.

»Frau Obermeister, Verwahrraum Z 3 belegt mit drei Strafgefangenen zum Zählappell angetreten.«

»Guten Abend Strafgefangene!«

»Guten Abend Frau Obermeister!« mussten wir im Chor rufen und wurden dann vom Wachpersonal gezählt.

Anschließend brachte Ela, eine Mörderin, das Essen - ein paar Scheiben Brot mit Margarine und Wurst sowie gesüßten Kräutertee.

Als wir später in den Doppelstockbetten lagen, gab uns Marion noch ein wenig Nachhilfe in Sachen Knastleben. Wir können wirklich froh sein, dass Marion schon einige Knasterfahrungen hat. Ihre Tipps werden uns sicher noch von Nutzen sein. Zum Beispiel riet sie uns, wir sollten

Arrestzellen, Absonderung und Zugangszellen

unter keinen Umständen Handtücher aufheben, die auf den Boden geworfen wurden, um uns zu testen. Wer das macht, attestiert Schwäche (sehr gefährlich im Knast!) und ist dann auf Lebenszeit der Butler vom Dienst. Als Sklave müsste man ständig die Zelle putzen und dergleichen. Allerdings sollte man auch nicht zu forsch auftreten, sonst würde man sich gleich zu Beginn Schläge einfangen.

»Wie? Du meinst, Frauen schlagen sich hier drin?« fragte ich fassungslos.
»Klar, hab´ ich alles schon erlebt. Eine haben sie fast totgetrampelt. Wenn du einmal der Arsch bist, kannste dir gleich ´nen Strick nehmen.«
Gerade in diesem Moment hörte man Schreie aus dem Treppenhaus über uns. Es klang, als würden außerdem Stühle durch die Gegend geworfen. Ich habe irrsinnige Angst, dass ich in Kürze auch derartiges erleben werde...
»Hört ihr das? Was ist denn da los?«
»Ach, wahrscheinlich nur ´n bisschen Randale. Für so was gibt´s aber mindestens 21 Tage Fetten,« erwiderte Marion.
»Fetten?«
»Na, Arrest... Und dann gibt´s noch andere Sachen, wo ihr aufpassen müsst. Wenn die euch sagen, ihr müsst heute

die Feuerwache übernehmen, dann weigert ihr euch. Das is´ nämlich ´ne Verarschung. Die lassen euch mit Schrubber und Wassereimer stundenlang an der Tür stehen und lachen sich dabei tot. Und von den Lesben hab´ ich euch ja auch schon erzählt. Die sind eigentlich harmlos. Aber wenn mal ein Miezenteller auf eurem Platz steht, dann rührt ihn auf keinen Fall an.«

»Was ist denn ein Miezenteller?« wollten Ramona und ich wissen.

»Irgendeine Mieze[44] ist scharf auf eine Kirsche[45], also eine von euch, und macht ihr einen Teller zurecht. So mit Schokolade und allem möglichen Zeug. Wenn man was davon isst, heißt das soviel wie 'Ich bin einverstanden'. Wenn man sich dann aber plötzlich weigert, gibt's auch mal die eine oder andere Vergewaltigung, oder man wird einfach fertiggemacht. Also passt bloß auf!«

Zugangszellen

44 lesbische Geliebte im Zuchthaus
45 wie Mieze

Freitag, 26. August 1988: Eingangsuntersuchung
Gleich heute Morgen, noch vor dem Zählappell um 6 Uhr, war Bettenbau angesagt. Gar nicht so einfach. Der Wachtel hatten später beim Durchgang einige Betten nicht gefallen und so riss sie kurzerhand unsere Betten wieder ein. Das Ganze von vorn!
Ela brachte uns morgens das Essen: wieder leicht säuerliches Brot, Margarine, Marmelade und Malzkaffee. Nach dem Frühstück wurden wir von einer Wachtel ins MD[46] geschlossen. Es handle sich nur um eine Routineuntersuchung (Aids-Test usw.) für die Krankenakte, die angelegt werden müsse... so die offizielle Erklärung. Wir saßen auf einer Holzbank im Gang. Einzeln holte man uns ins Behandlungszimmer. Zuerst wurden wir durch eine Kriminelle befragt. (Man munkelt, diese LLerin[47] sei eine Ex-Wachtel aus dem Knast in Halle, habe dann aber ihr eigenes Kind umgebracht und sitze nun selbst hinter Gittern.) Wie fast alle Langstrafer ist sie lesbisch. Mir wurde deshalb ganz anders als sie sich mir näherte, um meinen Halsumfang zu vermessen. Bilde ich mir diesen taxierenden Blick nur ein? Ich wurde gewogen und gemessen. Als nächstes folgte eine ziemlich herabwürdigende Filzläusekontrolle. Ob ich irgendwelche Tätowierungen hätte, wollte sie außerdem wissen. Die macht wohl Witze?! Das spezielle Formular, das sie dabei ausfüllen musste, blieb natürlich leer. Noch ein paar Fragen zu Kinderkrankheiten, sexuellen Neigungen etc. und ich wurde ins Nebenzimmer zur eigentlichen Untersuchung geschickt.

»Strafgefangene Schlicke meldet sich zur Untersuchung an,« sagte ich zu dem grauhaarigen Mann im weißen Kittel. »Strafgefangne, was wor dn das? Los, noch ma raus und dann mälldn Se sisch anständisch, glar?« herrschte er mich an.

46 Medizinischer Dienst – die ärztliche Station im Strafvollzug, auch GW (Gesundheitswesen) genannt
47 Lebenslängliche, Mörderin

Gebäude, in dem die Effekten und der Medizinische Dienst untergebracht waren

Draußen fragte ich Marion nach dem Dienstgrad des Arztes namens Pansa und betrat erneut das Zimmer.
»Herr Oberst, Strafgefangene Schlicke meldet sich zur Eingangsuntersuchung an. Guten Tag!«
»Gudn Tag, Strafgefangne. Na bidde, es klappt doch wenn Se wolln.« Du blöder Klippenkuckuck!
Zuerst stellte er mir ein paar Routinefragen. Dann wurde der Blutdruck gemessen. Mit einem Hämmerchen klopfte er anschließend auf meinem Knie herum. »Gönn Se lange stehn oder sitzn?«
»Ich denke schon.«
»Alles glar. Se sind orbeitstauglisch. Planed Zwee. Se gönn sisch jetz abmälldn.«
»Herr Oberst, Strafgefangene Schlicke meldet sich ab. Auf Wiedersehen.«
»Wiedersähn, Strafgefangne.«
Wieder im Warteraum angekommen, hatte ich eine Begegnung mit einer gewissen Juckel. Sie heißt eigentlich Simona und machte einen gestörten Eindruck. Wie jemand

mit Hospitalismus-Syndrom schaukelte sie ihren Oberkörper ununterbrochen vor und zurück. Als ich sie fragte, ob alles in Ordnung sei, erzählte sie mir, dass sie es hier im Zuchthaus nicht mehr aushalte.
»Wie lange bist du denn schon hier?« wollte ich wissen.
»Zwölf Jahre. Aber ich will nich über mein Delikt sprechen.«
Ist auch nicht nötig! Die Tatsache, dass sie schon zwölf Jahre hier ist, lässt auf Mord schließen.
»Weißte,« fuhr sie fort, »wenn es ganz schlimm wird, dann schluck´ ich einfach Nadeln oder Messer. Oder Scheren. Alles was mir in die Hände kommt. Die Nadeln fangen dann an zu wandern. Irgendwann kommse wieda raus. Hier, willste mal sehn?«
Beim Anblick des offenen Beins hätte ich mich fast übergeben! Jetzt fielen mir auch die vielen Narben auf ihren Ober- und Unterarmen und den Handgelenken auf. Ich war sprachlos. Ist es hier so schlimm, dass man sich selbst so etwas antut, nur um ein Weilchen in ein Krankenhaus fliehen zu können? Auch Ramona und Marion waren schockiert.

Montag, 29. August 1988: Freigang mit Ela

Der erste Freigang heute Morgen war ziemlich unangenehm. Wir wurden regelrecht begafft! Hinter den vergitterten Fenstern des Zellenhauses schauten Frauen zu uns auf den Freihof herab und aus dem Produktionstrakt ernteten wir anerkennende Pfiffe. Alles nach dem Motto: 'Welches Frischfleisch ist denn diesmal für mich dabei?' Widerlich! Und dann kam Ela, die mit den Neuzugängen den Hofgang absolviert, auf mich zu. Sie schaute mich intensiv an und meinte: »Du hast ja so schöööööne blaue Augen!« Hilfe!!!! Sie hakte sich einfach bei mir unter und begann mir ´was von guter Haftführung zu erzählen. Wenn ich Verbesserungsvorschläge in der Produktion zu machen hätte, dann wäre das ganz toll usw. Pah! Für die

Kommunisten bringe ich mich hier drin bestimmt nicht um!

Freihof

Allerdings konnte ich wenigstens etwas über Manu in Erfahrung bringen. Bei einer Strafe von zwei Jahren und acht Monaten dachte ich mir schon, dass sie in Hoheneck gelandet sein musste. Ela hatte ihr damals im Zugang auch das Essen gebracht. Sie erinnert sich genau daran, weil Manu immer nach Milch gefragt hatte. Jetzt sei sie, soweit Ela gehört hat, auf dem Kommando Planet III eingeteilt. Das ist wenigstens schon mal ein Anhaltspunkt. Wenn ich Glück habe, komme ich auf das gleiche Kommando und wäre wieder mit Manu zusammen.

Nach dem Freigang teilte uns eine Wachtel Arbeit zu. Wir sollten ESDA-Strümpfe, die hier in Hoheneck hergestellt werden, abzählen und zu je 50 Paar bündeln. Endlich ein bisschen Abwechslung! Die Arbeit war nicht schwer und ging uns leicht von der Hand. Zum Feierabend durften wir die Säcke mit den Strümpfen in den Südflügel schleppen. In der Zelle hatte ich das Gefühl, der Tag sei schnell vergangen.

Dienstag, 30. August 1988: Erster Brief aus Hoheneck

Von der Oberleutnant Wiesner erhielten wir die Erlaubnis einen »Eingangsbrief« zu schreiben. Wir sollten unseren Angehörigen mitteilen, dass wir vorerst keinen Anspruch auf ein Paket hätten. Zum Sprecher dürften außerdem keine Geschenke mitgebracht werden. Doch zuvor mussten wir unseren Lebenslauf schreiben und eine Stellungnahme zur »Straftat« abgeben. Ich habe mich selbstverständlich als politische Gefangene bezeichnet und meinen Ausreisewillen bekräftigt, damit sie gar nicht erst versuchen, mich zum Dableiben bewegen zu wollen.

Donnerstag, 1. September 1988: SG Nummer 12055

Jetzt bin ich auf einem Kommando gelandet: Planet II. Nach dem Eingangsgespräch mit Oberleutnant Wiesner heute morgen wurde mir die Nummer 12055 verpasst. Anschließend erhielt ich dreißig Mark für die nächsten drei Monate. Die solle ich mir sehr sorgfältig einteilen und auch nichts an andere Strafgefangene verleihen (laut Marion würden Neuzugänge gern von alten Hasen angepumpt). Dann forderte mich die Wiesner auf, mein schweres Bündel zu schnappen und mitzukommen.

»Wissen Sie, auf welches Kommando Ramona D. kommt?«

»Och uff Planet II,« antwortete die Oberleutnant.

»Können Sie nicht dafür sorgen, dass wir in die gleiche Zelle gelegt werden?« bettelte ich.

»Nä, das geht nisch. In däm Värwahrraum W III/1, in dän isch Se jetz bringen wärde, is keen Bätt mähr frei.«

Ich hatte tierische Angst und zitterte wie Espenlaub. Bei dem Gedanken, gleich einigen LLern ausgeliefert zu sein, wurde mir angst und bange.

»Kann man denn mit den Mörderinnen auskommen?« wollte ich wissen.

»Nadürlisch. Wenn Se sisch anständsch benähmn.«

Wir standen vor der Zelle. Zuerst schaute die Wiesner durch den Spion, bevor sie den Schlüssel in das veraltete Schloss steckte und schwungvoll umdrehte. In der Zelle

herrschte Verärgerung über die Störung der Mittagsruhe. Verschlafene Gestalten, in Unterwäsche bekleidet, erhoben sich widerwillig aus den Betten, machten Meldung und starrten mich misstrauisch und unfreundlich an.
»Neuzugang!« rief die Wiesner und schob mich in die Zelle. Dann fiel die Tür krachend zu. Der Schlüssel drehte sich dreimal. »Ich bin Bärbel, die Verwahrraumälteste[48],« rief eine kleine, zierliche Person aus der anderen Ecke der Zelle. »Rocky, zeig´ mal dem Neuzugang den Schrankbau und alles andere!«
Die Frau namens Rocky stieg aus dem Bett: »Hey, was haste´n für ´n Schuh mitgebracht?«
»Äh... Schuh?«
»Wie viel Jahre...!«
»Zweieinhalb.«
»Und was machste dann hier? Mann, da gehste doch morgen schon wieder nach Hause. Pah, zweenhalb Jahre!« Sie lachte höhnisch. Im Oberkiefer fehlten die vier Frontzähne, im Unterkiefer ebenfalls. Sie sah aus wie ein weiblicher Dracula. Oder doch eher wie ein männlicher... die dunklen Haare waren kurz geschnitten, der Oberkörper muskulös und mehrfach tätowiert. Quer auf der Stirn hatte sie den Namen »Claudia« verewigt.
»Wie viele Jahre hast du denn?« fragte ich zurück.
»Sechs. - Rauchste?«
»Nein.«
»Ach, du Scheiße! Een Erststrafer und och noch Nichtraucher,« rief sie verächtlich durch den gesamten Raum. Von der anderen Seite der Zelle drang Gelächter herüber. Damit war ich wohl bei allen unten durch! Und dabei hatte ich noch nicht einmal den Handtuchtest hinter mir. Doch der fand zum Glück nicht statt. Der allgemeine Aufbruch zur Spätschicht stand bevor. Ohne mich eines Blickes zu würdigen, liefen Bärbel und ihre Freundin Gamasche halbnackt an mir vorbei und verschwanden im 'Naßteil'[49].

48 Die Zellen heißen offiziell 'Verwahrräume'. In jedem VR gibt es eine so genannte Älteste, die für Ruhe und Ordnung zu sorgen hat.
49 Waschraum

In der Zwischenzeit räumte ich unter Rockys Anweisungen den mir zugewiesenen Teil des Schrankes ein. Auch hier, wie beim Bettenbau, messerscharfe Kanten. (Alles wird mit dem Lineal vermessen – ziemlich idiotisch!) Ich kam nicht dazu, mich ein wenig in der Zelle umzusehen, denn schon fuhr Rocky mich an: »Hey, Puppe Adelheid! Kuck gefälligst her, wenn ich dir den Bettenbau zeigen will. Sonst haste Geburtstag, aber ohne Geschenke!«
»Äh... ich heiße Birgit. Vielleicht könntest du mich mit meinem Namen anreden, hm?«
»Manu, haste gehört was die Torte gelabert hat? Die will wohl unbedingt eens in die Fresse!« Ihre Augen blitzten kampflustig. »Denkst wohl, weil de so´n scheiß Zwodreizehner[50] bist, biste was Bessres, wa? Komm´ mir ja nich´ blöd, sonst dreh´ ich dir gleich den Gurkenschlund um. Los, komm mit. Beweg deinen Arsch. Bett bauen, sonst passiert was.«
Während sich die anderen langsam anzogen und zum Abrücken bzw. Ablaufen fertigmachten, schaute ich mich in der Zelle um. Wir befinden uns hier auf dem Westflügel, das heißt Nordseite. Im Winter wird es wahrscheinlich extrem kalt. Hoheneck liegt schließlich im Erzgebirge. Die Zelle ist ein etwa viermal zehn Meter langer Schlauch, in dem sechs Doppelstockbetten stehen. Zusätzlich gibt es drei vergitterte Fenster, drei Tische, acht Stühle und einige Kleiderschränke für insgesamt zwölf Frauen. Die dunklen Holzdielen auf dem Fußboden knarren bei jedem Schritt.
Übrigens hat die Wiesner gelogen – es sind gar nicht alle Betten belegt! Das obere Bett über Bärbels Schlafplatz ist noch frei; Ramona hätte also ohne weiteres mit mir in dieser Zelle sein können.

50 Bezeichnung für politische Gefangene im Zuchthaus. Paragraph 213 StGB der DDR war der Paragraph für »ungesetzlichen Grenzübertritt«, d.h. Republikflucht.

Treppenhaus im Südflügel

Freitag, 2. September 1988: Tagesablauf auf dem Kommando

Nun hat also der Zuchthausalltag begonnen. Diese Woche haben wir Spätschicht, das heißt, es wird um 5:30 Uhr geweckt. Ein normaler Tag beginnt damit, dass die Wachteln von Zelle zu Zelle laufen, mit ihren schweren Eisenschlüsseln gegen die Stahltüren schlagen und von außen das Licht in den Zellen anschalten. Zum Waschen gibt es bei den elf Frauen in unserer Zelle eine bestimmte Wasch-Hierarchie. Bärbel, die Verwahrraumälteste, und ihre Freundin Gamasche betreten als Erste den Waschraum. Während dieser Zeit wollen sie nicht gestört werden. Niemand darf das 'Naßteil' betreten. Dieses Privileg nehmen sie in

Anspruch, weil sie schon am längsten in Hoheneck sind. Anschließend geht´s in Dreiergrüppchen in den Waschraum. Die Neuzugänge (ich) und diejenigen, die sich hier nicht wehren können, müssen warten, bis alle fertig sind. Reine Schikane also. Der Waschraum selbst ist eine Katastrophe! Zwei Toiletten und drei winzige Waschbecken für elf Frauen. Dazu Steinfußboden und ein großer Spion, durch den wir jederzeit vom Personal beobachtet werden können. Das muss man sich mal vorstellen! Hier gibt es nun überhaupt keine Privatsphäre mehr. Die Toiletten sind natürlich nicht durch Wände, Vorhänge oder ähnliches voneinander getrennt und so erfolgt der tägliche Gang zur Toilette immer vor mehreren Zuschauern. Das kann ich einfach nicht. Es ist unerträglich!
Beim Waschen muss alles schnell gehen, denn um 6 Uhr ist bereits Zählappell. Bis dahin müssen alle elf gewaschen und komplett angezogen sein. Es wird großer Wert darauf gelegt, dass zum Beispiel die Uniformjacke bis oben hin korrekt zugeknöpft ist. Auch das Bett muss 'gebaut' sein. Wenn die anderen sich im Waschraum mehr Zeit nehmen als ihnen zusteht, sind die Letzten natürlich immer die Dummen und müssen sich abhetzen.
Kurz vor 6 Uhr schallt es aus den Lautsprechern: »Färdischmachen zum Zählabbell!« Sobald es schlüsselt, treten wir geschlossen in Zweierreihen vor die Zellentür. Zwei Wachteln mustern uns. Eine nimmt Bärbels Meldung ab:
»Frau Obermeister Hähnel, Verwahrraum West III/1, belegt mit elf Strafgefangenen. Es meldet Strafgefangene M.«
»Gudn Tag Strafgefangne!«
»Guten Tag Frau Obermeister!« erschallt es im Chor.
Dann läuft die zweite Wachtel durch den Verwahrraum, um zu überprüfen, ob alles in Ordnung ist und sich niemand versteckt hat. In der Zwischenzeit werden wir draußen gezählt und auf einer Liste vermerkt. Kommt die zweite Wachtel wieder heraus, dürfen wir 'ablaufen.'
Bis zum Frühstück um 7:10 Uhr sitzen wir in den Zellen herum. Es wird geraucht, getratscht oder gelesen, bis man

schon von weitem hört, wie die anderen Zellen zum Frühstück aufgeschlossen werden. Als Kommando (momentan etwa fünfunddreißig Frauen) rücken wir in den Speisesaal ab, der im Untergeschoß liegt. Wir müssen also vom dritten Stock durch mehrere Eisengitter geschlossen werden (auf jeder Etage eins). Auch an jeder Treppe gibt es eine Tür, die ebenfalls vergittert ist und aufgeschlossen werden muss. Das ganze Geschliesse dauert mehrere Minuten, bis wir dann endlich den Speisesaal erreichen. Nach dem Frühstück findet die Freistunde statt, die in der Regel eine Stunde dauert.
Nach Frühstück und Freistunde werden wir in die Zellen zurückgeschlossen. Von etwa 9 Uhr bis zum Mittagessen um 12:30 Uhr haben wir Freizeit. Normalerweise ist es tagsüber nicht erlaubt sich hinzulegen, doch Bärbel ist human und drückt ein Auge zu. Die meisten liegen dann auch auf den Betten, schlafen oder rauchen. (Bisher traue ich mich aber nicht, mich hinzulegen – wegen Rocky und dem Bettenbau!) Mittags werden wir dann wieder zum Essen in den Speisesaal geschlossen. Zwanzig Minuten müssen für das Mittagessen ausreichen. Dann noch zehn Minuten Raucherpause und anschließend treten wir an und rücken zur Arbeit aus. Die Schicht beginnt um 13:10 Uhr und dauert bis 21 Uhr. Dazwischen liegen das Abendessen (16:10 Uhr), die Raucherpause (16:30 Uhr) und der Zählappell (18 Uhr). Um 21:10 läuft unser Kommando in die Zellen ab. Dann beginnt die Warterei vor dem Waschraum von vorn. Obwohl ich todmüde bin, muss ich warten bis Bärbel, Gamasche, Trilli, Andrea, Ricky, Manu, Rocky und Rosi den Waschraum durchlaufen haben. Die meisten geben sich zwar mit einer Katzenwäsche zufrieden (schließlich habe man, so Rocky, »keine Kohlen geschippt«), aber mitunter sitzen Gabi, Inge und ich noch um 22:30 Uhr am Tisch und warten. Nach einem solchen Tag kann man nur noch todmüde ins Bett fallen. Wenn man Glück hat, schläft man sofort ein...

Samstag, 3. September 1988: Meine Zellengenossinnen

Die Leute in meiner Zelle lassen sich in zwei Gruppen einteilen: in Langstrafer und BVer. Bärbel M. (von Gamasche auch »Räupchen« genannt) gehört zur ersten Gruppe. Sie ist 34 Jahre alt, äußerst zierlich, aber dennoch drahtig, und ein Arbeitstier. In der Produktion schafft sie locker 150 % der geforderten Norm. Obwohl sie maximal 1,55 m groß ist, haben alle vor ihr den größten Respekt. Wenn sie eine Anordnung gibt und ihre dunklen Augen dabei funkeln, gibt es niemanden, der es wagen würde, sich zu widersetzen. Das liegt wohl daran, dass sie schon seit acht Jahren hier ist und alle LLer[51] in ganz Hoheneck kennt. Die Langstrafer/ Mörderinnen haben hier natürlich alle Privilegien. Bärbel sitzt übrigens angeblich wegen Raub oder Raubmord. Genaues weiß ich noch nicht.

Gabriela N., von allen Gamasche genannt, ist Bärbels Freundin »Bienchen« und sitzt wegen Kindesmord lebenslänglich. Sie ist 28, schlank, sehr groß, hat kurze braune Haare, einen fast männlich-muskulösen Oberkörper und schminkt ihre Augen immer sehr auffällig. Ihre egozentrische Art erinnert mich irgendwie an Nina Hagen. Schon seit sechs Jahren sitzt Gamasche hier in Hoheneck. Bei der letzten Amnestie 1987 wurde ihre Strafe allerdings von LL auf 15 Jahre reduziert, so dass sie jetzt nur noch neun Jahre vor sich hat. Sie ist, was man eine echte 'Berliner Großschnauze' nennt. Von niemandem lässt sie sich hier ´was sagen, Personal eingeschlossen. Die Wachteln haben regelrecht Angst vor ihr. Irgendwie mag ich sie – sie ist sehr selbstbewusst, hat einen ausgeprägten Gerechtigkeitssinn, nimmt nie ein Blatt vor den Mund und ist intelligent. Außerdem hat sie eine künstlerische Ader. Sie schreibt Gedichte und zeichnet schöne, sehr phantasievolle Bilder, aber das Razzkommando[52] hat ihr bei der letzten Razzia wieder alles

51 zu »lebenslänglich« Verurteilte, i. d. R. 25 Jahre Haft

52 auch Rollkommando genannt: Eine Gruppe von berüchtigten Strafvollzugsangestellten, die für die Personen- und Zellenkontrollen (Razzien) zuständig sind.

gestohlen. - Trotz der Stärke, die sie nach außen demonstriert, ist Gamasche sehr sensibel und verletzlich. Im Knast hat sie schon zwei Selbstmordversuche unternommen. Das hat sicher auch mit ihrem Delikt zu tun. Draußen war sie Alkoholikerin und hatte einen kleinen Sohn, Marcel. Sie erzählte mir, sie sei damals so unglücklich gewesen, dass sie einen Selbstmord plante. Ihren zweijährigen Sohn wollte sie dabei mit in den Tod nehmen. Sie war schon betrunken, als sie auf den Balkon ging und Marcel aus dem achten Stock nach unten warf. Ursprünglich wollte sie hinterher springen, tat es dann aber nicht. Als ihr bewusst wurde, was sie gerade getan hatte, verfiel sie in Panik. In diesem Moment kam ihr damaliger Freund in die Wohnung und riet ihr, alles als 'Unfall' hinzustellen. Beim anschließenden sogenannten »Idiotentest für Mörder« wurde ihr allerdings genügend Intelligenz und Zurechnungsfähigkeit bestätigt, so dass sie am Ende zu lebenslänglicher Haft verurteilt wurde.
Die anderen in der Zelle sind BVer und haben im Durchschnitt jeweils schon drei- bis viermal im Knast gesessen. Ursula T., bzw. Trilli wie wir sie nennen, stammt aus Weimar und wurde wegen Diebstahls verurteilt. Sie selbst spricht nicht darüber, aber irgendjemand hat mir erzählt, sie hätte sehbehinderte Leute im Altersheim bestohlen. Trilli ist etwa 54 Jahre alt (obwohl sie viel älter aussieht!), klein, untersetzt, grauhaarig und hat die dunkelsten, bösesten Augen, die ich je gesehen habe. Dass sie falsch und hinterhältig ist, kann man direkt aus diesen Augen ablesen. Sie hat irgendetwas Gaunerhaftes an sich und leidet wahrscheinlich unter Kleptomanie. Wenn sie ´was schnorren kann oder sich Geschenke erhofft, dann kann sie durchaus sehr umgänglich sein. Bisher verstehe ich mich gut mit ihr, aber Vorsicht ist trotzdem geboten.
Dann gibt es noch Andrea M. (oder »Missi«). Mit 33 sitzt sie zum vierten Mal. Wegen Autoreifen-Schieberei, wie sie

sagt. Aber hier kann man niemandem glauben. Genauso gut käme auch 'Assi'[53] oder Diebstahl in Frage. Rein äußerlich betrachtet ist Andrea nicht besonders hübsch, denn sie sieht, entgegen ihrem Alter, sehr verlebt aus. Wie den meisten Frauen im Knast fehlen ihr viele Zähne. Zwar besitzt sie wenigstens eine Teilprothese, aber die trägt sie so gut wie nie. Damit kann sie sich in den 'Dracula Club' einreihen. Abgesehen davon ist sie friedfertig und eine, mit der man gut auskommen kann. Andrea hat Humor – wenn auch von der derben Sorte. Immerhin lacht sie oft. Trilli und Andrea verstehen sich im Übrigen prächtig und sind meist zusammen anzutreffen.

Manu (Manuela L.) ist nur drei Jahre älter als ich, hat aber schon mehr Knasterfahrung als einige der alten Hasen. Bereits als Teenager saß sie in Jugendwerkhöfen und war später im Jugendstrafvollzug Dauergast. Manu tut mir von allen am meisten leid, weil sie nicht nur eine miese Kindheit und Jugend hatte, sondern weil sie einfach zu labil ist, um aus ihrem Leben etwas Vernünftiges zu machen. Ihre Eltern sind Alkoholiker und asozial. Von den acht Geschwistern die sie hat, sind mindestens fünf ebenfalls vorbestraft. Manu selbst hat auch eine zweijährige Tochter, die sie aber kaum kennt, weil sie kurz nach der Entbindung wieder verhaftet wurde. – Da Manuela gutmütig und schwach ist, wird sie auch im Knast ausgenutzt. Momentan ist sie Rockys 'Sklavin' und lässt es sich gefallen, von ihr gedemütigt zu werden. Um ihr Ansehen zu steigern, erzählt Manu verwegene Geschichten über ihr früheres Leben in Freiheit. Zum Beispiel erzählte sie mir, wie sie und ihr Freund ganz cool auf Einbruchstour gingen. Sie habe stets Schmiere gestanden, während ihr Freund Wertgegenstände einpackte. Einmal habe ein Mann, bei dem sie einbrachen, noch im Bett gelegen und

53 Asoziales Verhalten bzw. Arbeitsbummelei. Mit dem Paragraphen 249 des DDR-Strafgesetzbuches wurde die »Beeinträchtigung der öffentlichen Ordnung durch asoziales Verhalten« mit bis zu zwei Jahren Freiheitsentzug geahndet. Dadurch gab es in der DDR praktisch keine Obdachlosen oder Arbeitslose. Wer die ihm zugewiesene Arbeit durch den Staat ablehnte, landete im Knast und musste dort Akkordarbeit zu Geringstlöhnen leisten.

geschlafen, während Manu in der Küche erst einmal in aller Ruhe Kaffee trank und dann ihrem Freund beim Einpacken half. Dass von diesen Geschichten die Hälfte gelogen ist, ist allgemein bekannt. Schon oft soll Manu in unserer Zelle wegen anderer Lügen zur Rede gestellt worden sein, doch sie kann´s scheinbar nicht lassen.

Die mit Abstand schrecklichste Frau in unserer Zelle ist Rocky (Carola W.). Nicht nur ihr Äußeres schreckt ab (Dracula-Gebiß und tätowiert von oben bis unten), sondern ihr gesamtes Wesen. Sie ist durch und durch vulgär... Eine wahre Meisterin der Fäkaliensprache. Bisher habe ich nie glauben können, dass es solche Frauen wirklich gibt. Schwer vorstellbar, dass sie sogar Mutter einer Tochter ist. Ihre Tochter lebt zurzeit bei Rockys Schwester, die das Mädchen gern adoptieren möchte. Rocky, die mehrfach wegen Scheckbetrugs und Handtaschendiebstahl verurteilt worden ist und den größten Teil ihrer Zeit in irgendwelchen Frauengefängnissen verbringt, sträubt sich aber dagegen und will ihre Tochter nicht hergeben. Wahrscheinlich läuft es trotzdem darauf hinaus, dass man ihr das Kind wegnimmt... Rocky ist 29 und hat tatsächlich am gleichen Tag wie ich Geburtstag. Sternzeichen Fische. Wie war das noch mal mit den angeblich sensiblen, ängstlichen Fischen? Alles Quatsch! Bei diesem Drachen trifft davon rein gar nichts zu. Das Beste ist, man geht ihr aus dem Weg. Leider nicht so einfach, wenn man im Bett über ihr schlafen muss.

Die arme Gabi aus Rostock hat bei Rocky auch nichts zu lachen. Bis ich in diese Zelle kam, wurde Gabi in regelmäßigen Abständen schikaniert. Sie ist einfach zu ruhig und wehrt sich nicht. Ich habe sie gefragt, wie man Rocky am besten begegnen könne. Sie meinte nur, ich solle Rocky ruhig reden lassen. »Die hört von alleine wieder auf. Einfach nicht beachten.« Weshalb Gabi sitzt, weiß ich nicht. Wahrscheinlich Diebstahl mit Reststrafe vom letzten Mal. Ich schätze, sie ist etwa 29 Jahre alt. Heute habe ich gesehen, wie sie in einer Bibel gelesen hat. Eine Gleichgesinnte?

Zu Ricky gibt es nicht viel zu sagen. Sie ist relativ klein, etwa 35 Jahre alt, tätowiert und von der Sorte Frau, die hier als 'männlich-herb' bezeichnet wird. Momentan schläft sie in dem Bett neben mir, aber das wird sicher bald frei werden. Es heißt, dass sie demnächst ins Haftkrankenhaus nach Meusdorf verlegt werden soll.
Die beiden letzten in unserer Zelle sind Inge und Rosi. Beide sind übergewichtig und etwas unterbelichtet, um es vorsichtig auszudrücken. Inge E. ist regelrecht debil. In den Knast ist sie wahrscheinlich durch ihren Mann geraten, der wegen Diebstahl in Brandenburg sitzt. Er kann ebenso wenig schreiben und lesen wie Inge, die Analphabetin ist und unter einem Sprachfehler leidet. Ich hätte nie geglaubt, dass es in diesem Land noch Analphabeten gibt! Unglaublich, auf was für Menschen man hier trifft... Roswitha D., von allen Rosi genannt, ist mehrfach wegen kleinerer Delikte vorbestraft und hat durch die letzte Amnestie noch Reststrafe offen. Sie kommt damit auf insgesamt fünf Jahre. Diesmal ist sie, laut eigener Aussage, wegen Diebstahl eingefahren. Rosi, die manchmal stottert, hat hin und wieder jähzornige Anfälle. Dann macht man am besten einen großen Bogen um sie oder gibt ihr ein paar Zigaretten. Das beruhigt sie für eine Weile. Zwei Kinder hat sie draußen auch. Sie leben, soweit ich weiß, in einem Kinderheim in Neuruppin.
Das sind die Frauen, mit denen ich die nächsten Monate auf engstem Raum zusammen leben muss. Bis auf Rocky, die mir wirklich große Kopfschmerzen macht, denke ich, dass ich mit allen irgendwie auskommen kann. Ich muss mich anpassen, damit ich diese Zeit gesund überstehe. Nur das ist wichtig. Bärbel sagte mir heute folgendes: »In Hoheneck gibt es nur zwei Möglichkeiten. Entweder du nimmst dir gleich ´nen Strick oder du beißt dich hier durch.« Dann schon lieber durchbeißen. Egal was kommt!!
PS: Im Knast hat übrigens so ziemlich jede Inhaftierte einen Spitznamen. Ich habe noch keinen – aber mir wird

schon was einfallen. Momentan gibt es wichtigere Probleme.

Sonntag, 4. September 1988: Das Essen

Man munkelt in Hoheneck, dass dem Essen und dem Malzkaffee Hormone beigegeben werden, um den Sexualtrieb zu bremsen. Durchaus möglich. Den Malzkaffee trinkt hier aber fast niemand. Ob nun wegen der Hormone oder wegen der schwarzen, ungenießbaren Brühe an sich, deren Oberfläche bunt schimmert wie Öl in einer Regenpfütze. Wenn man allerdings nichts anderes zum Trinken hat, kippt man sich auch schon mal den gallenbitteren Trunk hinunter. Die Glücklichen, die eigenes Kaffeepulver, Tee oder Kakaopulver besitzen, können sich wenigstens ihre eigenen Getränke aufbrühen. In jedem der drei Speisesäle gibt es dafür eigens einen Kessel mit kochendem Wasser.
Wenn wir zum Frühstück in den Speisesaal kommen, haben die Kalfis die Teller schon auf unsere Plätze gestellt. Es gibt einen speziellen Sitzplan und genau abgewogene Essensportionen. Pro Tag und Nase sind das etwa zehn Gramm Butter, dazu eine Scheibe Blutwurst oder ein dünnes Rädchen minderwertige Mettwurst. Manchmal auch eine Scheibe Käse. Künstlich-rot gefärbte Einheitsmarmelade und Margarine ohne Begrenzung. Dazu ein Luxus, für den Hoheneck sogar bei den Häftlingen in anderen Strafvollzügen bekannt ist: für jede SG gibt es an den Wochentagen je zwei Brötchen. Wer noch Brot will, kann das haben. Niemand muss hier hungern, aber ausgewogen ist das Essen absolut nicht.
Mittags gibt es eine warme Mahlzeit, die in der Regel ziemlich schnell hinuntergeschlungen wird. Fünfzehn bis zwanzig Minuten pro Mahlzeit müssen reichen. Hier gilt das Motto: »Ran an den Tisch, rum um den Tisch, weg vom Tisch.« Zum einen wird so hastig gegessen, weil man möglichst die Erste beim Nachschlag sein will. Zum anderen beeilt man sich aber auch wegen der Raucherpause, die immer im Anschluss an das Essen stattfindet. Wenn die

Kommando-Älteste »Raucher« ruft, springen sofort etwa 30 der 35 Frauen auf.

Als Nicht-Knastologin muss man zudem auch beim Essen aufpassen, dass man nicht unangenehm auffällt. Weil ich kürzlich zum Zerschneiden von Fleisch Messer und Gabel benutzt habe, wurde ich von einigen Knackis giftig angesehen und als »vornehme Tussi« abgestempelt. Woher sollte ich wissen, dass man hier gewöhnlich das Schnitzel auf die Gabel aufspießt und es dann rundherum abbeißt?! Je ungehobelter also die Tischmanieren, umso besser!

Abends gibt es dann wieder Margarine, Brot und eine Scheibe Wurst oder Käse. Ab und zu auch ein bisschen Obst, aber das ist eher selten. Das beste Essen soll es in der Nachtschicht geben. Wohl ein Grund, warum sich viele auf diese Schicht freuen. In der Nachtschicht gibt es angeblich die doppelte Ration Butter und auch das warme Essen sei nachts um ein Vielfaches besser als mittags, da in der Nachtschicht nur für ein Drittel aller Strafgefangenen gekocht würde. Die Portionen seien dann größer als sonst und oft gäbe es auch noch einen Nachtisch.

So wie ich die Lage bisher einschätze, ist das Essen zwar mengenmäßig ausreichend, aber qualitativ schlecht. Das Fleisch ist minderwertig und fett; Vitamine und frisches Obst gibt es kaum. Es gibt auch keine Frischmilch, keinen Quark oder Joghurt. Stattdessen werden oft eingedickte Eintöpfe und Nudeln mit dicken Mehlsoßen aufgetischt. Das Resultat: viele sehen aufgeschwemmt aus und haben Übergewicht. Wahrscheinlich werde ich auch bald aufgehen wie ein Hefekloß!

Montag, 5. September 1988: Rockys Schikanen

Lange halte ich die Schikanen in meiner Zelle nicht mehr aus. Es ist einfach unerträglich! Die ständigen Sticheleien von Rocky hören einfach nicht auf... Gestern Abend wurden wir ohne Vorankündigung zum monatlichen (!) Duschen geschlossen. Das ging so schnell, dass ich gar nicht

wusste, was los war. Ich konnte also nicht mitgehen, was Rocky sofort aufgriff um mich mit »alte Schlampe« zu titulieren. Wenn ich beim nächsten Duschen nicht mitginge, so ihre Warnung, würde sie mich höchstpersönlich mit der 'Lissy'[54] bearbeiten. Auch heute auf der Arbeit hat sie wieder über mich gelästert. Das Schlimme ist, dass es niemanden gibt, der mir helfen könnte. Bärbel und Gamasche haben zwar das Sagen in der Zelle, wollen aber nicht gestört werden. Inge und Rosi sind so debil, dass ich mir von ihnen absolut keine Unterstützung erhoffen kann. Trilli und Andrea? Rockys Verbündete! Und auch Manuela steht total unter Rockys Pantoffel. Die frisst Rocky fast aus der Hand, weil sie selbst Angst vor ihr hat. Bleibt nur noch Gabi. Auf ihr hacken auch alle ständig herum. Wenn ich keine Spießruten laufen muss, dann muss sie es tun. Gabi ist genau wie ich ein ruhiger Typ. Hier setzen sich aber nur die durch, die über Leichen gehen können und genügend Knasterfahrung mitbringen. Beides habe ich nicht zu bieten. - Ich muss unbedingt mit Manu bei Planet III reden. Vielleicht weiß sie, wie ich es schaffe aus dieser Zelle zu kommen. So geht das nicht weiter...
Heute Vormittag musste ich auch zu einem so genannten »Erziehergespräch.« Unsere neue »Erzieherin«, Leutnant Schombach, ist noch ziemlich jung (schätzungsweise 28), bleichgesichtig, stark blondiert und ganz frisch von der Offiziersschule. Bärbel erzählte uns, dass die Schombach hier früher als Wachtel gearbeitet hat. Ihr Mann ist ebenfalls in Hoheneck angestellt, als Offizier.
Nach meiner korrekten Meldung forderte mich die Schombach auf, Platz zu nehmen. Sie blätterte in meiner Akte herum und wollte wissen, wie ich zu meiner 'Straftat' stünde. Nichts lieber als das! Wie zu erwarten war, wollte sie jedoch von meinem Status als politische Gefangene nichts wissen. Mir fiel auf, dass sie während unseres Gesprächs den Augenkontakt mied und hin und wieder rot anlief, wenn ich ihre politischen Agitationen konterte. Im

54 Toilettenbürste

Großen und Ganzen war das Gespräch für beide Seiten nicht besonders ergiebig. Sie beendete es, indem sie mich ausdrücklich verwarnte etwaige »staatsfeindliche Tätigkeiten« im Strafvollzug aufzunehmen. Dies würde meiner Entlassung »nicht zuträglich« sein.
Als ich zurückkam, lauerte Rocky schon wie eine hinterhältige Spinne auf mich: »Was wollte die Zimmerlinde von dir, hä? Hast du ´was über uns erzählt? Wenn du uns angeschissen hast, mach´ ich aus deinem Gurkenhals ´ne Wendeltreppe.« Was habe ich dieser Frau nur getan, dass sie mich so hasst??

Dienstag, 6. September 1988: Ausbeutung

Letzte Woche hatten wir Spätschicht; diese Woche ist die Nachtschicht dran. Die ersten Arbeitstage habe ich schon überstanden. Unser Kommando arbeitet für einen Textilbetrieb namens »VEB Planet«. Daher auch der Name Planet II für unser Kommando. Es gibt drei verschiedene Planet-Kommandos, die sich mit der Früh-, Spät- und Nachtschicht abwechseln.
Die Arbeitshalle befindet sich im dritten Stock des Gebäudes, in dem auch die Speisesäle untergebracht sind. Zwischen Speisesälen und Planet ist das ESDA-Stockwerk. Dort werden Strumpfhosen hergestellt. Die ESDA-Leute arbeiten parallel zu uns ebenfalls in drei Schichten.
Alle Neuzugänge wie ich werden am ersten Arbeitstag von den Lenkungskräften[55] eingeteilt. Entweder kommt man ins Nähband (da bin ich gelandet) oder ins Spezialband. In unserer Abteilung werden Stoffbahnen zu Kopfkissen und Bettbezügen zusammengenäht. Zuerst werden sie von den Zuarbeitern gesäumt, anschließend schließen wir sie an den Seiten. Ich bin ab jetzt eine 'Schließerin'; Ramona säumt an einer gegenüberliegenden Maschine. Nach dem Schließen zählt die Vorarbeiterin die Bezüge, bevor sie ins Spezialband gelangen. Dort werden an Maschinen Knopflöcher genäht und Knöpfe befestigt. Die Bettwäsche

55 Zivilkräfte aus Stollberg, die die Produktion überwachen und zur Arbeit antreiben.

durchläuft anschließend die TKO (Technische Kontrollorganisation) und wird dann zusammengelegt und verpackt. Schön und gut. Als ich das erste Mal ins Nähband kam, wurde ich gefragt, ob ich schon mal an einer Nähmaschine gesessen hätte. Hatte ich nicht. »Hier, versuch´ mal eine paar gerade Nähte zu nähen,« wies mich Ines an. Ines ist unser 'Bridscher' und ebenfalls Strafgefangene. Sie ist für die Führung des Arbeitskommandos zuständig. Ein Bridscher hat viele Privilegien und Beziehungen, hält engen Kontakt zur zuständigen »Erzieherin« und hat Einfluss auf die Verteilung der Arbeit. Ines entscheidet auch, wer zum Fernsehen gehen darf und kann der »Erzieherin« Vorschläge für die Zellenbelegung unterbreiten. Ein absoluter Luxusjob also. Klar, dass auf diesen Posten nur Lebenslängliche anzutreffen sind. Sie sind schon viele Jahre dabei, streben eine vorzeitige Entlassung an und sind linientreu. Selbst müssen sie nicht mitarbeiten. Sie kontrollieren nur, füllen die Tagespläne aus und bestrafen gegebenenfalls. Bezahlt werden sie nach Banddurchschnitt. Je besser wir arbeiten, umso mehr verdient sie und ihre Stellvertreterin, die Bandleiterin.

genäht in Hoheneck – verkauft bei Neckermann

Nachdem ich ein paar gerade Nähte auf den Stoff gezaubert hatte, sollte ich mich an Kopfkissen versuchen. Ines erklärte mir das Einarbeitungssystem. Es gibt eine dreimonatige 'Einlaufkurve'. In dieser Zeit sind die Normen gestaffelt. Im ersten Monat sollte man 90 Bettbezüge pro Tagesschicht schließen, im zweiten Monat 170 Bezüge und nach der dritten Einlaufkurve wird die volle Norm von 287 Bettbezügen bzw. 674 Kopfkissen erwartet.

Diese Normvorgaben erscheinen mir absolut utopisch. Das ist überhaupt nicht zu schaffen! Die Maschinen sind, obwohl aus westdeutscher Produktion stammend, total veraltet, die Beleuchtung in der Halle ist eine Katastrophe und die Stühle sind ganz einfach schlecht. Schon nach drei Stunden Akkordarbeit hatte ich schreckliche Rückenschmerzen. Dazu die monotone Arbeit: immer die gleichen Handgriffe und Arbeitsabläufe. Gleichzeitig sitzen einem die Zuarbeiter, ja eigentlich das gesamte Nähband, im Nacken. Der Banddurchschnitt ist sehr wichtig, denn es herrscht untereinander große Konkurrenz. Wer die Norm nicht schafft - aus welchen Gründen auch immer - kann sich gleich erschießen. Diejenige wird dann von den anderen dermaßen fertig gemacht, dass ihr das Leben zur Hölle wird. Und dann gibt es noch die Konkurrenz unter den einzelnen Kommandos. Am Jahresende, so wurde mir berichtet, erhält nämlich das Kommando mit der höchsten Arbeitsproduktivität Auszeichnungen und Vergünstigungen. Deshalb wird hier wie blöd getuckert. Die Ausbeutung ist quasi selbstgemacht! Und der Staat streicht dabei jährlich etliche Milliarden Ost-Mark ein, die in den Strafvollzügen durch unsere Knochenarbeit erwirtschaftet werden.

Donnerstag, 8. September 1988: Die Burg

Im Waschraum kann man, wenn man sich auf einen Hocker stellt und sich an den Gittern hochzieht, für einige Augenblicke aus dem Fenster sehen... Hoheneck, die alte

Burg, ist von mehreren Mauern und Zäunen umgeben. Zuerst ein Elektrozaun, dann ein etwa drei Meter breiter, geharkter Sandstreifen. Dahinter scharfe, ständig kläffende Hunde und eine fünf Meter hohe Mauer mit einbetonierten Glasscherben. Aus Hoheneck sei noch niemandem die Flucht gelungen, erzählen sich hier die Langstrafer. Gebaut wurde die alte Burg um 1862 in Stollberg. Sie soll früher Männerzuchthaus und Jugendvollzug gewesen sein. Im Dritten Reich wurde Hoheneck angeblich zum Konzentrationslager. Und jetzt ist es der berüchtigtste Frauenknast der DDR.

Samstag, 10. September 1988: Ich will hier raus!!!!

Ich bin am Ende! Ich kann nicht mehr... Ich will auch nicht mehr. Gott, wo bist Du nur?? Warum beschützt Du mich nicht vor dieser schrecklichen Frau? Hilf mir doch endlich!!

Rocky hat mir heute gedroht, dass sie mein Gesicht mit einer Rasierklinge zerschneiden will, wenn sie noch einmal nachts wach wird. Angeblich würde ich mich ununterbrochen im Bett hin und her wälzen, und da sie unter mir im Doppelstockbett liegt, könne sie kein Auge zumachen. Kein Wort davon stimmt. Im Gegenteil. Ich habe solche Angst, dass ich mich überhaupt nicht mehr bewege, sobald ich im Bett liege. Oft liege ich stundenlang wach– aus

Angst einzuschlafen und mich vielleicht doch im Schlaf zu bewegen. Ich habe solche Angst vor dieser Rocky! Sie ist irgendwie wie ein wildes Tier. Unberechenbar und aggressiv. Ihre Augen spiegeln nur Hass wider, dabei habe ich ihr nichts getan. Sie hat mich schon von dem Moment an gehasst, als ich diese Zelle das erste Mal betrat. Warum nur?

Psalm 142, 6-8: Zu dir, Herr, schreie ich! Ich sage: Du bist meine Zuflucht, du gibst mir alles, was ich zum Leben brauche! Höre mein Schreien, ich bin völlig am Ende! Rette mich vor meinen Verfolgern, sie sind zu stark für mich! Befreie mich aus dem Gefängnis!

Dienstag, 13. September 1988: Lesben

Bisher kannte ich keine Lesben – jetzt bin ich Tag und Nacht von ihnen umgeben. Ich muss gestehen, dass meine Befürchtungen aus der UHA-Zeit bis jetzt unbegründet geblieben sind. Zum Glück habe ich hier noch keine Übergriffe erlebt, wohl aber das Werben mit Miezentellern und dergleichen.

Lesbische Pärchen gibt es in Hoheneck meist in jeder Zelle. Manchmal ist es ganz offensichtlich, manchmal sind sie auch getarnt. Bei den Langstrafern kann ich das alles noch teilweise verstehen. Notstandssexualität nennt sich das wohl im Knast. Diese 'Knastehen' sind bei LLern wahrscheinlich lebensnotwendig, denn als Einzelkämpferin übersteht man die Hölle Hoheneck kaum über einen längeren Zeitraum hinweg. Was ich allerdings überhaupt nicht nachvollziehen kann, ist der Reiz einer lesbischen Beziehung für Kurzstrafer. Die sind meistens auch diejenigen, die es am hemmungslosesten treiben. Ohne Rücksicht auf die anderen in der Zelle. Zu jeder Tages- und Nachtzeit, ohne Decken, völlig schamlos. In manchen Zellen (zum Glück nicht in meiner!) ist über kurz oder lang jede mit jeder zusammen. Ich kenne inzwischen sogar Politische, die plötzlich ihre Liebe zu einer Kriminellen entdeckt haben! Als Ramona kürzlich während der Arbeits-

zeit Aniko küsste, dachte ich, das müsse ein Scherz sein. Ramona lachte nur und meinte: »Ein bisschen 'bi' schadet nie«. Ich kann es gar nicht glauben! Auch Billy (Sybille K., eine Politische vom ESDA-Kommando) hat ein Techtelmechtel mit Benny S., einer Kriminellen mit Spitznamen Stift, angefangen.
Es hat natürlich auch schon Fälle gegeben, wo Kriminelle gezielt auf Politische angesetzt wurden. Die ließen sich dann sogar umdrehen, d.h. sie ließen sich scheiden und zogen ihren Ausreiseantrag zurück, um ein neues Leben mit ihren kriminellen Freundinnen aufzubauen. Doch kurz nachdem die Stasi-Mission erfüllt war, beendeten die Kriminellen meist diese Beziehungen.

Donnerstag, 15. September 1988: Prüfung?

Ich habe endlich mit Manu (nicht die Manu aus meiner Zelle, sondern Manu aus der UHA-Zeit in Cottbus) über mein Problem mit Rocky sprechen können. Gestern sah ich sie kurz im Speisesaal, bevor wir abliefen. Sie riet mir, einen Verlegungsantrag in ihr Kommando zu stellen. Und wenn es hart auf hart kommt, solle ich einfach das Einrücken in die Zelle verweigern. Dann käme ich erst einmal in die Absonderung. Ich weiß noch nicht, was ich machen werde. Planet III ist als Extrem-Kommando bekannt. Ob es erstrebenswert ist, dort zu sein? Irgendwie denke ich auch seit einigen Tagen, dass Gott mich nicht ohne Grund gerade in diese Zelle geführt hat. Das ist wie eine Prüfung. Ich kann doch nicht so einfach das Handtuch werfen ... Ich muss diese Prüfung bestehen. Herr, zeig mir den Weg, den ich gehen soll. Lass mich erkennen, was Du von mir verlangst.

Sonntag, 18. September 1988: Freizeitzentrum

Am heutigen Vormittag wurde ich ins FZ (Freizeitzentrum) geschlossen, um Bücher für unseren VR zu holen. Jede in der Zelle hat eine bestimmte Aufgabe. Meine besteht darin, mich um den Büchertausch zu kümmern, der einmal im Monat stattfindet. Lesen ist hier neben Fernsehen die wichtigste Freizeitbeschäftigung. Jeden Monat soll ich also ab sofort die Bücherliste zusammenstellen. Es gibt einen relativ umfangreichen Bücherkatalog, aus dem man sich Bücher aussuchen kann. Pro Monat stehen jeder SG zwei Bücher zu, aber da bei uns viele nicht lesen wollen, können Andrea und ich die 22 Bücher untereinander aufteilen. Glücklicherweise gibt es viele Klassiker, nicht nur kommunistische Literatur.
Das Freizeitzentrum befindet sich direkt unterm Dach und beherbergt neben der Bücherei auch einen Handarbeitsraum, einen Fernsehraum, einen Schulungsraum für PAG[56] und einen Raum für Feiern. Verwaltet wird dieses Zentrum von einer Mörderin. Maria, die schon 13 Jahre abgesessen hat, weil sie ihre Mutter mit 25 Messerstichen umbrachte, wohnt praktisch dort oben. Sie malt sehr schöne Ölbilder – das ganze FZ ist voll davon. Gleich neben der Tür hängen ihre Bilder »Frühling« und »Sommer« in Form graziler Frauengestalten mit Blumenkränzen im

56 Politisch-Aktuelle-Gespräche

wallenden Haar. Außerdem jede Menge Landschaftsbilder an allen Wänden. Leider kommen wir nicht so oft hier hoch. Nur zum Büchertausch und wenn hin und wieder mal ein Schallplattenabend stattfindet. Da kann man sich dann anmelden und darf – vorausgesetzt die Norm wurde erfüllt – im FZ ein paar Stunden verbringen.

Montag, 19. September 1988: Brief

Ich habe einen Brief von Mutti bekommen, mit einem kleinen Gebetblatt. Das darf ich aber nicht behalten und die Schombach hat mir auch nur die Hälfte des Briefes zum Lesen gegeben. Der Rest wurde von ihr beanstandet…

Liebe Mutti,
ich habe Deinen letzten Brief unter Vorbehalt lesen können. Bitte schreibe mir in den nächsten Briefen nichts mehr zum Thema Brieffreunde aus der BRD, da ich sonst Deine Briefe nicht mehr ausgehändigt bekomme. […] Ich bin nun schon drei Wochen auf Hoheneck, aber eingelebt habe ich mich noch nicht. Es geht mir den Umständen entsprechend gut. Ich arbeite im 3-Schicht-System an einer Nähmaschine. Hier wird Bettwäsche genäht: Bezüge und Kopfkissen. Mehr darf ich Euch über Hoheneck nicht schreiben.
Das Leben hier ist sehr schwer und hätte ich meinen Glauben nicht, ich würde das alles nicht überstehen. Aber dass mir mein Glaube Kraft gibt, habe ich schon in der UHA erfahren. Hier habe ich übrigens auch eine Bibel, in der ich oft lese. […] Ich umarme Euch, Eure Birgit.
Aus dem Psalm 62: Gott ist meine Hoffnung. Er ist mein Fels und mein Schutz, dass ich nicht fallen werde. Bei Gott ist mein Heil und meine Ehre, der Fels meiner Stärke, meine Zuversicht ist bei Gott. Hoffet auf ihn allezeit, schüttet euer Herz vor ihm aus; GOTT IST UNSERE ZUVERSICHT.

Mittwoch, 28. September 1988: Späße nach Hohenecker Art

So langsam gewöhne ich mich an das Leben hier. Es gibt sogar ab und zu etwas zu lachen, obwohl ich das in Hoheneck nie für möglich gehalten hätte. Naja, die Späße sind eher etwas pervers... Ein Beispiel: zum Mittagessen gab es vor ein paar Tagen Kartoffelpuffer. Die sind gar nicht so schlecht. Wenn es etwas gibt, was wir gern essen, wird »getütet« was das Zeug hält. Trilli hat immer eine Plastiktüte dabei und lagert ihre Vorräte dann auf dem Schrank in unserer Zelle. Beim Putzen der Zelle haben wir heute diese Tüte gesehen. Kalt schmecken die Dinger natürlich nur noch eklig, also hat Andrea damit eine Schlacht angefangen. Die Kartoffelpuffer flogen durch die Zelle und wir sind laut kreischend hin- und hergerannt, um den fettigen Teilen auszuweichen. Inge war gerade im Naßteil und wusch sich, da riss Andrea die Tür auf und – klatsch! – landete ein Puffer auf ihrem nackten Rücken. Inge hat geflucht wie wild – wir lagen fast am Boden und haben uns totgelacht. Tja, das ist Hohenecker 'Humor'!

Samstag, 8. Oktober 1988: Erika Bergmann

Auf dem Freihof habe ich Erika kennengelernt. Sie sitzt immer bei Hanny, weil Hanny auch schon etwas älter ist. Ich habe den beiden Kekse angeboten und mich mit ihnen unterhalten. Das soll nun die »blutige Erika«, die »Bestie in Menschenhaut« sein, von der ich so viel Schreckliches gehört habe? Sie sieht total harmlos aus, wie eine Oma eben. Erika wird hier von allen auch nur 'Omi' genannt. Nie würde man von ihr ein böses Wort hören. Sie ist sehr ruhig und unauffällig, beobachtet viel (besonders die Neuzugänge) und geht gewissenhaft ihrer Arbeit nach, obwohl sie nur sehr schlecht sehen kann.

Ich kann sie mir gar nicht als KZ-Aufseherin vorstellen... Oder doch? Man sagt doch, dass stille Wasser tief sind. Vielleicht ist das nur eine Fassade, hinter der sie sich verbirgt... Wie sie wohl als Aufseherin in Hoheneck wäre?

Erika ist inzwischen 74 Jahre alt und schon seit 35 Jahren auf Hoheneck. Wie sie das nur aushält? Keine Kontakte zur Außenwelt, keine Briefe. Nichts! Sie hat zwar einen Stiefsohn und auch eine Schwester, aber in all den Jahren hat sie hier noch nie Besuch gehabt. Auch in Hoheneck spricht sie nicht mit jedem und schon gar nicht über ihre Vergangenheit. Seltsam auch, dass sie zu den anderen beiden NS-Täterinnen in Hoheneck kaum Kontakt hat bzw. ihn auch gar nicht zu suchen scheint.

Dienstag, 11. Oktober 1988: Politische gehen auf Transport

Es tut sich ´was! Heute habe ich zum ersten Mal gehört, dass ein Transport mit Politischen aus Hoheneck wegge-

gangen ist. Eine Politische vom 'Lumpenkommando'[57] hat mir auf dem Freihof erzählt, dass zwei Frauen (Martina und Christine) von ihrem Kommando sowie eine Renate E. von Planet III und Biggi Z. von einem anderen Kommando von der Arbeit bzw. aus der Zelle abgeholt wurden. Alle vier waren Politische und noch nicht lange in Hoheneck.

Donnerstag, 13. Oktober 1988: Postzensur

Liebe Mutti,
leider muss ich Dir mitteilen, dass ich von den drei Briefen, die Du mir kürzlich geschrieben hast, nur einen ausgehändigt bekam. Die anderen durfte ich nicht lesen; sie wurden beanstandet (irgendetwas über Lebensmittelpakete aus dem Westen und über meine Brieffreunde). Ich finde das zwar absurd, aber so sind nun mal die Vorschriften im Strafvollzug... Hier darf ich nur drei Briefe im Monat schreiben. Man hat mir auch mitgeteilt, dass ich keine Schreiberlaubnis mit Vati erhalte. Eine Begründung gibt es nicht. Ich verstehe das alles nicht und bin sehr traurig darüber. Schreibt ihm bitte, dass er sich um mich keine Sorgen machen muss und dass er einen Sprecher mit mir in Brandenburg beantragen soll.
Mir geht es soweit gut, ich bin gesund. Vorige Woche mussten wir zur Grippeschutzimpfung. In meiner Freizeit lese ich viel oder gehe zum Fernsehen (selten und nur wenn es genehmigt wird). Ich lese täglich die Zeitung und kann hier auch Radio hören. Ein Paket kann ich vorläufig nicht bekommen. Dazu bin ich noch nicht lange genug hier (mindestens ein Vierteljahr!). Außerdem ist das dann eine Auszeichnung für gute Arbeit.
Viele liebe Grüße sendet Euch Birgit. Ich denke oft an Euch! Bleibt stark!
PS: Die Furcht des Herrn ist Zucht, die zur Weisheit führt, und ehe man zu Ehren kommt, muss man Demut lernen. (Sprüche Salomon)

57 Kommando, das aus alten, dreckigen Armee-Klamotten Knastbekleidung für die gesamte DDR herstellte

Samstag, 15. Oktober 1988: Erster Sprecher im Zuchthaus

Mein erster Sprecher in Hoheneck ließ nicht ganz so lange auf sich warten wie in der U-Haft. Nachdem ich im Eingang schon einen Antrag auf Sprecherlaubnis gestellt hatte, durfte ich Mutti heute nach sechs Wochen zum ersten Mal sehen. Sprecher finden hier in Hoheneck nur alle zwei Monate für eine Stunde statt, immer am Wochenende. Zugelassen sind maximal zwei Personen, die Angehörige ersten Grades sein müssen. Zuerst wurden alle Frauen, die heute mit mir Sprecher hatten, in einer Wartezimmer-Zelle eingeschlossen. Ich staunte nicht schlecht, wie sich einige Frauen für ihren Besuch aufgedonnert hatten! Und das, obwohl es hier kaum Schminkzeug gibt. Aber Not macht bekanntlich erfinderisch. Inzwischen weiß ich, dass sich einige hier mit schwarzer Schuhcreme die Wimpern tuschen. Andere benutzen den roten Farbstoff der Streichholzkuppen als Lippenstiftersatz und Filzstifte müssen für Lidstriche und Lidschatten herhalten.

Nachdem wir aus dem »Wartezimmer« abgeholt wurden, mussten wir uns in Zweier-Paaren in einem angrenzenden Raum ausziehen und filzen lassen. Anschließend gab es spezielle Vorzeige-Klamotten mit zugenähten Taschen. Jeder bekam zum Schluss ein geblümtes Taschentuch in die Hand gedrückt. Damit die Angehörigen auch ja keinen falschen Eindruck vom Strafvollzug bekommen! Unsere Gruppe von etwa zehn Frauen ging gemeinsam durch die Schleuse zum Besuchergebäude. Vor der Tür wurden wir belehrt: die Begrüßung habe nur mit Handschlag zu erfolgen, jegliche Umarmungen seien unzulässig. Gespräche über die Straftat seien ebenso streng verboten, wie Mitteilungen über den Strafvollzug oder andere Inhaftierte. Wer sich nicht an diese Vorschriften hielte, dessen Sprecher würde sofort abgebrochen.

Unsere Gäste saßen schon an den Tischen, als wir das Besucherzimmer betraten. Bevor die Aufseherin überhaupt zur Besinnung kam, hatte ich Mutti schon umarmt. Natür-

lich fing die Wachtel an zu schreien und zu drohen – doch es blieb bei einer Verwarnung. Von einer Strafgefangenen, die normalerweise in der Küche arbeitete, wurde nun Kaffee und Kuchen hereingetragen. Auf unserem Tisch stand außerdem ein Mikrofon. Als ob das nicht schon genug wäre, setzte sich eine Uniformierte direkt neben mich, um jedes Wort zu belauschen. Natürlich konnte sich hier niemand ungesehen etwas zustecken oder wichtige Informationen weitergeben. Die Tische waren unterhalb durch eine Trennwand abgegrenzt, damit man unter dem Tisch nichts weiterreichen konnte.
Neben dem Kaffee und Kuchen, der von den Angehörigen bezahlt wurde, erhielten die meisten Gefangenen auch ein Geschenk im Wert von etwa fünf bis fünfzehn Mark. Die Geschenke konnten die Verwandten vorher in einem gesonderten Knastgeschäft kaufen. Generell werden diese Geschenke aber von der Arbeitsleistung abhängig gemacht und da ich meine Norm noch nicht erfülle, ging ich leer aus. Lächerlich, diese Schikanen! Andere Mitbringsel, wie beispielsweise Obst, sind auch nicht gestattet. Wer Glück hat, darf aber ein paar Blumen von daheim in Empfang nehmen.
Insgesamt vergingen diese sechzig Minuten wie im Flug. Mutti und ich konnten nur über Belanglosigkeiten reden, weil uns die Aufseherin an den Lippen klebte. Als die Zeit herum war, sagte mir die Wachtel noch, dass beim nächsten Mal Britta mitkommen dürfe. Dann die kurze Verabschiedung – diesmal mit Handschlag, denn noch einmal würde die Wachtel sich nicht austricksen lassen. Wir wurden danach wieder in den Spezialraum geführt, um erneut gefilzt zu werden (sogar meine Blumen wurden auseinandergenommen!) und unsere alten Sachen wieder anzuziehen.

Sonntag, 16. Oktober 1988: Gottesdienst

Kirchgang in Hoheneck gibt es alle acht Wochen für eine Stunde und nur auf Antrag. Wer im Zugang versäumt hat,

sich als Christin erkennen zu geben, für den ist der Zug abgefahren. Man wird einfach nicht zum Gottesdienst rausgeschlossen und Beschwerden nützen da meist auch nichts.
Vormittags war ich das erste Mal beim katholischen Gottesdienst im Zuchthaus. Manuela und ich sind scheinbar in Hoheneck die einzigen Katholikinnen; wir waren in dem großen Kinosaal ganz allein. Da der Pfarrer aus Schneeberg noch nicht da war, sollten wir unter Aufsicht schon einmal alles herrichten: Tisch aufstellen, weißes Laken darüber und rechts und links jeweils ein Kerzenständer mit Kerze. Wenig später traf der Pfarrer ein. Leider durften wir nicht mit ihm sprechen. Die Wachtel ließ das nicht zu. Während der Messe saß die Tussi sogar direkt neben uns und machte sich eifrig von der Predigt Notizen. Verabschieden durften wir uns dann auch nicht vom Pfarrer. Die Wachtel stellte sich einfach zwischen uns: es gäbe hier keine Gespräche mit Geistlichen unter vier Augen! Das ist einerseits sehr bedauerlich, aber andererseits kann man daraus schließen, dass dieser Pfarrer wenigstens 'koscher' ist. Über den evangelischen Pastor Giebeler, der hier für die Protestanten Gottesdienste abhält, habe ich schon ganz anderes gehört. Persönliche Gespräche mit Giebeler (Spitzname: 'Major im schwarzen Talar') sind seltsamerweise nicht verboten. Soldi, eine Kriminelle von unserem Kommando, erzählte mir, dass er in einem Gespräch unter vier Augen versucht hat, sie von ihrem Ausreisevorhaben abzubringen. Giebeler arbeitet also offensichtlich mit der Stasi zusammen[58]. In diesem Staat wundert mich inzwischen gar nichts mehr!

58 Diese Vermutungen bestätigten sich im Nachhinein. Andreas Beckmann und Regina Kusch belegen in ihrem Buch Gott in Bautzen. Die Gefangenenseelsorge in der DDR (Ch. Links Verlag, Berlin. 1. Auflage, 1994) anhand von entlarvenden Stasi-Urkunden die Kooperation Giebelers mit dem Geheimdienst.

Mittwoch, 19. Oktober 1988: Brief

Liebe Mutti,
Der Sprecher war sehr schön. Es kam zwar etwas überraschend, aber ich habe mich sehr darüber gefreut. Ich denke oft an diese Stunde zurück. Aber warum durfte denn Britta nicht mitkommen? Am 3.12. ist Britta aber auf jeden Fall dabei, oder?
Mir geht es physisch ganz gut, nur psychisch hapert es momentan. Trotz der vielen Ablenkung und Arbeit denke ich fortwährend nur an Euch und Vati und unsere Trennung. Ich fühle mich einsam und bete jeden Tag, dass wir so schnell wie möglich wieder zusammen sein können. Hoffentlich komme ich bald über dieses seelische Tief hinweg, denn ich will und muss stark bleiben.
Zum Thema Paket: ich brauche nicht unbedingt ein Paket. Ich verzichte darauf und werde es überleben. Mittlerweile habe ich gelernt mich sehr einzuschränken. Das geht schon…
Seid lieb gegrüßt, Eure Birgit.

PS: So lasst uns denn dem lieben Herrn mit unserem Kreuz nachgehen und wohlgemut, getrost und gern in allen Leiden stehen. Wer nicht gekämpft, trägt auch die Kron´ des ew'gen Lebens nicht davon. (aus: »Gotteslob«)

Donnerstag, 27. Oktober 1988: Bibelzitate nicht erwünscht

Obwohl das Herbstwetter noch immer trüb, nebelig und kalt ist, geht es mir inzwischen schon wieder etwas besser. Mein psychisches Tief scheint überwunden. Aber ich habe mich schon wieder über die Schikanen unserer hochintelligenten »Erzieherin« geärgert. Diese Woche haben wir Nachtschicht. In dieser Schicht kommen wir kaum zum Schlafen. Ständig wird geschlossen: eine wird zum Arzt gebracht, die nächste zur »Erzieherin« bestellt, oder die Stasi ruft ihre Spitzel zur Berichterstattung. Meistens, wenn wir nach der Nachtschicht schlafen, schleicht sich die Schombach vormittags in die Zellen und verteilt die Post. Gestern hat sie laut mit den Schlüsseln gerasselt und mich doch tatsächlich geweckt. Ich solle mich anziehen und in ihr Büro kommen. In einem meiner letzten Briefe hatte ich wieder einmal aus der Bibel zitiert:

> *Es ist ein köstlich Ding, geduldig sein und auf die Hilfe des Herrn hoffen. Es ist ein köstlich Ding für den Mann, dass er das Joch in seiner Jugend trage. (Jeremiah 3: 26)*

> *Gott hat uns nicht gegeben den Geist der Furcht, sondern der Kraft und der Liebe und der Zucht. (2. Timotheus 1:7)*

Sie verlangte von mir, dass ich ihr die zitierten Stellen in der Bibel zeige. Obwohl sie einsehen musste, dass diese Zitate tatsächlich der Bibel entnommen waren, war sie nicht zufrieden. Sie hat mir verboten für alle weiteren Briefe, aus der Bibel zu zitieren. Ich fragte nach der Begründung.

»Isch bin Ihnen käne Räschenschaft schuldig, Strafgefangne. Endwäder Sä underlassen das oder Ihre Briefe wärdn beanschdandet.«

Donnerstag, 3. November 1988: Margret kommt in unsere Zelle

Spätschicht. Während einer Arbeitspause erzählte jemand, dass es in unserer Zelle einen Neuzugang geben würde. Die Neuen waren gerade bei den Zivilkräften und wurden eingeteilt. Ramona kannte scheinbar eine der Frauen aus der Stasi-UHA in Dresden. Eine Politische. »Juchu! Die 'Mutter' ist da!« rief Ramona und rannte durch das gesamte Nähband. Ich war zunächst mal misstrauisch. Im Zuchthaus weiß man ja nie...! Meine Devise: Distanz halten und erst mal ableuchten.

Die Neue, Margret, stand beim Zählappell in meiner Nähe, so dass ich sie unter die Lupe nehmen konnte. Sie war etwa 40 Jahre alt, hatte dunkelblondes, kurzes Haar, war etwa 1,63 m groß und sah ziemlich verängstigt aus.

Ramona hatte ihr den Rat gegeben, sich an mich zu halten, da ich auch eine Politische sei. Margret wollte gleich von mir wissen, was sie hier erwarten würde. Eine ihrer ersten Fragen lautete, ob man in unserer Zelle tätlich angegriffen werde. Ich konnte sie beruhigen, warnte sie aber vor Rocky: »Mit der ist nicht zu spaßen.«

Samstag, 5. November 1988: Tag der Kultur

Ricky ist nicht mehr in unserer Zelle und seit Margret da ist, hat Bärbel einige Umzugsanordnungen gegeben. Ich muss nun (Gott sei Dank!!) nicht mehr im Bett über Rocky schlafen, sondern bin in das Bett über Andrea gezogen. Manu liegt jetzt im Bett über Rocky und Margret liegt dort, wo Ricky früher lag. Wie lange das allerdings gut geht, ist fraglich. Manu kriegt von Rocky nämlich regelmäßig eins auf den Deckel, weil auch sie angeblich nicht still liegen kann.

Nachmittags war »Kultur« angesagt. Alle freuten sich schon darauf, denn es sollte für jede von uns eine Flasche Cola geben. Die Elite unseres 'Verwahrraums' hatte es sich im Freizeitzentrum gleich an einem der besten Tische gemütlich gemacht. Für mich und Margret war an diesem Tisch natürlich kein Platz. Mir war das ganz recht: so musste ich wenigstens nicht in Rockys Nähe sitzen. Wir suchten uns einen anderen freien Tisch, tranken Cola und Margret erzählte dabei über sich und die Zeit in der Stasi-U-Haft in Dresden. Die Stasi verurteilte sie im Oktober zu zweieinhalb Jahren Haft wegen geplanter Republikflucht und »landesverräterischem Agententum.« Als sie mir anschließend einen Brief ihrer Mutter zeigen wollte, begann sie plötzlich zu weinen. Ich versuchte sie zu trösten. In diesem Moment spürte ich, wie das Eis zwischen uns gebrochen war...

Sonntag, 6. November 1988: Sticheleien

Als ich heute Morgen beim Gottesdienst war, hat Rocky in der Zelle herumposaunt, dass Katholiken die »größten Lügenschweine« wären, die sie kenne. Eindeutig eine Anspielung auf mich – es gibt im ganzen Kommando außer mir keine andere bekennende Christin. Irgendwann fiel dann auch mein Name. Margret hat mich verteidigt und Rocky war wieder still. Als ich aber zurückkam, fing sie wieder an. Christen wären alles nur Heuchler. Sie läsen in der Bibel, täten immer ganz scheinheilig, seien aber von allen Leuten die übelsten usw. Ich habe auf ihren Hassausbruch nicht reagiert, meine Bibel genommen und zu lesen begonnen. Nach einer Weile hat sie wohl bemerkt, dass sie mich nicht reizen kann und fing an, Gabi zu beleidigen. Ich glaube, diese Frau ist einfach nicht zufrieden, wenn sie niemanden schikanieren kann.

Montag, 7. November 1988: Gute Beziehungen

Die Winterjacken wurden ausgeteilt. Jetzt zahlt sich das gute Verhältnis zu Bärbel aus. Die gefütterten Jacken reichen nämlich nicht für alle in Hoheneck. Aber dank Bärbels guter Beziehungen zu den LLern in der Effektenkammer hat sie für unseren gesamten VR warme Jacken organisiert. Der Winter hier im Erzgebirge soll ziemlich kalt sein. Bei der »Erzieherin« habe ich auch gleich einen Paketschein für ein Schuhpaket beantragt. Wenn ich Glück habe, darf Mutti vielleicht auch ein paar warme Socken oder Strumpfhosen mitschicken.

Mittwoch, 9. November 1988: Post aus Brandenburg

Letzte Woche bekam ich von Vati einen lieben Brief, der mir aber erst heute ausgehändigt wurde. Leider kann ich ihm nicht zurückschreiben. Dabei macht er sich schon große Sorgen um mich, weil er nichts von mir hört. Aber inzwischen wird er wohl erfahren haben, dass ich keine Schreiberlaubnis bekomme.

In seinem Brief hat Vati mir ein paar Verhaltenstipps gegeben. Ich werde versuchen, diese so gut es geht zu befolgen. Aus Streitigkeiten halte ich mich sowieso prinzipiell heraus, und versuche mit allen Frauen einigermaßen gut auszukommen. Gravierende Vorurteile habe ich jedenfalls keine und das ist auch gut so. Es gibt so vieles was ich, wäre ich hier nicht gelandet, wohl niemals kennengelernt hätte...

Über acht Monate bin ich nun schon eingesperrt – es ist kaum zu glauben! Ganze 3 Stunden (!!!) habe ich Mutti in diesen acht Monaten gesehen. Ist das nicht Wahnsinn?! Wann werden wir alle wieder zusammen sein? Ich kann diesen Tag kaum erwarten. Die seelische Belastung ist sehr groß. Durch Lesen versuche ich mich, so gut es denn geht, abzulenken. Aber anders als in der Untersuchungshaft habe ich hier eigentlich kaum Zeit zum Lesen. Die Akkordarbeit schlaucht ohne Ende. Jede freie Minute wird zum Schlafen genutzt. Allerdings sollte ich etwas unternehmen, damit mein Gehirn nicht einrostet. Vor kurzem habe ich eine Gershwin-Biographie, zwei Romane von Dostojewski (Die Brüder Karamasov und Schuld und Sühne) und Gogols Abende auf dem Weiler gelesen. Und natürlich die Bibel. Da fand ich folgendes:

> *Hoffnung die sich verzögert, ängstigt das Herz; wenn aber kommt was man begehrt, das ist der Baum des Lebens. (Salomon, Sprüche 13:12)*

Donnerstag, 10. November 1988: Neuzugänge

Inzwischen gab es schon wieder Neuzugang auf unserem Kommando, davon zwei Politische: Angelika aus Leipzig (sie möchte, dass ich sie Gela nenne) und Ingrid (unscheinbar, sehr ruhig). Außerdem noch ein paar Kriminelle (Elvis und andere). Sie sind alle in den VR W III/5 gekommen, den wir letztes Wochenende putzen und vorbereiten mussten. Gela sitzt im Nähband genau vor mir. Die Frau ist erstaunlicherweise immer gut gelaunt. Entweder rezitiert sie an der ratternden Nähmaschine ellenlange Gedichte oder sie singt vor sich hin. Kein Kind von Traurigkeit also.
Seit Elvis auf unserem Kommando ist, scheinen ein paar Frauen total ausgeflippt zu sein. Besonders Rocky ist hin und weg! Da Elvis an meinem Tisch im Speisesaal sitzt, schleicht Rocky ständig da ´rum und versucht sich an sie ranzumachen. Elvis ist natürlich eine Frau – eigentlich heißt sie Jutta. Aber hier im Knast könnte sie glatt als Mann durchgehen: dunkle, rappelkurze Haare, muskulöser Körper, flachbrüstig und dann die Art, wie sie läuft. Nur die quietschige Stimme passt nicht so ganz. Elvis bzw. Jutta hat mir erzählt, dass sie, sobald sie wieder draußen sei, eine Geschlechtsumwandlung durchführen lassen will. Sie fühle sich schon seit Jahren als Mann und will keine Frau sein. Ihre Kindheit war sehr schlimm. Eltern Alkoholiker, als Teenager von ihrem eigenen Vater vergewaltigt. Das hat sie ebenfalls in den Alkohol getrieben. Warum sie hier ist, hat sie mir aber nicht erzählt. Ich schätze wegen Diebstahl oder Scheckbetrug.

Sonntag, 13. November 1988: Slang

Täglich lerne ich ein paar neue Worte des allgegenwärtigen Knast-Slang Vokabulars. Das ist teilweise witzig, teilweise makaber… Grützwurst heißt hier »tote Oma« oder »Verkehrsunfall«. »Panzerplatten« sind Kartoffelpuffer und »Leitungsheimer« bzw. »Gänsewein« ist die Bezeichnung für Wasser. Das Essen wird »eingepfiffen« oder »eingepeitscht«. Die Zellentür wird auch

»Brett« genannt, das »geschottet« (zugeschlossen) wird. Die Toilette heißt »Louis«. »Lissy« ist die Toilettenbürste, »Surfbretter« sind Monatsbinden und der Teekübel heißt »Emil«. Wenn man wissen will, wie es dem anderen geht, fragt man: »Alles Banane?« Interessant sind auch die Schimpfwörter. Rocky besitzt natürlich das größte Repertoire: »Federvieh«, »Klippenkuckuck«, »Torte«, »Drahtbein«, »Nebelkrähe«, »Birne«, »Kanalratte«, »Wellfleischinsel« oder »alte Fregatte« sind ihre Lieblingswörter. Die Schombach würde sich freuen, wenn sie wüsste, dass sie mit so harmlosen Bezeichnungen wie »Zitronenfalter« oder »Tropenvogel« tituliert wird. Obwohl ich mir diese Knastwörter nicht zu Eigen machen will, ertappe ich mich schon dabei, wie ich sie teilweise doch benutze. »Da fliegt einem ja glatt der Draht aus der Mütze!«

Mittwoch, 16. November 1988: Drohungen

Unsere »Erzieherin« hat Ramona, Margret, Gela und mich zu sich zitiert, weil wir uns weigerten am gestrigen PAG[59] teilzunehmen. Dabei können sich die Bullen doch denken, dass diese »Rotlichtbestrahlung« bei Politischen völlig sinnlos ist. Damit will man uns nur schikanieren, sonst gar nichts.

Die Schombach war ganz schön wütend und verlangte eine schriftliche Stellungnahme. Also hat sie von mir ein Essay zu meiner politischen Einstellung bekommen. Im Anschluss daran musste ich mir ihre Predigt anhören, einschließlich Drohungen und Bestrafungen. Insgesamt wurde ich gleich fünfmal bestraft:

1) verwarnender Eintrag in die Strafakte
   zwei Monate »Einschränkung des Verfügungssatzes«, d.h. statt der 80 oder 90 Mark Einkauf, die ich ab Dezember bei 100% Normerfüllung erhalten würde, gibt es weiterhin nur 20 Mark monatliches Gehalt

59 Politisch-Aktuelles Gespräch

3) kein Quartalspaket (= mein Weihnachtsgeschenk)
4) drei Monate Fernsehverbot und
5) Aushang als »Negative SG« an der Wandzeitung, die auf dem Südflügel hängt

Absolut lächerlich! Wenn sie glaubt, dass mir diese Bestrafungen weh tun, hat sie sich geirrt. Ihre »Erziehungsmaßnahmen« kann sie sich sparen. (Wozu brauche ich überhaupt eine »Erzieherin«?? Und dann noch diese sinnloszynischen Wandzeitungen im ganzen Vollzug mit Sprüchen wie: »Je größer die Forderungen an den Menschen sind, um so größer ist seine Achtung!« Das interessiert doch hier absolut niemanden!)

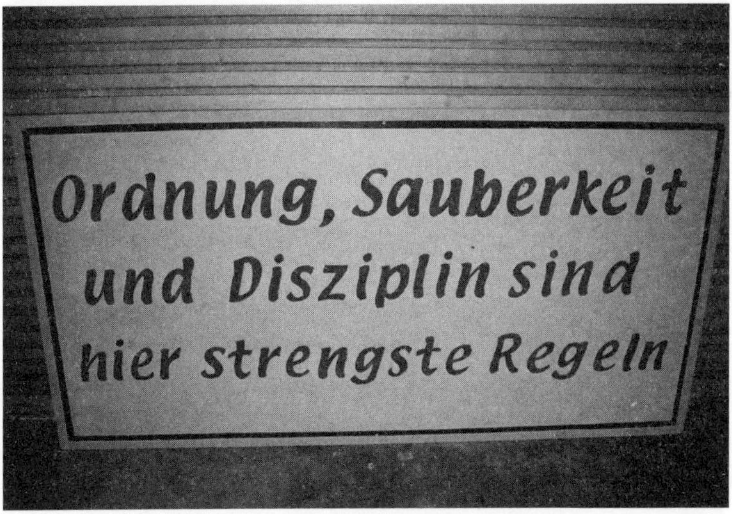

Zum Schluss hat sie mir aber noch die Zwangszuführung angedroht, wenn ich beim nächsten Mal nicht zum PAG gehe. Auf Schlagstock und Knebelkette bin ich nicht scharf... Naja, auf jeden Fall habe ich mit dieser Aktion eins erreicht: sie weiß jetzt hoffentlich, dass aus mir nie eine linientreue Strafgefangene wird, die auf den Paragraphen

349[60] spekuliert. Ich bin hier nur aus einem Grund – die Ausreise aus der DDR.

Donnerstag, 17. November 1988: Alltägliches

Jetzt wird es langsam kalt. Hier hat es schon zwei Mal geschneit, aber liegengeblieben ist der Schnee noch nicht. Zum Glück ist inzwischen Muttis Schuhpaket eingetroffen. Die warmen Strumpfhosen und die Schuhe kann ich jetzt sehr gut gebrauchen.
Bis Weihnachten sind es nur noch sechs Wochen. Die Zeit vergeht so schnell. Ich habe schon richtig Angst vor den Weihnachtsfeiertagen. Ein Weihnachtspaket darf ich wegen meiner PAG-Weigerung nicht bekommen. Die können sich ihren Paketschein an den Hut stecken! Ich will gar nichts haben. Für mich wäre es sowieso kein schönes Fest, also fällt es aus. Die einzige Freude, die ich im Moment habe, ist der kommende Sprecher am 3. Dezember. Ansonsten kann man alles vergessen.

Freitag, 25. November 1988: Freizeitgestaltung

Zum Fernsehen durfte ich hier bisher noch nicht gehen, da meine Bestrafungsphase noch nicht abgeschlossen ist, und so muss ich meine freie Zeit anderweitig totschlagen. In der Zelle haben wir immerhin ein paar Spiele. Schach, Halma, Mühle, Dame, und Mensch-ärgere-dich-nicht. Manchmal spiele ich Schach mit Margret. Karten haben wir auch, obwohl es eigentlich im Zuchthaus verboten ist. Bärbel hatte jedoch vor einigen Jahren mal welche als Auszeichnungsprämie bekommen. Mit Andrea und Manu spiele ich an den Wochenenden hin und wieder Skat. Andrea ist ziemlich gut, ich kann sicher noch einiges von ihr lernen.
Ansonsten gibt es noch die Möglichkeit zu lesen. Gabi hat die Zeitung »Junge Welt« abonniert, die ich meistens auch lesen darf. Zusätzlich gibt es täglich das Kommunistenblatt »Neues Deutschland«. Das ND liegt aber meist

60 § 349 StGB beinhaltet die vorzeitige Entlassung einschließlich Aussetzung der Haftstrafe auf Bewährung.

nur so in der Zelle herum. Es interessiert niemanden und wird höchstens als Lockenwickler benutzt. Naja, und dann haben wir natürlich noch die Bücher.
Die beste Freizeitgestaltung ist und bleibt in Hoheneck aber das Schlafen. Wenn ich von der Arbeit komme, fallen mir oft schon die Augen zu. An Lesen ist da nicht mehr zu denken. Nur die Wochenenden sind unendlich langweilig. Wenn man sich wenigstens mit anderen Politischen treffen könnte! Hier sind wir aber im allgemeinen Vollzug, d.h. die Türen sind ständig dicht. Nur zum Essen, zur Freistunde oder zum Arbeiten werden wir aus der Zelle herausgeschlossen.

Samstag, 26. November 1988: Die AFFA-Affäire

Gela, die an der Nähmaschine vor mir sitzt, hat gestern in der Mittagspause von verschiedenen Aktionen erzählt, die sie unter anderem in Leipzig mit ins Leben gerufen hat. Weil man sie, ihren Mann und ihre Freunde nicht ausreisen lassen wollte, haben sie eine »Aktion für friedliche Ausreise« (AFFA) gestartet, mit Demos usw. Als sie so erzählte, kam irgendjemand auf die Idee, das gleiche hier in Hoheneck zu versuchen. Soldi, Gamasche, Gela und Ramona schrieben sich daraufhin mit Tusche die Buchstaben AFFA an die Schläfen. Margret hatte mich zum Glück gewarnt da mitzumachen, denn schon kurze Zeit später gab´s großen Ärger! Alle Beteiligten wurden sofort zur »Erzieherin« bestellt und verwarnt. Es wurde auch Nachschlag[61] angedroht. Angeblich wegen Meuterei.
Darauf stehen laut StGB für Rädelsführer bis zu zehn Jahre.[62] Weil schließlich eine Schuldige gefunden werden musste, steckte man Gamasche kurzerhand in den Arrest. Dabei hat sie noch nicht einmal einen Ausreiseantrag gestellt! (Warum sie bei der ganzen Sache überhaupt mitge-

61 Haftverlängerung
62 Zitat § 236 StGB: »Ein Inhaftierter, der sich mit einem oder mehreren Inhaftierten zusammenschließt, um den mit der Bewachung [...] Beauftragten Widerstand zu leisten, [...] wird mit Freiheitsstrafe bis zu 5 Jahren bestraft. [...] Der Versuch ist strafbar. Rädelsführer werden mit Freiheitsstrafe von zwei bis zu zehn Jahren bestraft.«

macht hat, ist mir schleierhaft.) Gela schrieb zwar sofort eine Beschwerde an die StVE-Leitung[63], aber bisher gab es noch keine Reaktion. Dafür herrscht jetzt bei uns in der Zelle der Ausnahmezustand. Bärbel ist kurz vorm Durchdrehen, weil ihr »Bienchen« (Gamasche) völlig unschuldig im Keller sitzt. Momentan hat sie einen wahnsinnigen Hass auf Gela...

Dienstag, 29. November 1988: Arrestzellen

Wieder ist es Abend. Die letzten Nächte waren sehr unruhig. Vielleicht liegt es am Vollmond, dessen helles Licht direkt auf mein Bett fällt. Meine Gedanken fliegen oft durch das Gitter nach draußen... Was ist das nur für ein Leben!? Diese brutale Zuchthausatmosphäre... Überall nur Destruktivität, Hoffnungslosigkeit, Verzweiflung, Kälte. Nur durch Verdrängung kann man das einigermaßen ertragen. Aber ganz abschalten lässt es sich eben doch nicht und nachts kommt alles hoch. Wie lange noch?
In den Arrestzellen schreien die Angeketteten, dass es im ganzen Treppenhaus schallt. Schaurig! Wenn es zu laut wird, laufen ein paar Wachteln des Rollkommandos[64] in den Keller. Schlüsseln... ein paar dumpfe Knüppelhiebe... Ruhe. Und die Hunde kläffen dazu, unten vor dem Fenster.

Es muss schrecklich sein im Arrest. Schnur, mein Anwalt, hat mich ausdrücklich davor gewarnt und ich will es auch nicht darauf anlegen, da unten im Bau zu landen. Knast im Knast! Von den Langstrafern habe ich mir erzählen lassen, wie es ist, wenn man 21 Tage »Fetten« absitzen muss. Dagegen ist unser Dasein hier oben paradiesisch... Im Keller herrscht absolute Isolation. Das Essen ist mies (meist Brot, Margarine und Marmelade, nur alle drei Tage etwas Warmes), man darf nicht rauchen (ein Alptraum für jeden Raucher!) und es gibt weder Zeitungen noch Bücher (ohne

63 Strafvollzugseinrichtung
64 Gefürchteter Schlägertrupp in Hoheneck. Das Rollkommando setzt sich fast nur aus weiblichem Personal zusammen.

Bücher... das wäre mein Alptraum!). Ganz allein muss man zum Hofgang auf den Außenhof. Die Arrestleute bekommen auch andere Kleidung als wir. Eine Spezialkluft, so eine Art Schlosser-Overall aus dünnem, blauem Stoff. Das Schlimmste sind aber die Zellen. Als ich noch im Zugang war, habe ich mal eine von diesen Zellen gesehen. Vor den vergitterten Fenstern sind Sichtblenden angeschraubt, so dass es immer dunkel ist. Innen sind die Zellen durch ein Gitter zweigeteilt. Im hinteren Teil der Zelle sind die Toilette und die Pritsche, die tagsüber hochgeklappt und an der Wand festgeschlossen wird. Im vorderen Teil gibt es nur ein kleines Waschbecken und ein Brett, das an der Wand befestigt ist. Das Brett dient als Hocker. Diejenigen, die als gewalttätig gelten oder suizidgefährdet sind, werden an Händen und Füßen auf dem Fußboden angekettet. An jeder Tür kennzeichnen kleine, farbige Rechtecke zu welcher Kategorie die jeweilige Strafgefangene gehört. Blau steht für psychisch gestört, gelb bedeutet gewalttätig und grün suizidgefährdet.

Will man die Toilette benutzen, muss man das Personal darum bitten, das Innengitter aufzuschließen. Oft haben die Wachteln aber keine Lust und lassen sich stundenlang nicht blicken. Im Keller ist es außerdem sehr kalt. Wer den Arrest überstanden hat, muss meistens danach erst einmal in die Krankenstation, um sich von den Torturen zu erholen.

Gamasche tut mir leid. Sie sitzt jetzt im Keller wegen dieser AFFA-Geschichte. Hoffentlich passiert ihr nichts. In ihrem Knastleben hat sie schon zwei Suizidversuche hinter sich. Beim zweiten Mal wurde sie angekettet, nachdem sie versucht hatte, sich mangels Messer die Pulsadern durchzubeißen... In unserer Zelle haben wir für sie gesammelt: Zigaretten und Süßigkeiten. Bärbel kennt ein paar Langstrafer, die als Kalfis im Arrest das Essen austeilen. Einmal ist es uns schon gelungen, Zigaretten und Streichhölzer nach unten zu schmuggeln. Im Gegenzug hat Bärbel einen Kassiber von ihrem »Bienchen« erhalten. Seit Gamasche im Arrest sitzt, leidet Bärbel ohne Ende. Sie isst kaum etwas und ist nur noch niedergeschlagen. Ich wünschte, ich könnte ihr irgendwie helfen.

Mittwoch, 30. November 1988: Brief

Liebe Mutti, liebe Britta, lieber Holm!

Danke für Euren letzten Brief. Ich kann Euch leider von mir nichts Neues berichten – es ist ja hier immer dasselbe... Inzwischen hat der Winter Einzug gehalten. Vor kurzem war alles ganz weiß – ich schätze es lagen 8-10 cm Schnee. Jetzt, wenn es so kalt ist, trinke ich jeden Morgen eine Tasse heißen Kakao (Kakao- und Milchpulver). Kaffee ist hier absoluter Luxus. Meine Vitaminvorräte schrumpfen auch zusehends zusammen. Ich wollte mir Multi-vitamin-Tabletten kaufen, aber es gibt schon längere Zeit keine mehr. Naja, bald wird alles besser. Nun habe ich bald den 9. Monat hinter mir und bin auch schon ein Vierteljahr auf Hoheneck. Wie die Zeit vergeht! Bis zum Sprecher am Samstag, Eure Birgit!

Freitag, 2. Dezember 1988: Spanner

Margret und ich verstehen uns immer besser! Im Speisesaal sitzt sie jetzt sogar an meinem Tisch. Wir sind richtig gute Freundinnen geworden und sind jetzt, was man hier im Knast »Spanner« nennt. Das heißt, wir teilen alles miteinander und schlagen uns als Team durch. Seit Rocky das weiß, lässt sie mich mit ihren fiesen Bemerkungen und Drohungen auch weitgehend in Ruhe. Gott sei Dank! Witzigerweise wurden Margret und ich von verschiedenen Frauen gefragt, ob wir Mutter und Tochter wären. Zum Spaß haben wir »ja« gesagt und viele haben uns das auch abgenommen. Also bin ich jetzt sozusagen Margrets 'Knast-Tochter'. Wie alle Gefangenen in Hoheneck musste sie sich inzwischen einen Spitznamen zulegen. Sie hat sich für 'Bärchen' entschieden, aber ich nenne sie trotzdem meistens Margret.

Wir verstehen uns blendend und sie kümmert sich rührend um mich, ganz wie eine Mutter. Auf dem Freihof laufen wir immer gemeinsam unsere Runden. Wir haben da inzwischen eine Routine: zuerst raucht Margret in der Raucherzone ihre Zigarette; ich unterhalte mich in der Zwischenzeit mit Hanny oder Erika. Anschließend laufen Margret und ich im Uhrzeigersinn auf dem Hof entlang, bis das Kommando zum Ablaufen gegeben wird. Es ist wichtig hier jemanden wie Margret zu haben. Im 'Zweierpack' ist man nicht so leicht angreifbar - eine ist für die andere da.

Samstag, 3. Dezember 1988: Wochenende

Endlich wieder Wochenende! Wir können den ganzen Tag über den Lautsprecher in unserer Zelle Musik hören. Zwar sind das in der Regel irgendwelche deutsche Schnulzen (Nicole, Roger Whitaker usw.), aber immerhin. Die Zeit in der U-Haft ohne Musik hat mich ganz wahnsinnig gemacht.

Gamasche ist aus dem Arrest nicht mehr zu uns zurückgekommen. Sie wurde ins ESDA-Kommando verlegt und Bärbel ist am Boden zerstört. In den letzten Wochen hat sich Bärbel immer mehr um meine Freundschaft bemüht. Sie braucht jemanden zum Reden. Naja, ich konnte schon immer ganz gut zuhören... Seltsam finde ich es aber schon, Gamasches Liebesbriefe an Bärbel zu lesen. Bärbel besteht jedoch darauf. Also gut. - Gleich habe ich Sprecher... ich freue mich schon total darauf.

Montag, 5. Dezember 1988: Manu geht auf Transport

Aufgrund ihrer Beschwerde an die Strafvollzugsleitung wurde Gela vor drei Tagen zur Pseudo-Knastpsychologin, Major Forberg, bestellt. Die hat ihr, wahrscheinlich auf Drängen der Stasi, nochmals Nachschlag angedroht. Doch dann geschah das Unglaubliche: heute wurde Gela in den Westen abgeschoben!!!! Und Manu war diesmal auch dabei. Endlich! Erst letztes Wochenende hatten wir über eventuelle Transporte geredet. Manuela war so mutlos. Gela hatte ihr an jenem Abend die Karten gelegt und daraus die baldige Freilassung »herausgelesen«. Und nun ist sie wirklich auf Transport gegangen! Als hätten die Karten Recht gehabt... (was natürlich Blödsinn ist!). Zusammen mit Gela und Manu wurden noch drei weitere Frauen auf Transport geschickt: Karin K., Ingrid R. von unserem Kommando und Martina S. von ESDA. Für Karin freut es mich

besonders. Eigentlich kenne ich sie gar nicht, aber ich werde nie vergessen, wie ich sie in Hoheneck zum ersten Mal sah. Es war im Speisesaal. Karin lief an unserem Tisch vorbei, ohne nach rechts oder links zu schauen. Wie ferngesteuert und mit glasigen Augen. Evelyn sagte: »Das is´ och ´ne Politische. Kennste die? Sie heißt Karin. Ick gloobe, ihr Mann sitzt och. In Brandenburg.«
»Was ist denn mit ihr los? Sieht aus, als ob sie unter Drogen steht.«
»Die hatte hier ´nen Nervenzusammenbruch. Kam mit ´n paar LLern nich´ so janz klar. Die müssen se ziemlich fertig jemacht ham. Sie war och kurz mal im Arrest deswegen. Und jetz muß se ständig Tabletten nehmn. Die kann eem richtig leid tun.« Jetzt sind Karin[65] und die anderen also auf dem Weg in die Freiheit! Sie haben es geschafft...

Mittwoch, 7. Dezember 1988: Erstes Gehalt

Ich bin so froh, dass ich damals den Antrag auf Verlegung in das Kommando Planet III nicht gestellt habe! Monika, eine Politische auf Planet III, hat mir von Manus ehemaliger Zelle erzählt. Es muss die Hölle sein! Ich wäre vom Regen nur in die Traufe gekommen. Sonja, eine Kriminelle aus dieser Zelle, verbreitet überall Gerüchte über Manu, die sich jetzt nicht mehr dagegen wehren kann. Und nun, da Manu nicht mehr da ist, säße ich dort völlig allein und wäre den LLern ausgeliefert. Hier habe ich wenigstens Margret!
Inzwischen gab es das erste Gehalt. Statt der achtzig Mark, die ich mir im letzten Monat erarbeitet habe, erhielt ich dank Straf-Einkaufsreduzierung nur zwanzig Mark. Draußen würde ich bei gleicher Arbeit knapp 900 Mark im Monat verdienen, das habe ich auf der Lohnliste gesehen. Von diesem Gehalt bekommen die Strafgefangenen im Zuchthaus aber nur 18 %, etwa 160 Mark. Der Rest wird vom Staat für 'Unterkunft und Verpflegung' einbehalten!! Aber

65 Wie ich später der Zeitschrift Stern entnahm, beging Karin K. kurz nach ihrer Ausreise in die Bundesrepublik am 25. November 1988, als Folge ihres Hafttraumas, Selbstmord.

auch über die 160 Mark kann man nicht frei verfügen. Etwa die Hälfte davon geht auf ein Sparkonto – für das Leben nach dem Knast. Das was noch übrig bleibt wird zu 50 % genutzt, um Schulden abzuzahlen (die hat hier fast jede der Frauen) bzw. es geht als Unterhaltsgeld an die Kinder. Viele Frauen bekommen in Hoheneck nur 20 oder 30 Mark im Monat! Ohne Schulden und Kinder gehöre ich damit bei ca. 80 Mark Verdienst zu den Spitzenverdienerinnen. Das Gehalt wird im Zuchthaus in Knastwährung ausgezahlt. Es handelt sich dabei um Gutscheine zwischen zwanzig Mark und einem Pfennig als kleinste Einheit. Es sieht aus wie Spielzeuggeld. Mit diesem Geld kann man in einem speziellen Knastgeschäft einkaufen. Der Laden ist allerdings nur zu bestimmten Zeiten während der Freistunde über den Innenhof zugänglich. Zu kaufen gibt es dort hauptsächlich Kleinigkeiten wie Tee, Süßigkeiten, Tabak, Schreibpapier, Stifte, Seife und dergleichen. Ab und zu gibt es auch Obst und einmal wöchentlich kann von jeder VR-Ältesten eine Kuchenbestellung für die Zelle aufgegeben werden.

Produktionsräume (2. OG: ESDA-Produktion, 3. OG: Planet-Näherei)

Freitag, 9. Dezember 1988: Adventsbrief

Liebe Mutti, Britta und Holm!
Wie habt Ihr den 2. Advent verbracht? Ich habe lange geschlafen und nachmittags eine Tasse Kaffee getrunken und Mohnstollen gegessen. Auf dem Tisch steht Euer Blumenstrauß vom letzten Sprecher – ein erfreulicher Anblick in dieser traurigen Zeit. Von weihnachtlicher Vorfreude ist hier natürlich nichts zu spüren. Aber auch das werde ich überstehen. Ich hoffe, dass wir zumindest den nächsten Sprecher im Februar nicht mehr in Anspruch nehmen müssen.
Liebe Grüße, Eure Birgit

Montag, 12. Dezember 1988: Stress mit meiner »Erzieherin«

Ines, meine Schulfreundin, hat mir geschrieben. Leider bekam ich ihre Karte aber nicht. Die Schombach teilte mir lapidar mit, dass ich keine Post von Personen erhalten dürfe, mit denen ich keine Schreiberlaubnis habe. Muttis Brief wurde auch beanstandet. Irgendwie ging es in dem Brief um Vati, und dass er in Brandenburg Probleme habe. Als ich fragte, ob es mit seiner Gesundheit zusammenhänge, wurde dies verneint. Das beruhigt mich ein wenig, obwohl ich trotzdem so unwissend bin wie zuvor. Nicht zu wissen, was mit Vati in Brandenburg passiert, macht mich ganz krank.
Die Schombach nervt mich in letzter Zeit immer mehr. Sie fühlt sich so unheimlich überlegen und versucht, uns durch ihre Willkürakte zu zermürben. Die drei Briefe, die ich jeden Monat nach Hause schreiben darf, schreibe ich immer mehrfach. Entweder kommt mein Brief nach einigen Tagen mit tausend Einwänden zurück (alles was ihr nicht passt, streicht sie mir rot an) oder er landet sofort in meiner Strafakte. Ich bekomme dann nur noch das leere Briefkuvert zurück. Jetzt bewahre ich mir von jedem geschriebenen Brief eine Abschrift auf, damit ich nicht jedes Mal wieder bei Null anfangen muss. Manchmal schreibe

ich aber auch ganz bewusst provokative Dinge in meinen Brief, um die Schombach zu ärgern. Sie soll ruhig wissen, woran sie mit mir ist.

Samstag, 17. Dezember 1988: Sonderschicht

Heute, am Samstag, ist eine freiwillige Sonderschicht angesetzt. Margret und ich sind natürlich aus Prinzip nicht hingegangen. Das wäre ja noch schöner: freiwillig für die Kommunisten schuften! Die anderen aus der Zelle sind aber alle brav zur Arbeit getrottet. Schließlich soll es Schwarztee und ein Stück Kuchen gratis geben, sowie fünf Mark. Zum Glück bin ich weder teeabhängig, noch auf das Geld angewiesen.
Margret und ich waren also den ganzen Vormittag allein in der großen Zelle. Zuerst einmal haben wir uns nach dem Ablaufen unseres Kommandos wieder hingelegt und noch ein paar Stündchen geschlafen. Später gab´s Frühstück und dann machten wir uns daran, die Zelle zu putzen. Fegen, wischen, Dielen blockern, Spiegel putzen, Bärbels Blumen gießen – das Übliche. Gegen Mittag wurden wir zum Essen in den Speiseraum geschlossen und anschließend, wieder in der Zelle, hatten wir viel Zeit für uns. Endlich mal Ruhe in der Zelle! Wir wollten gemütlich einen Kaffee trinken und stellten dabei fest, dass der Nescafé, den Margret kürzlich in ihrem Weihnachtspäckchen erhielt, in rasantem Tempo abgenommen hatte. Margret war sich sicher, dass uns jemand in der Zelle bestahl. Wer aber könnte die Diebin sein und vor allem, wann sollte das passiert sein? Wir waren doch immer alle in der Zelle... Es konnte also nur nachts geklaut werden, wenn alle schliefen. Jetzt wollen wir das Glas samt Inhalt kennzeichnen und besser aufpassen.
Als unsere Leute zurück in die Zelle kamen, war es später Nachmittag. Viele hatten eine Tasse Kaffee in der Hand, den sie sich unten im Speisesaal noch schnell aufgebrüht hatten.

»Da habt ihr aber ´was verpasst! Es gab soviel Tee wie man trinken wollte und die Schokoladentorte... Hmmmmm.« Trilli verdrehte schwärmerisch die Augen. Dann stellte sie ihre Tasse auf den Tisch und setzte sich zu uns, um eine selbstgedrehte Zigarette zu rauchen. Ich dachte, ich traue meinen Augen nicht als ich Trillis Kaffee sah! Nescafé!! Das konnte ich eindeutig am Schaum des Tassenrands erkennen. Niemand sonst in der Zelle besaß löslichen Kaffee. Es war also klar, dass Trilli die Diebin war. Das ist ja wohl das Allerletzte!! Zu stehlen, obwohl wir alle kaum ´was besitzen und alle 'Schätze' genauestens eingeteilt werden. Und dann diese Unverfrorenheit vor unserer Nase den geklauten Kaffee zu schlürfen!
Ein Blick von mir genügte, und Margret wusste was los war. Aber wir konnten nicht hundertprozentig beweisen, dass Trilli tatsächlich den Kaffee gestohlen hatte. Außerdem würde sie alles abstreiten und wir wären am Ende die Dummen. Als 'Zwodreizehner' haben wir in dieser Zelle sowieso nichts zu lachen. Wir könnten höchstens versuchen mit Bärbel zu reden. Am besten unter vier Augen, irgendwann.

Dienstag, 20. Dezember 1988: Freundinnen

Was wäre ich ohne Margret? Sie ist wahrlich ein Geschenk Gottes. Mit ihrer Fröhlichkeit schafft sie es immer wieder mich hochzureißen, wenn ich ganz am Boden bin. Margret ist auch bei den Kriminellen beliebt wegen ihrer freundlich-fröhlichen Art. Sogar die blöde Rocky versucht sich einzuschleimen. Unglaublich!
Trotz der zwanzig Jahre Altersunterschied ist Margret für mich wie eine gleichaltrige Freundin. Ich habe das Gefühl, dass ich mit ihr über alles reden kann und dass sie mich versteht. Ihr kann ich vollkommen mein Herz ausschütten, Schwäche zeigen. Gleichzeitig bemühe ich mich, ihre Probleme zu verstehen, die im Zusammenhang mit ihrer Scheidung stehen. Dabei behandelt sie mich wie eine Gleichaltrige, obwohl meine Lebenserfahrung, besonders

was Männer betrifft, kaum ins Gewicht fällt. Alles was ich tun kann, ist zuzuhören.

Donnerstag, 22. Dezember 1988: Brief

Liebe Mutti,
Vati schrieb mir, dass es ihm nicht gut gehe... Sicher ist er enttäuscht, dass nichts passiert. Natürlich ist es schlimm, Weihnachten in einer Strafanstalt verbringen zu müssen. Von Weihnachten kann ja gar keine Rede sein. Ich ignoriere deshalb alles, was mit Weihnachten zu tun hat... Ich wünsche uns aber für das Jahr 1989, dass es ein Jahr der Freiheit und des Neubeginns sein möge. Man könnte vielleicht denken, das Jahr 1988 hat mir bzw. uns nur Unglück gebracht. Aber man darf neben dem Leid auch die neuen Erfahrungen und Erkenntnisse nicht außer acht lassen. Ich habe viele neue Leute kennengelernt, auch echte Freunde, und dafür bin ich dankbar. Jetzt weiß ich erst, was es heißt zu leben. Ich sehe auch die Natur und die Umwelt mit anderen Augen. Einmal mehr wurde mir bewusst, was es heißt ein gutes Elternhaus zu besitzen und eine schöne Kindheit gehabt zu haben. Wie viele Frauen hier haben so etwas nie kennengelernt und sind ohne Liebe ausgewachsen!
Bitte schreibt Vati, dass er sich voll und ganz auf mich verlassen kann: ich bleibe stark, egal wie lange es noch dauert.
Gott schütze Euch, Eure Birgit.

Freitag, 23. Dezember 1988: Das schönste Geschenk

Rocky packt heute ihre Sachen (Hallelujah!) und zieht in den Verwahrraum W III/5 zu ihrer geliebten Elvis. Danke Gott, dass Du meine Gebete erhört hast!! Für mich ist dies das schönste Weihnachtsgeschenk! Endlich Ruhe vor dieser Hyäne. Margret ist auch froh, dass Rocky endlich weggeht. Wie Rocky es allerdings angestellt hat, um ausgerechnet in diese Zelle verlegt zu werden, würde ich zu

gern wissen. Wird das Lesbisch-Sein hier gefördert? Geht man einfach zur »Erzieherin« und sagt: »Ich will in den und den Verwahrraum gelegt werden, weil dort meine Mieze wohnt«? Moritz wurde auch aus der Küche zu ihrer Kirsche verlegt. Dagegen kommen Leute, die in ihren Zellen Probleme haben, zusammengeschlagen werden usw. nicht aus ihren Zellen raus, weil es das Wachpersonal und die »Erzieher« nicht interessiert. Typisch! Die Bullen wollen doch im Grunde nur eins: Ruhe auf dem EB[66]. Mit diesen Verlegungen verhindern sie wahrscheinlich so manchen Krawall.
Naja, vielleicht ändert sich aber die Zellenzusammensetzung ohnehin in Kürze wieder. Die Schombach hat den Umzug unseres ganzen Kommandos in den Südflügel angekündigt. Das Ganze soll Anfang nächsten Jahres über die Bühne gehen. Ich kann nur hoffen, dass Margret und ich dann nicht auseinandergerissen werden.

Samstag, 24. Dezember 1988: Weihnachten hinter Gittern

Gibt es etwas Schlimmeres als Weihnachten im Knast? Jedes Jahr habe ich Weihnachten zu Hause verbracht und nun sitze ich hinter Gittern. Das ist wirklich das Schrecklichste, was man sich überhaupt nur vorstellen kann. Ginge es nach mir, würde ich die ganze Zeit nur schlafen. Das Gedudel der Weihnachtsmusik geht mir auf die Nerven. Diese ätzenden Weihnachtslieder aus dem Erzgebirge! »Mei Aarzgebirg, was bist du schee...« Ich könnte echt kotzen. Seit Tagen dröhnt es so aus den Lautsprechern und wir können‘s nicht mal ausschalten. Am liebsten würden wir die dröhnende Kiste kurz und klein schlagen. Jetzt haben wir mit einem Gummi ein Kissen davor gebunden, denn die Lautstärke ist nicht mehr zum Aushalten. Ich glaube, die Wachteln machen das nur, um uns zu schikanieren.

---

66 Erziehungsbereich

Nach dem Frühstück tauchte heute im Speisesaal plötzlich der Leiter des Strafvollzugs auf, ein gewisser Wolfgang Veit, und wünschte uns frohe Weihnachten. Der blanke Hohn! Jede SG bekam vom Zuchthaus einen kleinen, knochenharten Stollen, ein Päckchen überlagerte Kekse und eine Kubaorange geschenkt. Na, wenn das keine tollen Weihnachtsgeschenke sind!
Nichts erinnert hier an Weihnachten, rein gar nichts. Kerzen haben wir natürlich auch keine, wegen der Brandgefahr. In den Nachbarzellen haben sich einige ihre eigenen Kerzen aus leeren Cremedosen, Bindfaden und Schuhcreme bzw. Bohnerwachs gebastelt. Streng verboten das Ganze – man darf sich nicht erwischen lassen. Das Razzkommando ist besonders in diesen Tagen ständig unterwegs. Ich bin gespannt, wie lange mein Strauß aus Tannenzweigen (noch vom letzten Sprecher gerettet!) und unsere gebastelten Weihnachtssterne aus Schokoladenfolie überleben.

Mittwoch, 28. Dezember 1988: Jahresende

Weihnachten haben wir nun überstanden. Jetzt geht es mit großen Schritten dem Jahresende entgegen. Mir kam hier alles gar nicht wie Weihnachten vor, sondern wie ein langes, arbeitsfreies Wochenende. Am Heiligen Abend waren wir im Kinosaal (»Männer« von Doris Dörrie), eine willkommene Ablenkung. Die meisten haben vom Film aber nicht viel mitgekriegt und sich lieber mit ihren Miezen beschäftigt.
Am 1. Weihnachtsfeiertag war ich dann beim Gottesdienst. Es war wieder schön, obwohl ich jetzt ganz allein zum Gottesdienst gehe. Der nette Pfarrer machte mir mit seiner Predigt Mut. Zum Abschied hat er mir sogar eine Orange schenken dürfen.
Von Freundinnen hier in Hoheneck habe ich zum Fest Süßigkeiten bekommen. Außerdem hatten wir Stollen und Kaffee. – Jetzt bin ich heilfroh, dass alles vorüber ist. Nie hätte ich mir träumen lassen, einmal ein Weihnachtsfest in einer solchen Umgebung verbringen zu müssen! Silve-

ster macht mir nichts aus; da werde ich wahrscheinlich mit den anderen zum Fernsehen gehen.
Ich mache mir momentan große Sorgen um Vati. Er hat sich schon so lange nicht mehr gemeldet. Ob er krank ist?

Sonntag, 1. Januar 1989: Silvester überstanden
Silvester habe ich gut über die Runden gebracht. Wir (circa dreißig Frauen, auch einige von Planet III) waren auf dem Flur des Westflügels und haben ferngesehen. Um Mitternacht stießen die Politischen mit Apfelsaft an. Vor allem haben wir uns gegenseitig natürlich Freiheit gewünscht. In Gedanken war ich auch daheim und bei Vati in Brandenburg. Ich bin davon überzeugt, dass das neue Jahr für unsere Familie und alle anderen Familien in gleicher Situation ein glückliches Jahr wird... Zehneinhalb Monate Haft sind schon überstanden. Lange kann es jetzt wohl nicht mehr dauern.
Der nächste Sprecher in Brandenburg ist am 28. Februar, also genau an meinem Geburtstag. Aber ich hoffe, dass ich nicht so lange warten muss, um Vati wiederzusehen.

Mittwoch, 4. Januar 1989:
Umzug in den Südflügel, VR 74
Der große Umzug in den Südflügel hat begonnen. In den letzten Tagen haben wir alle unsere Bündel geschnürt und heute war es dann soweit: wir wurden in die neuen Zellen aufgeteilt. Es gab zum Glück keine großen Veränderungen – ich bin noch immer in Bärbels VR, zusammen mit Margret. Die Zellen sind allerdings wesentlich kleiner als auf dem Westflügel. Während wir früher zu elft oder zwölft 44 Quadratmeter bewohnten, sind es jetzt auf Süd IV nur noch maximal 30 Quadratmeter für insgesamt zehn Frauen.

Also drei Quadratmeter pro Person (Betten, Schränke etc. eingeschlossen). Es gibt noch nicht einmal einen Stuhl für jede von uns und nur drei kleine Fenster. In der Zelle stehen fünf Doppelstockbetten, dicht an dicht. In der linken Ecke der Zelle haben wir – Margret, Andrea, Trilli und ich – uns einquartiert, in den mittleren Betten sind die weniger populären Zellengenossinnen untergebracht und auf der rechten Seite haben Bärbel und Manu das Wandbett

Süd IV – meine Zelle (74) ist die zweite Tür auf der rechten Seite

belegt. Ja, inzwischen habe ich tatsächlich den Sprung in die »VR-Elite« geschafft, wenn man das so nennen will. Bärbel hat mich in ihren Kreis eingeschlossen. Ich muss auch nicht mehr so lange warten, um mich im 'Naßteil' waschen zu dürfen, sondern kann inzwischen direkt nach Bärbel den Waschraum betreten. Was für ein Privileg!
Apropos Waschraum: jeweils zwei Zellen sind jetzt durch das 'Naßteil' miteinander verbunden. Das bedeutet, dass wir uns nun den Waschraum zu zwanzigst teilen müssen. Jeweils drei kleine Waschbecken pro Zelle und nur zwei Toiletten für zwanzig Frauen! Wie das morgens funktionieren soll, ist mir ein Rätsel.
Unsere unmittelbaren Nachbarn in der anderen Durchgangszelle sind ganz nett. 'Tanne' (Gabi T., auch eine Politische) können Margret und ich von nun an immer im

Waschraum treffen. 'Omi', die ehemalige KZ-Aufseherin, ist ebenfalls nebenan, so dass ich hoffentlich in Zukunft etwas mehr über sie erfahren kann. Dann wären da noch zwei Pärchen (Andrea und 'Hörnchen' bzw. Monika und Claudia), die dicke Inge (wurde von uns dahin abgescho-

Waschraum für 20 Frauen

ben), Christel, Eva und Gerda. Rocky ist zum Glück weit weg, auf der anderen Seite des Ganges. Große Erleichterung!

Der Ausblick ist mittlerweile fast idyllisch. Ich habe jetzt ein Bett direkt unter dem Fenster, mit Blick aufs Hinterland. Nun kann ich die Hunde sehen, die laut bellend im Mittelstreifen zwischen Elektrozaun und Betonmauer umherlaufen. Das Kulturhaus der Bullen steht auch genau vor unserem Fenster.

Dienstag, 10. Januar 1989: Zensur

Aaaargh, ich hasse diese Frau!!! Schon wieder hat die Schombach Briefe einbehalten, die für mich bestimmt waren. Die meisten stammen von Vati. Geht es denn in Brandenburg bei den Postkontrollen liberaler zu? Es darf doch nicht wahr sein, dass sogar von Zuchthaus zu Zuchthaus

Briefe beanstandet werden! Wenn die Schombach gutgelaunt ist – was selten genug vorkommt – dann liest sie mir auch mal einen oder mehrere Sätze aus den beanstandeten Briefen vor. Aber das ist ja immer mit Arbeit für sie verbunden...
Die Krönung ist jedoch, dass selbst Anwaltspost einbehalten wird. Heute wedelte sie mit einem Brief von Anwalt Schnur vor meiner Nase herum. Es waren mindestens zwei Seiten, Maschine geschrieben. Vorgelesen hat sie mir die letzten drei Zeilen: Grüße an mich und das Versprechen, sich in unserer Angelegenheit einzusetzen. Ich war auf hundertachtzig! Was bildet sich diese Schnepfe eigentlich ein? Sofort im Anschluss an diese Szene habe ich einen Beschwerdebrief an den Anstaltsleiter abgeschickt. Ich bin gespannt, ob ich darauf eine Antwort erhalte.

Freitag, 13. Januar 1989: Das Razzkommando

Freitag der Dreizehnte, und wir hatten prompt eine Razzia in unserer Zelle, während wir auf der Arbeit waren. Und das in der Spätschicht, wenn wir todmüde sind und nach dem Einrücken nur noch ins Bett wollen! Das Razzkommando hat sich besondere Mühe gegeben: es sieht aus, als hätte eine Bombe eingeschlagen. Die Wäschesäcke wurden ausgekippt und die Schmutzwäsche liegt nun kunterbunt verstreut in der Zelle. Alle Schränke wurden durchwühlt – der zentimetergenaue Schrankbau ist dahin. Teilweise liegen die Matratzen und Decken auf dem Fußboden. Auch der Inhalt des Mülleimers wurde im Waschraum ausgekippt. Das Schönste aber sind die Stiefelabdrücke auf der Bettwäsche! Wahrscheinlich ist das Rollkommando mit ihren dreckigen Stiefeln auf unseren Betten herumgetrampelt, um die Gitter abzuklopfen[67]. Grenzenlose Wut!!!!
Die Bullen haben bei Andrea einige Fotos mitgehen lassen, obwohl sie von der »Erzieherin« abgestempelt waren. Auch meine Briefe von daheim sind verschwunden. Nor-

67 Die Gitter vor den Fenstern wurden von Zeit zu Zeit mit einem Stück Metall abgeklopft. So wollten die Wärter überprüfen, ob eventuell Gitterstäbe angesägt und Fluchtversuche geplant wurden.

malerweise sollen wir alle Briefe, die älter als eine Woche sind, selbst vernichten. Aber wer bringt das schon über´s Herz? Das Rollkommando hat mit dem Vernichten jedenfalls keine Probleme. Hätte ich meine Briefe bloß mit zur Arbeit genommen!

Montag, 16. Januar 1989: Schreibgenehmigung

Muttis 22. Brief wurde mir nicht ausgehändigt. (Würden wir nicht alle Briefe selbst durchnumerieren, wüsste ich gar nichts von den einbehaltenen Briefen!) Ich nehme an, dass es wieder um Vati ging. Wenigstens kann ich jetzt selbst an Vati schreiben! Vor Weihnachten hatte ich noch einmal eine Schreibgenehmigung beantragt und nun wurde sie endlich doch genehmigt.
Jetzt dauert es nicht mehr lange und ich werde zwanzig (!!) Jahre alt. Wahnsinn! Hoffentlich können wir meinen Geburtstag gemeinsam in Freiheit feiern... Ich will mir lieber nicht vorstellen, wie es ist, im Zuchthaus Geburtstag feiern zu müssen.
In letzter Zeit habe ich die russischen Klassiker für mich entdeckt. Lew Tolstoi und Fjodor Dostojewski gefallen mir am besten. Leskow, Puschkin und Gogol sind aber auch ziemlich gut. Ein Zitat aus dem Puschkin-Lesebuch:

Hat das Leben dich betrogen, werd nicht zornig, trag nicht Leid! Harr in Demut aus die Zeit: einst kommt froh ein Tag gezogen. Herzen in die Zukunft spähen; ist auch die Gegenwart voll Bangen: alles läuft um zu vergehen und wird schön sobald´s vergangen.

Freitag, 20. Januar 1989: Sklavenarbeit

Ausbeutung ohne Ende! Die Zivilkräfte sind wie Sklaventreiber. Denen fehlt nur noch eine Peitsche in der Hand! Heute rannte die Römer einer von uns hinterher, direkt auf die Toilette. Da es hier keinen Pausenraum gibt, besteht die einzige Möglichkeit sich für ein paar Minuten auszuruhen darin, auf der Toilette eine Zigarette zu rauchen oder einen Kaffee/Tee zu trinken. Das Klo ist ein schlauchartiger Raum mit vergittertem Fenster und direktem Blick auf die Effektenkammer. Dahinter sieht man auch noch eine Straße, die sich aus Stollberg herausschlängelt. Oft schaue ich den Autos hinterher, die auf dieser Straße entlangfahren, bis ich sie aus den Augen verloren habe...

Es gibt in diesem »Pausenraum« nur drei Toilettenbecken (für etwa 35 Frauen!!) die, wie im Zuchthaus üblich, dicht nebeneinander stehen und nicht voneinander abgetrennt sind. Wenn man diesen Raum betritt, sitzen einige auf dem Klo und gleich daneben stehen die anderen und rauchen. (Besonders toll ist es, wenn man die Tage hat und alle um einen herumstehen!) Jetzt ging also die Tür auf, die Römer stürmte herein, starrte die Anwesenden an und schnauzte: »Strafgefangne R., komm Sä soford an Ihrn Orbeidsplads zurück. Sä sin´ schon länger als fünf Minuden hier draußen.« Dann knallte sie die Tür wieder zu. Was für eine Unverschämtheit! Noch nicht einmal die Pause für eine Zigarette wird uns hier gegönnt.

Meine Norm von 287 Bettbezügen schaffe ich inzwischen – trotz miserabler Arbeitsbedingungen. Arbeitsschutz? Ein

Witz! Ständig fliegen abgebrochene Nadeln durch die Gegend. Bisher habe ich Glück gehabt, aber nicht auszudenken, wenn so eine Nadel jemandem die Augen verletzt. An anderen Maschinen, drüben im Spezialband, soll es mit der Verletzungsgefahr sogar noch schlimmer sein. Meine Nähmaschine (eine Union) ist schon alt und klapprig. Ständig ist irgendetwas kaputt. Kein Wunder bei der Art und Weise wie hier gearbeitet wird. Die Maschinen stehen keine Sekunde still und laufen richtig heiß. Wenn unsere Nähmaschinen streiken, rufen wir in der Regel einen der zwei Mechaniker, die in jeder Schicht zur Verfügung stehen. Doch jeder Maschinenausfall bedeutet auch immer Zeitverlust und die Gefahr, die geforderte Norm nicht zu erfüllen.
Heute, kurz vor dem Ablaufen in die Zellen, hat plötzlich eine Schere gefehlt. Die Vorarbeiter müssen nach jeder Schicht alle Werkzeuge wie Feilen, Scheren etc. auf Vollständigkeit überprüfen und an die Vorarbeiter der nachfolgenden Schicht übergeben. Ulla 'Poldi' Jürss, die Ex-Aufseherin aus dem KZ Ravensbrück, ist eine dieser Vorarbeiterinnen bei Planet III. Sie hat sich tierisch aufgeregt wegen der blöden fehlenden Schere. Hat richtig Gift und Galle gespuckt! Damit wollte sie sich wohl wieder beim Bridscher oder den Lenkungskräften einschleimen. (Wenn man nicht aufpasst, kann einem diese Frau sogar gefährlich werden. Es ist bekannt, dass sie hier für die Stasi spitzelt und sich auch sonst so einige Privilegien an Land gezogen hat.) Zum Glück fand sich die Schere nach fast einstündiger Suche wieder an, nachdem die Ankunft des Razzkommandos angekündigt wurde. Jemand hatte die Schere einfach unter einem Stapel Bettwäsche liegen gelassen.

Mittwoch, 25. Januar 1989: Delikte

Es ist schon erstaunlich, welche Menschen man hier antrifft. Früher dachte ich, dass es in der DDR bei nur 17 Millionen Einwohnern nicht so viele Mörderinnen

geben könne. Irrtum! Die meisten LLer in Hoheneck sind Mörderinnen und Beziehungstäterinnen. Zu neunzig Prozent haben sie ihre eigenen Kinder umgebracht und das zum Teil auf die bestialischste Art und Weise. Auch bei uns auf dem Kommando gibt es sogenannte 'Kinderkiller': Ines, Benny, Hammer, Schildi und noch ein paar andere haben mindestens ein Kind auf dem Gewissen. Sie selbst reden nicht darüber, aber unter den Langstrafern ist allgemein bekannt, wer Kinder umgebracht hat. Kindermörder sind der Abschaum im Zuchthaus und werden in der Regel von den anderen gemieden.
Bärbel kennt hier alle LLer und ihre Delikte. In einer schwachen Stunde erzählte mir Bärbel einmal von ihrem eigenen Delikt. Sie sitze wegen Mittäterschaft bei einem Raub mit Todesfolge. Damals wollten zwei ihrer Kumpels in ein Juwelengeschäft in Dresden einbrechen. Der Eigentümer kam überraschend hinzu und einer der Typen hat ihn sofort umgebracht. Die anschließende Flucht verlief reibungslos. Ihrer Sache sehr sicher, war Bärbel am nächsten Tag erneut am Tatort, der mit Hunden abgesucht wurde. Als 'die Räuberbraut' machte sie sogar Schlagzeilen. Schließlich flog die Geschichte aber doch auf, weil einer der Kumpane plötzlich zuviel Geld ausgab und das fiel natürlich auf. Der zweite Komplize bekam Angst und war der Meinung, Bärbel hätte der Polizei den Tipp gegeben. Daraufhin lauerte er ihr auf, wollte sie töten und anschließend mit Salzsäure verschwinden lassen. Irgendwie ist ihm Bärbel entwischt. Kurze Zeit später verhaftete die Polizei aber die beiden, nachdem der zuvor inhaftierte Kumpel alles gestanden hatte. Die beiden Männer sitzen jetzt im Zuchthaus in Brandenburg – lebenslänglich.
Wenn wir nicht zum Fernsehen gehen dürfen, erzählt Bärbel uns abends an den Wochenenden manchmal von den Straftaten verschiedener Langstrafer, die sie kennt... Zum Beispiel, wie die bestialische 'Colliefrau' ihr Baby dem Collie zum Fraß vorgeworfen hat. Oder die Geschichte von 'Buletten-Elli', die ihren Säugling durch den Fleischwolf ge-

dreht und ihrem Mann als Frikadellen vorgesetzt hat. Und dann die Frau aus Görlitz, die ihre drei kleinen Kinder in einen Keller sperrte, ihnen nur Wasser und Regenwürmer vorsetzte und zum Schluss qualvoll verhungern ließ. Eine andere hat ihr Kind an einen Zaun genagelt und angezündet. Wieder eine andere hat ihr Baby in der Waschküche in einem großen Kessel gekocht... Wenn man so etwas hört, stockt einem der Atem. So viel Brutalität und Sadismus traut man diesen oft unscheinbar aussehenden Frauen gar nicht zu.
Natürlich gibt es auch noch die herkömmlichen Mörderinnen. 'Muttchen' wollte beispielsweise ihren Mann loswerden und hat ihn kurzerhand durch eine Kreissäge gejagt. Weil Maria von ihrer Mutter drangsaliert wurde, hat sie sie mit 25 Messerstichen umgebracht. Und unser Bridscher Ines hat angeblich einen Mann erwürgt, der sie vergewaltigen wollte.
In Hoheneck sind außerdem drei Kriegsverbrecherinnen inhaftiert: Erna ('Erni') Petri, Ulla ('Poldi') Jürss und Erika ('Omi') Bergmann. Über sie weiß man außer Gerüchten nichts Genaues. Es heißt, Omi und Poldi seien Aufseherinnen im Frauenkonzentrationslager Ravensbrück gewesen und wurden in den 50er bzw. 60er Jahren wegen Verbrechen gegen die Menschlichkeit zu lebenslanger Haft verurteilt. Erni und ihr Mann hatten, so erzählt man, ein Gut auf dem sie polnische Arbeiter beschäftigten. Ernis Mann soll diese Arbeiter gequält und einige sogar getötet haben. Nach dem Krieg wurde er für seine Taten sofort erschossen. Erni kam nach Hoheneck, weil sie vermutlich in diese Grausamkeiten verstrickt war. Inwiefern sie involviert war, weiß ich aber nicht. Weder Erni noch Omi oder Poldi könnten je amnestiert oder begnadigt werden, heißt es, und sie würden deshalb früher oder später in Hoheneck sterben. (Eine andere üble NS-Verbrecherin, eine gewisse Ilse Göritz, ist vor einigen Jahren hier im Zuchthaus gestorben. Bärbel kannte sie recht gut.)

Omi und Erni sehen eigentlich völlig harmlos aus. Poldi ist aber das ganze Gegenteil und zum Glück nicht auf unserem Kommando. Sie hat noch immer etwas Nazihaftes im Blick... Grauenhaft! Wenn sie hier das Sagen hätte, würde sie uns wahrscheinlich am liebsten abknallen. Omi ist gar nicht gut auf sie zu sprechen und meinte mal, schon damals (in Ravensbrück?) wäre Poldi hinterhältig und falsch gewesen. Glücklicherweise habe ich nicht so oft mit ihr zu tun.
All diese Frauen sehe ich also fast täglich auf der Arbeit, beim Hofgang, im Waschraum oder sie sitzen im Speisesaal am Nachbartisch. Und es ist normal, weil ich mir abgewöhnt habe, darüber nachzudenken, wer was verbrochen hat. Mit einigen habe ich mich sogar angefreundet. Wenn man sie etwas näher kennt, dann öffnen sie sich und gewähren einem einen kleinen Einblick in ihr Leben. Sicher: ich weiß nie, ob sie mir die Wahrheit sagen. Viele lügen, dass sich die Balken biegen. Prahlerei, Schamgefühl oder einfach Verdrängung könnten Gründe dafür sein. (Auffällig ist, dass die meisten hier drin ständig ihre Unschuld beteuern. Die Langstrafer haben zum Teil jeglichen Bezug zur Wirklichkeit verloren. Mit den Erinnerungen an ihr Leben in Freiheit verblassen wohl oft auch die Bezüge zur Tat. Plötzlich sind sie nur noch »unschuldig«. Verdrängung als Schutzmechanismus der Seele?)
Manchmal habe ich das Gefühl zu wissen, weshalb diese Frauen in bestimmten Situationen so und nicht anders reagiert haben. Unter den Kriminellen, mit denen ich gesprochen habe, gibt es keine Frau die nicht milieugeschädigt wäre. Klar, das entschuldigt keine Tat. Aber es erklärt vielleicht einiges. Wer selbst nie Liebe kennengelernt hat, kann den eigenen Kindern natürlich auch keine geben. Wem immer eingeredet wurde, dass er nichts wert sei und wer ständig geschlagen und sexuell missbraucht wurde, hat am Ende keinen Respekt vor sich selbst, vor anderen, vor dem Leben allgemein. Viele Frauen hier sind so labil, dass sie aus diesem Teufelskreis selbst nicht herausfinden.

Lange Zuchthausaufenthalte fördern zusätzlich den Verlust der Persönlichkeit. Kontakt zur Außenwelt haben die Langstrafer ohnehin nur in den seltensten Fällen. Eltern, Freunde und Verwandte wollen mit den meisten Verurteilten längst nichts mehr zu tun haben. Und psychologische Betreuung gibt es in Hoheneck natürlich auch nicht.

In einem Gespräch mit Karin, unserer Vorarbeiterin, kam eine große Hoffnungslosigkeit zum Ausdruck, die hier, glaube ich, für viele Frauen symptomatisch ist. Die Frau mit dem tätowierten Lidstrich und den drei Pennerpunkten[68] im Gesicht, erzählte mir zu meinem größten Erstaunen, dass sie aus Hoheneck gar nicht mehr weg wolle. »Kuck mal: was soll ich denn draußen? Ich hab´ draußen zwei Söhne. Die haben sich vor ein paar Jahren von mir losgesagt. Die wollen nichts mehr von mir wissen, weil sie sich für mich schämen. 'Die Mutter sitzt im Knast', sagen die Leute! Na, und meine Eltern kannst du auch vergessen. Beide Alkoholiker. Hier drin habe ich doch außerdem alles was ich brauche: ein Dach überm Kopf, meine Arbeit, regelmäßiges Essen, meine Frau, Zigaretten und Tee, die Wäsche wird gewaschen – was will ich mehr? Draußen komme ich mit dem Leben sowieso nicht mehr zurecht... Nee du, ich will nicht mehr in die Freiheit.«

Irgendwie verständlich diese Angst vor dem Leben »da draußen«. Jahr für Jahr wird im Knast alles für einen geregelt. Es wird einem gesagt wann man aufzustehen hat, wann man arbeiten gehen muss, wann man Pausen machen darf, wann es das Essen gibt und wann man zu schlafen hat. Jahrelang geht das so. Diese Monotonie und der ereignisarme Tagesablauf führen zwangsläufig zu Apathie. Das merke ich schon an mir selbst und dabei bin ich erst seit elf Monaten inhaftiert. Man gewöhnt sich eben an dieses Leben, um zu überleben, und verliert dabei beinahe jegliches Gefühl für eigenverantwortliches Handeln. Nach der Apathie setzt das langsame Verblöden ein und nach

68 Diese Tätowierung dient als »Erkennungszeichen« unter Kriminellen. Die drei Punkte, so wurde mir erklärt, stehen für »schwul, pervers und arbeitsscheu.«

spätestens sieben Jahren hat man – das haben russische Wissenschaftler nachgewiesen – die berühmte »Knastmacke«. Dann ist alles zu spät und eine Wiedereingliederung in die Gesellschaft kaum mehr möglich. Und die Knastmacke haben hier viele, soviel steht fest.

Montag, 30. Januar 1989: Vati in Isolationshaft?!

Endlich wurde mir aus Brittas letztem Brief vorgelesen! Nun weiß ich auch, worum es bei den letzten Beanstandungen ging. Der Brief wurde beanstandet, weil Informationen über den Strafvollzug generell verboten sind. Britta hatte wahrscheinlich über die Brandenburger Verhältnisse berichtet. Die Schombach erklärte mir außerdem, dass es im sozialistischen Strafvollzug keine Einzelhaft gäbe. Daraus schließe ich, dass Vati zurzeit in Isolation ist... Wie es um seine Gesundheit steht, und ob er inzwischen beim Arzt war, konnte ich aber nicht in Erfahrung bringen. Der Besuchstermin bei Vati hat sich auch verschoben. Wahrscheinlich werde ich dann nicht mehr nach Brandenburg fahren... Ich hoffe es zumindest von ganzem Herzen! Vor einer Woche gab es schon wieder einen Transport. Zwar traf es diesmal nur zwei Frauen (Annemie und Karola), aber das ist immer noch besser, als würde gar niemand abgekauft.

Mittwoch, 1. Februar 1989: Ablenkungsversuche

Das Wetter der letzten Tage ist ganz verträglich. Die Sonne scheint, aber es ist ziemlich kalt draußen. Der Schnee liegt mindestens zehn Zentimeter hoch.

Nachmittags war ich zum ersten Mal beim Schneiderlehrgang. Dieser Kurs wurde uns letzte Woche angeboten. Weil ich dadurch wenigstens hin und wieder mal aus der Zelle herauskommen kann, habe ich mich angemeldet. Auf jeden Fall ein sinnvoller Zeitvertreib. Wir haben heute gesäumt und über verschiedene Maße gesprochen. Anhand von Kinderkleidung werden wir die wichtigsten Handgriffe lernen, die man später auch bei Kleidungsstü-

cken für Erwachsene anwenden kann (zum Beispiel Bundfalten, einreihen, Reißverschlüsse einnähen, Säume, Bündchen und so weiter).
Zum Fernsehen gehe ich jetzt kaum noch, obwohl mich Ines erst kürzlich auf die Liste schreiben wollte. Ich habe keine Lust - immer dasselbe. Ich lese lieber. Ab und zu spiele ich auch Halma oder Schach mit Margret. Oder ich liege einfach auf dem Bett und höre Musik. Im Radio habe ich seit langem wieder einmal Grönemeyer (Halt mich und Vollmond) hören können. Diese Lieder erinnern mich so an Zuhause... Bei dieser Musik muss ich immer weinen.

Freitag, 3. Februar 1989: Drogen

Jetzt muss ich mal ein paar Worte zum Thema Drogen schreiben. Mir fiel heute bei der 'Faschingsfeier' im Freizeitzentrum extrem auf, dass ziemlich viel Tablettenmissbrauch betrieben wird. Gitti, die durch ihre diversen Krankheiten ständig irgendwelche Tabletten griffbereit hat, und ihre Freundin Karin liefen durch die Gegend wie Roboter. Die beiden hingen auf der Tanzfläche herum und haben nichts mehr mitgekriegt. Schlimm!
Und dann torkelte Ramona mit glühenden Wangen und riesigen Pupillen an mir vorüber. Sie lachte ununterbrochen. In der Hand hielt sie ihre Tasse mit einem 'Spezialtrunk' und fragte mich, ob ich einen Schluck davon haben wollte. Neugierig nahm ich die Tasse Tee, aber der Geruch war so abstoßend, dass ich beim besten Willen nichts trinken konnte. Haarlack pur! Ich hatte schon davon gehört, dass sich manche Leute extrem starken Schwarztee mit allem was nur im Ansatz Alkohol (Haarwasser, Mundspülung etc.) enthält, mischen, um die totale Dröhnung zu erreichen. Dann auch noch Cola dazu, die vorher heiß gemacht wird, und man merkt wirklich nichts mehr. Abstand! Ohne mich! Ich würde mich bei diesem Gesöff glatt übergeben. Ich hatte jedenfalls auch ohne dieses Zeugs meinen Spaß. Es lief Musik von Kool and the Gang und ich habe seit ewigen Zeiten wieder einmal getanzt.

Mittwoch, 8. Februar 1989: Alles egal?

Zu Hause sind alle optimistisch. Ich will nicht sagen, dass ich nicht hin und wieder Hoffnung hätte, aber manchmal ist mir schon alles egal. Ich bin erschreckend apathisch geworden und ertrinke oft in Wellen der Hoffnungslosigkeit. Jetzt habe ich schon alles im Gefängnis mitgemacht: Ostern, Pfingsten, Weihnachten, Silvester, Neujahr... Fehlt nur noch mein Geburtstag. Der wird wohl auch nicht zu umgehen sein. Ein ganzes Jahr ist bald um – es kommt mir beinahe so vor, als wären es fünf Jahre. Alles ist schon so weit weg. Werde ich überhaupt jemals wieder normal leben können?
Von Vati habe ich noch immer keine Post bekommen. Was ist da los in Brandenburg? Zum Glück kann ich ihn das bald selbst fragen. Der Besuchstermin steht nun fest; ich werde ins Zuchthaus Brandenburg fahren. Nur noch drei Wochen bis zum Sprecher...

Freitag, 10. Februar 1989: Brief von Vati

Na endlich – ein Lebenszeichen von Vati! Trotz Schikanen scheint er guter Dinge zu sein...

> *Liebe Birgit,*
> *dies ist der zweite Brief in diesem Jahr, den ersten wirst Du nicht erhalten. In letzter Zeit hatte ich den Eindruck, dass man mich schikanieren will. Man sagte mir aber, dass ich mich irre... [...] Mutti war mit Holm zum Besuch hier. Leider konnte ich sie nur am „Bahnhofsschalter“ hinter Glas sehen.*
> *Auf der Arbeit friere ich ständig und trage deshalb zwei Hemden, gemäß dem von Lenin postulierten „Kohlkopf-Prinzip“. Zum Fernsehen hatte ich mich am Neujahrstag für Beethovens 9. Sinfonie erstmalig gemeldet. Ich durfte nicht gehen und so war es auch letztmalig für mich, dass ich mich um einen Fernsehbesuch bemühe. Die Silvesterfeier hier war sehr interessant und ähnelte einem Polterabend. Weihnachten und den Neujahrstag habe ich im Bett*

verbracht, da man hier so am besten die Zeit totschlägt…
Lass den Kopf nicht hängen!
Es grüßt Dich herzlich Dein Vater.

Dienstag, 14. Februar 1989: Transport!

Wunderbare Neuigkeiten: Es gab wieder einen Häftlingsfreikauf! Marion G. von unserem Kommando gehört ebenso zu den Glücklichen wie Silvia M. von Planet III und Erika S. vom Lumpenkommando. Der Informationsaustausch zwischen den Politischen auf den verschiedenen Stationen funktioniert fast reibungslos. Immer wenn sich etwas in unserer Angelegenheit tut, verbreiten sich die Neuigkeiten wie im Flug. Mittlerweile habe ich mein eigenes Netzwerk aufgebaut und kenne beinahe alle politischen Häftlinge in Hoheneck (im Moment etwa 60), wenn auch nicht immer persönlich. Mit einigen tausche ich regelmäßig Kassiber aus. Inzwischen weiß ich so ziemlich von jeder Politischen zu welcher Freiheitsstrafe sie verurteilt wurde, um welche Paragraphen es sich handelt und wie lange sie schon inhaftiert ist. Darüber führe ich seit Monaten eine genaue Liste. Ganz ungefährlich ist das Sammeln dieser Informationen zwar nicht, aber das Risiko lohnt sich unter Umständen trotzdem. Vielleicht kommen wir so hinter ein Schema der Stasi, nach welchen Kriterien sie die Transporte zusammenstellt? Die Gerüchteküche ist natürlich auch ständig am Brodeln. Ab und an gelingt es eben doch, Informationen von draußen ins Zuchthaus einzuschleusen, z. B. durch Sprecher oder verschlüsselte Botschaften in Briefen. Hilfreich ist auch immer wieder die Beobachtung der Effektenfenster oder wenn bei James und Daisy[69] im Büro spät nachts noch das Licht brennt. Dann kann man getrost sein, dass in Kürze wieder Leute 'gezogen' werden.

Freitag, 17. Februar 1989: Genormtes Leben

Diese genormten Tagesabläufe in Hoheneck machen krank. Ich komme mir vor wie ein unmündiges und zur

69 Synonym für die Stasi in Hoheneck

Maschine degradiertes Wesen. Diese ständigen Kontrollen, Zellendurchgänge, Razzien! Einfach alles wird kontrolliert. Keine Sekunde, in der ich unbeobachtet bin. Privatsphäre gleich Null. Selbst auf dem Klo wird man durch den Spion beglotzt. Ständig, rund um die Uhr, nur von lästigen Wachteln oder Mitgefangenen umgeben. Immer wieder der gleiche Tagesablauf: wecken um 5 Uhr, Zählappell, ablaufen, zählen, wegschließen, um 21 Uhr Licht aus, Nachtruhe.

Und jeden Tag diese blödsinnige Angst, dieses Zittern, ob das Bett auch korrekt gebaut wurde. Wenn es nach dem Zellendurchgang von den Wachteln wegen der geringsten Falte im Bettbezug aufgedeckt wird, brennt bereits die Luft

Nicht mehr die Originalbetten, aber so ähnlich sah es in den Zellen Ende der 80er Jahre aus

in unserem VR. Kommt es vermehrt vor, gehen einem die netten Mitgefangenen an die Gurgel, denn das bedeutet für unsere Zelle ja Punktverlust. Und Punkte zu verlieren können wir uns nicht leisten! Dann gäbe es beim Quartalsappell wohlmöglich keine Auszeichnung. Wie schrecklich. Oder Planet III könnte eventuell unser Kommando übertrumpfen – nicht auszudenken! In was für ein Irrenhaus bin ich nur geraten... ?!

Donnerstag, 23. Februar 1989: Hoffnungsschimmer?!

Im Briefkasten lag heute eine Karte von Mutti. Daraus habe ich erfahren, dass Anwalt Schnur meinen Brief vom 6. Februar auch am 21. Februar noch nicht erhalten hat. Die Schombach lässt also wieder meine Briefe verschwinden. Diese ätzende Kanalratte! Mutti hat aber mit Schnur telefoniert. Das Gespräch war scheinbar sehr positiv, denn sie schrieb: »...mir geht es seither wesentlich besser«. Klingt nach Hoffnung. Hmmm. Abwarten!

Samstag, 25. Februar 1989: Dritter Sprecher

Mein dritter Sprecher in Hoheneck. Es war ungefähr so wie bei den letzten beiden Malen, nur saß heute keine Uniformierte an unserem Tisch. Neuerdings gibt es in jeder Ecke des Besuchsraumes Videokameras und auf den Tischen stehen nun Mikrofone. Ich bin sicher, dass bei uns Politischen genau mitgehört und wahrscheinlich auch mitgeschnitten wird. Die Krimis erzählten nämlich später, dass sie sich mit ihren Angehörigen über den Strafvollzug unterhalten hätten, was streng verboten ist. Aber da schritt natürlich niemand ein. Hätten wir uns das erlaubt, wäre der Sprecher sofort abgebrochen worden!
Britta war bei diesem Besuch mit dabei. Wir waren beide ziemlich nervös, wussten nicht worüber wir reden sollten. Alle wichtigen oder interessanten Themen waren sowieso tabu. Außerdem war es für Britta der erste Besuch in einem Gefängnis... Aber es war sehr schön sie wiederzusehen. Ich hoffe, dass Holm beim nächsten Sprecher eine Besuchserlaubnis erhält. Abgesehen von den wenigen Minuten damals im Gerichtsgebäude in Cottbus, habe ich ihn schon seit einem ganzen Jahr nicht mehr gesehen.

Sonntag, 26. Februar 1989: Wuschel

»Wuschel« (Monika), eine Politische von Planet III, hatte in den letzten Wochen ziemlichen Ärger in ihrer Zelle. Ich glaube, sie wurde von einer Lesbe bedrängt. Auf jeden Fall wurde diese Knastologin irgendwie handgreiflich und jetzt ist Wuschel in Absonderung. Zur eigenen Sicherheit sozusagen. Margret und ich machen uns natürlich Sorgen. Das isolierte Leben in einer kalten Kellerzelle, noch dazu hinter Sichtblenden, ist ganz sicher nicht angenehm. Beim letzten Hofgang sind Margret und ich deshalb in den Sperrbereich des Innenhofes gelangt und haben unerlaubterweise die weißen Trennlinien übertreten. Noch bevor wir so richtig mit Wuschel sprechen konnten, erfolgte prompt der Anpfiff von der diensthabenden Wachtel. Sie hat uns sofort in die Schleuse geschleppt, wo wir den Rest der Freistunde in separaten Zellen verbringen mussten. Wenn´s weiter nichts ist! Jedenfalls wissen wir jetzt, dass mit Wuschel alles in Ordnung ist.

Schleuse

Dienstag, 28. Februar 1989: Zwanzigster Geburtstag

Mein Gott – jetzt muss ich also wirklich meinen 20. Geburtstag im Zuchthaus feiern! Den werde ich wohl mein

Leben lang nicht vergessen. Aber da muss ich jetzt durch. Umso schöner wird die Zukunft... Manchmal muss man eben Entbehrungen hinnehmen, um etwas richtig schätzen zu können. So gesehen sind diese Erfahrungen positiv für mich bzw. uns. Ich habe in den letzten zwölf Monaten so unendlich viel gelernt! Und ich habe keine Angst mehr vor dem Zuchthaus. Ich weiß jetzt, dass man selbst unter den brutalsten Umständen überleben kann, und dass der Mensch viel mehr ertragen kann, als man oft glaubt. Andererseits müssen wir für diese Lektionen auch ganz schön teuer bezahlen. Ein ganzes Jahr (mein letztes Teenagerjahr!) ging für mich flöten. Das kann mir keiner mehr zurückgeben...

Mein Geburtstag war bisher eigentlich schön, obwohl ich richtig Angst davor hatte. Meinen Zwanzigsten hatte ich mir natürlich ganz anders vorgestellt! Diese Woche haben wir Nachtschicht und so kamen um 24 Uhr schon die ersten Gratulanten zu mir ins Nähband. Gabi, Margret, Heidi, Ramona, Martina, Heike, Manu, Bärbel und Omi wünschten mir vor allem Freiheit. (Das wäre in der Tat das schönste Geschenk, was ich mir vorstellen könnte. Heute ist ja sogar Dienstag, d.h. theoretisch könnte es wieder einen Transport geben...)

Ich hatte noch etwas Jacobs Krönung gespart, um allen wenigstens einen anständigen Kaffee ausgeben zu können. Wir gingen in den Toiletten-Aufenthaltsraum. Hanny saß gerade auf der Toilette und rauchte. »Was, du hast heute Geburtstag? Na dann, alles Gute!« Ein Bild für die Götter, total absurd... sie schüttelt mir die Hand, ohne sich vom Klo zu erheben, in der anderen Hand die Kippe. Wünscht mir alles Gute – auf der Toilette!!! Was hier drin 'normal' ist, glaubt mir draußen kein Mensch!

Wuschel hat mir einen Kassiber zukommen lassen: Ein Bild mit einem Känguru, das über einen Stacheldraht hüpft. Hoffentlich mache ich bald diesen Sprung in die Freiheit! Auch Margret hat mir eine Karte gebastelt, auf die sie mit Zahnpasta – mangels Klebstoff – witzige Zeitungsüberschriften aufgeklebt hat. Außerdem schenkte sie mir ein Kreuz aus Wollresten.

Von Mutti, Britta und Holm bekam ich ein Telegramm und zusätzlich eine Geburtstagskarte von Britta.

Mittags

Nach der Nachtschicht haben wir uns wie immer zum Schlafen hingelegt. Ich war nervös, konnte nicht einschlafen. Vielleicht werde ich heute auf Transport geholt? Irgendwann hörte ich auch ein Schlüsselklappern auf unserer Etage, schlief dann aber ein. Beim Rausschließen zum Essen machte Heidi schon wilde Zeichen von der anderen Seite des Gangs. Es sprach sich herum wie ein Lauffeuer: Ramona war während wir schliefen auf Transport gegangen! Im Speiseraum hörten wir von den Kalfis, dass auch Wuschel 'verschwunden' sei. In meine Freude mischte sich aber auch Enttäuschung, wie immer häufiger in den letzten Monaten. Hatte Schnur Mutti nicht kürzlich große Hoffnungen gemacht? Und nun war wieder ein Transport ohne uns gegangen... Wer weiß, wann der nächste Freikauf stattfindet! Das kann wieder Wochen dauern.

Samstag, 4. März 1989: Geburtstagsfeier mit Knasttorte

Mit meiner Geburtstagsfeier mussten wir bis zum Wochenende warten, um in Ruhe beisammen sitzen zu können. Dafür sind heute aber auch die Leute aus der Nachbarzelle eingeladen und sitzen in unserer Zelle an dem langen, gedeckten Tisch. Dort stehen ebenfalls Muttis wunderschöne Blumen vom letzten Sprecher (von allen bestaunt) und viele liebevolle Geburtstagsgeschenke. Es gibt eine große Kanne Kaffee für alle und eine echte Knasttorte, die Andrea für mich »geklitscht« hat. Knasttorte wird nicht gebacken – wie auch? – man »klitscht«. Das heißt, Zwieback wird in Obstsaft getaucht, dann schichtweise mit Buttercreme (aus aufgesparter Butter und Instant-Puddingpulver) bestrichen und mit Obst belegt, bis schließlich eine »Torte« entstanden ist. Abgerundet wird das kuchenähnliche Etwas mit einer letzten Schicht Creme und Kakao. Dazu gibt es – zur Feier des Tages – illegalen Knastwein. Die Herstellung desselben war über mehrere Tage hinweg mit großen Vorsichtsmaßnahmen verbunden, da die Herstellung von Alkohol im Zuchthaus mit hohen Strafen geahndet wird. Um einen »Emil« voll Wein zu produzieren, braucht man nicht viel: ein bisschen Obst (Rhabarberkompott oder ähnliches Konservenobst aus dem Knastladen), etwas Zucker und Brot. Das alles wird ein paar Tage lang auf der Heizung vergoren, bis ein alkoholisches Getränk entsteht. Dann noch filtern und fertig ist der Knastwein! Mit diesem Wein haben wir auf meinen Geburtstag angestoßen. Der Geschmack war zwar etwas ätzend, aber verwöhnt ist hier sowieso niemand. Hauptsache, es dröhnt und benebelt. Alles in allem war es eine richtig nette Feier. Wir haben sogar gesungen und die Knasttorte war gar nicht schlecht. Fazit: diesen Geburtstag werde ich garantiert nicht so schnell vergessen.

Mittwoch, 8. März 1989: Okkultismus

Der Glaube an die 'dunklen Mächte' ist hier in Hoheneck weit verbreitet. Da werden um Mitternacht im Waschraum Tote beschworen, Tische gerückt, es wird gependelt, aus Karten die Zukunft gelesen, Bücher gedreht und was weiß ich nicht alles. Sehr beliebt ist auch die Geschichte von der Hohenecker Ahnfrau, die im 15. Jahrhundert (damals war Hoheneck noch ein Schloss?) irgendwo in den unterirdischen Gängen eingemauert worden sein soll und nun angeblich umherspukt. Manche Nacht soll sie weiß gewandet durch das Zuchthaus wandeln. Bärbel behauptet steif und fest, diese Ahnfrau schon zweimal leibhaftig gesehen zu haben. Sie hätte ganz plötzlich an ihrem Bett gestanden und nach ihrem Bein gegriffen. Einige hören auch angeblich nachts die Schritte dieser Ahnfrau. Alles Schauermärchen! Natürlich sind das nur die Holzdielen in der Zelle. Das Holz »arbeitet« nachts und dann hört es sich mitunter wirklich so an, als laufe jemand durch die Zelle. Diese Ahnfrau-Geschichten werden nur noch von Satan persönlich übertroffen. Den hat Bärbel nämlich auch schon mal von weitem gesehen - oder zumindest seine alles durchdringenden, grünen Augen. Und auch Gamasche konnte dies beschwören. Sie hat mir damals Bilder gezeigt, die sie nach diesem Vis à vis von ihm gezeichnet hat. Wenn die beiden mal keine blühende Phantasie haben...!

Freitag, 10. März 1989: Kosmetik für Knochenarbeit

Jetzt findet der Brandenburg-Sprecher auch im März nicht statt! Zu blöd. Ich will endlich wissen, wie es Vati geht. Post habe ich von ihm schon seit Ewigkeiten nicht mehr erhalten... Was ist denn dort los??

Neuerdings darf jede SG in unserem Kommando als Auszeichnung für die gute Arbeitsproduktivität im letzten Quartal ein Kosmetikpaket beantragen. Alles ist erlaubt - außer Zahnpasta in Tuben. Die wird im Notfall aus der Tube in einen anderen Behälter ausgedrückt, erzählte Bärbel. Und Cremedosen werden mit irgendwelchen spitzen

Gegenständen durchstochert. Die Bullen haben Angst, dass über bestimmte Wege etwas ins Zuchthaus geschmuggelt wird. Ich habe mir von daheim eigentlich nur Duschgel und Haarshampoo gewünscht. Alles andere kann ich mir hier kaufen.

Montag, 13. März 1989: »Fremdes Elend«

Elke, eine Kriminelle aus Dresden, soll heute zu uns verlegt werden, nachdem sie gestern in der Nachbarzelle von allen grün und blau geschlagen wurde. Sie hatte sogar ein blaues Auge und einige sollen auf sie eingetreten haben, während sie hilflos am Boden lag. Natürlich hat ihr niemand geholfen. »Was geht mich fremdes Elend an?« – diesen Satz habe ich in den letzten Monaten schon oft gehört. Hier ist scheinbar jeder nur Wolf unter Wölfen. Die Gewaltbereitschaft und innere Verrohung ist wirklich erschreckend. Frauen können ganz schön brutal sein! Einige sind regelrecht eiskalt und seelisch tot...
Margret ist Elke bereits in der Dresdener Kriminellen-U-Haft begegnet und hat sie als umgänglich in Erinnerung. Weshalb sie auf unserem Kommando von fast allen gehasst wird, ist uns beiden nicht so ganz klar. (Andrea meint, Elke sei eine »Anscheißerin«[70]. Diese Leute erleben in jedem Zuchthaus die Hölle auf Erden.) Auf jeden Fall weigern sich in unserem VR so ziemlich alle, Elke in unsere Zelle zu lassen. Als ob wir die Anordnungen der »Erzieherin« umwerfen könnten!

Mittwoch, 15. März 1989: Hoffnung begraben

Mutti schrieb, sie will sich bald von Pfarrer Schneider verabschieden fahren. Soll das bedeuten, dass wir demnächst in den Westen abgeschoben werden? Weiß sie irgendetwas von unserem Anwalt? Dann schrieb sie noch: »Im April haben wir viel zu tun.« Nein! Ich will nicht schon wieder vage Hoffnungen aufbauen, die anschließend brutal zerstört werden. Lieber will ich gar nicht hoffen. Dann

70 Zuträger, die regelmäßig Berichte an die »Erzieher« oder Stasi abgeben

tut es vielleicht nicht mehr so weh, wenn man beim nächsten Mal enttäuscht wird...
Immer heißt es nur »bald«. »Bald« ist ein widerliches Wort! Ich kann es nicht mehr hören!!! »Bald wird alles besser, bald sehen wir uns wieder...« Bald, bald, bald. Das nervt. Dieses erbarmungslose Warten. Immer die gleichen Vertröstungen, aber nichts passiert hier. Wahrscheinlich werde ich bis zum Schluss absitzen müssen (wenn ich vorher nicht durchdrehe!). Langsam sollte ich mal über einen Hungerstreik oder etwas Ähnliches nachdenken. Bei Gela hat die Rebellion schließlich auch zum Erfolg geführt.

Dein, Herr, ist das Reich. Du bist meine Zuflucht, mein Schutz in aller Gefahr, mein Friede in allem Streit. Dein, Herr, ist das Reich. Nahe bist du, wenn ich mich mühe und nicht weiß, wofür. Frucht wächst aus meiner Mühe durch dich, auch wenn ich sie nicht sehe.

Freitag, 24. März bis Sonntag, 26. März 1989: Ostern

Liebe Mutti, Britta und Holm!
Gibt es bei Euch etwas Neues? Bei mir nicht. Dreizehn Monate sind jetzt um. Ich kann aber nicht sagen, dass ich irgendetwas bereue. Der Weg, den wir gehen müssen, ist allerdings niemandem zu empfehlen. Ein Dornenweg ohne gleichen. Aber das Ziel ist für uns in unmittelbarer Nähe, auch wenn ich es noch nicht genau sehen kann...
Schon das zweite Osterfest, an dem wir getrennt waren. Die nächsten Ostereier suchen wir woanders. Unter Garantie!
Alles Liebe und Kopf hoch! Eure Birgit

Ich versuche mir durch diese Briefe selbst Mut zu machen...
Am Karfreitag gab´s hier Kartoffelsalat und Leber (!) – typisch Atheisten! Wenigstens konnte ich heute am Ostersonntag zum Gottesdienst gehen. Ein Hauch von Ostern

in diesen verhaßten Mauern. Und Hoffnung auf ein Leben danach...
Immer noch keine Post von Vati!! Der Sprecher in Brandenburg soll nun bald stattfinden, beteuerte die Schombach. Ob sich das alles noch lohnt, weiß ich nicht. Man kann nur abwarten. Wie immer! Hilfe! - jetzt bin ich schon im 14. Knastmonat und trotzdem kein Ende in Sicht. Den ganzen März gab es nicht einen einzigen Transport! Hat man uns hier vergessen?
Seit geraumer Zeit gibt es in Hoheneck Kinofilme, einmal monatlich. Ich war bisher schon dreimal im Kinosaal. Ziemlich sinnlose Filme, aber der Mehrheit gefällt´s. Eigentlich gehe ich nur hin, um der Enge der Zelle für eine Weile zu entfliehen und um mit Politischen von anderen Kommandos Informationen auszutauschen.

Sonntag, 2. April 1989: Decken schütteln

Dieses Wochenende wurde - aus welchen Gründen auch immer - das Deckenschütteln aus den siebziger Jahren wieder eingeführt. Jede musste dazu ihre drei Decken mitnehmen und dann ging es kommandoweise in Zweierreihen über die Turmtreppe hinab bis auf den Arrestfreihof. Hier sollten wir kräftig unsere Decken ausschütteln. Die Obermeister Dittrich trieb uns dabei an und schrie ständig auf uns ein. Riesige Staubwolken vernebelten die Luft. Wer weiß, wie alt diese Decken sind?! Statt sie mal reinigen zu lassen, müssen wir fortan einmal im Monat schütteln. Was für Zustände!
Seit einigen Tagen ist das Wetter sehr schön - die Sonne scheint und Vögel zwitschern. Wenn ich aus dem Fenster schaue, bekomme ich Sehnsucht... Ich möchte mal wieder über eine Wiese laufen oder im Wald spazieren gehen. Oder einfach einen Sonnenuntergang oder ein Gewitter anschauen. Ohne Gitter vor der Nase! Hier drin entwickelt man irgendwie ein ganz anderes Verhältnis zur Natur. Was ich früher fast achtlos als Selbstverständlichkeit hin-

genommen habe, bekommt nun einen besonderen Wert. Jeder Baum, jeder Sonnenstrahl ist etwas ganz Kostbares. Den Schneiderlehrgang habe ich geschmissen. Wir sollten beim letzten Mal Solidaritätsgeschenke für das Pfingsttreffen der FDJ anfertigen. Ohne mich! Ich habe der Kursleiterin erklärt, dass ich das als politische Gefangene nicht mitmache. Außerdem sind wir mit dem Nähen nie so recht vorwärts gekommen... Also höre ich auf. Ist ja auch egal.

Montag, 10. April 1989: Nachtschicht

Diese Schicht hassen Margret und ich wie sonst keine Schicht. Es gibt aber viele SG die gern zur Nachtschicht gehen, weil das Essen reichlicher und besser ist. Außerdem gibt es zusätzlich Schwarztee für alle. Das haut mich nun wirklich nicht vom Hocker. Viel lieber würde ich nachts schlafen. So gegen 2:30 Uhr setzt bei mir regelmäßig die Müdigkeit ein. Die schlechte Beleuchtung (flackernde Neonröhren) im Nähband tut ein Übriges. Ich muss mich richtig zwingen, die Augen offen zu halten und trinke jede Menge starken Kaffee, um gegen diese Müdigkeit anzukämpfen.

So eine Nachtschicht beginnt jeweils um 22 Uhr und dauert bis zum Zählappell um 6 Uhr morgens. Dann laufen wir ab und schlafen bis 14 Uhr. Wenn man das überhaupt schlafen nennen kann... Die Hunde bellen direkt unter unserem Fenster und mittags läuft Planet I zur Arbeit ab. Später trampelt Planet III durch das Treppenhaus zurück in ihre Zellen. Dazu hört man ständiges Schlüsselklappern. In diesem Gebäude schallt alles, so dass uns kein Geräusch entgeht. Meistens sind wir nach so einem Vormittag logischerweise wie gerädert und müssen uns nach der Freistunde bis zum 18 Uhr Zählappell gleich noch einmal hinlegen. Auch wenn es nur ganz kurz sein sollte – jede freie Minute wird zum Schlafen genutzt.

Als vor ein paar Tagen während der Nachtschicht übrigens der Strom in der Produktion ausfiel, hatten es die Lenkungskräfte sehr eilig in ihr Büro zu kommen. So schnell habe ich sie noch nie rennen gesehen! Sie haben sich sofort in ihre Bunker eingeschlossen, weil sie wahrscheinlich Angst hatten, von einigen LLern im Dunkeln attackiert zu werden. Diese Angst war vielleicht nicht unbegründet. Gemessen an den täglichen Schikanen können bei der einen oder anderen Gefangenen zweifellos Rachegefühle aufkommen.

Samstag, 15. April 1989: April-Sprecher

Wieder ein Sprecher vorbei und wie immer viel zu schnell... Als ich wieder in der Zelle war, und alles noch einmal in Gedanken an mir vorbeiziehen ließ, kam im Radio gerade Whitney Houstons One moment in time. Eines meiner Lieblingslieder! Ich musste wieder daran denken, wann wir wohl alle wieder zusammen sein werden... Wenn man Rechtsanwalt Schnur glauben darf, dann wären wir beim nächsten Freikauf dabei. Aber im Moment weiß ich nicht, ob ich das glauben kann oder nicht. Dann passiert wieder nichts, und ich bin wieder einmal enttäuscht. Wenn man wenigstens ergründen könnte, nach welchem Prinzip die Auswahl der Transporte vonstatten geht! In der letzten Zeit gab es einen 14tägigen Rhythmus. Aber es gab auch schon Zeiten, da rührte sich wochenlang überhaupt nichts. Gibt es denn ein System hinter allem? Manchmal wird bei einem Transport nur eine einzige Person abgeholt, dann sind es wieder bis zu zehn Frauen auf einen Schlag. Das verstehe wer will. Seit September 1988 versuche ich alle Hohenecker Politischen zu erfassen. Vielleicht lässt sich anhand deren abgesessener Strafe und der Paragraphen eine gewisse Systematik zusammenstellen...?
Die schönen Orchideen, die mir Mutti mitgebracht hat, werden wohl nicht lange überleben. Kein Wunder bei der verräucherten Luft! Ich werde froh sein, wenn alles vorbei ist und ich nicht mehr passiv mitrauchen muss. Doch bis dahin ist meine Lunge wahrscheinlich schon pechschwarz.

Dienstag, 18. April 1989: James und Daisy

Kaum brannte bei der Stasi letzte Nacht das Licht in deren Büro, schon steigerten sich die Erwartungen und die Nervosität wieder mal ins Unerträgliche. Immer wieder die gleiche Frage: Gibt es demnächst einen Transport??? (Jede rechnet natürlich damit, dieses Mal endlich auf der Liste zu stehen. Die ständige Ungewissheit und die unausbleiblichen Enttäuschungen sind für alle Politischen Woche für Woche unendlich zermürbend.)
Zum Glück fand heute erwartungsgemäß ein Transport gen Westen statt. Brigitte B. von unserem Kommando und das Mutter-und-Tochter-Paar (Svenja und Reni M.) sind auf dem Weg in die Freiheit!
Die Stasi in Hoheneck hat übrigens einen Namen: James und Daisy. Das sind zwei Leute, ein Mann und eine Frau, die im Zuchthaus die Fäden in der Hand halten und scheinbar über unser Schicksal entscheiden. Ich habe keine Ahnung, wer ihnen die Namen James und Daisy gegeben hat. Fest steht, dass die beiden – obwohl sie fast ‘unsichtbar’ agieren – bei allen Strafgefangenen unter diesen Namen bekannt, ja beinahe berühmt, sind. Vor ein paar Tagen habe ich James sogar kurz am Fenster stehen sehen! Wir waren auf dem Freihof. Ein Mann mit Brille, um die 40 Jahre alt, beobachtete uns hinter der zur Seite gezogenen Gardine. Er wollte ganz offensichtlich nicht gesehen werden. Als er meine Blicke bemerkte, zog er sich vom Fenster zurück.

Freitag, 21. April 1989: Nach Brandenburg?

Mutti hat mir ein Päckchen mit meiner Uhr und Kosmetik geschickt. Ich habe mich riesig darüber gefreut. Neuerdings sind ja Armbanduhren im Strafvollzug erlaubt. Ich habe meine Uhr in den letzten Monaten wirklich vermisst. Nun fühle ich mich sofort wieder ein Stück weit mehr als Mensch. Seltsam, was diese Kleinigkeiten so alles ausmachen!
Die Schombach hat mir bei der Aushändigung des Päckchens endlich für nächste Woche den Besuch bei Vati in

Brandenburg angekündigt. Wurde auch langsam Zeit! Ich freue mich schon so auf das Wiedersehen mit ihm. Acht Monate ist das jetzt schon wieder her. Wahnsinn, wie die Zeit vergeht...
In einer Stunde rücken wir schon wieder zur Spätschicht aus. Ich werde mich lieber noch ein bisschen aufs Ohr hauen oder einen Brief schreiben. Auf das Walraff-Buch kann ich mich jetzt jedenfalls nicht konzentrieren.

Liebe Mutti, liebe Britta, lieber Holm!
Hier gibt es nichts Neues. Kürzlich habe ich mir 3 x Lakritze gekauft (die esse ich doch soooo gerne!!). Ich hatte Euch doch erzählt, dass es seit 6 Wochen nichts mehr gegeben hatte...
Schickt mir bitte im nächsten Paket Milch- und Saftpulver, Tee, Kaffee, Süßigkeiten, Käse, Nutella und Vitamintabletten – falls es Euch möglich ist. Das alles kann ich hier sehr gut gebrauchen. Außerdem möchte ich Euch bitten, ein kleines Wäschepaket mit Unterwäsche und zwei einfarbigen T-Shirts zu schicken. Privatunterwäsche ist laut neuer Verordnung erlaubt.
Meinem Sprecheroptimismus wurde mal wieder eine Abfuhr erteilt. Mit der Prognose des Rechtsanwalts wird es wohl doch nichts, leider. In wenigen Wochen habe ich die Hälfte abgesessen. Ich frage mich ehrlich, wie das weitergehen soll. Normal ist das jedenfalls nicht!
Betet für Vati und mich, Eure Birgit.

Montag, 24. April 1989: Karl Marx

Kürzlich habe ich einige Verse von Karl Marx gelesen, die ich ohne weiteres auf meine eigene Situation beziehen kann:

Nimmer kann ich treiben was die Seele stark erfasst,
nimmer still behaglich bleiben und ich stürme ohne Rast.
Darum lasst uns alles wagen, nimmer rasten, nimmer ruhn.

Nur nicht dumpf so gar nichts sagen und so gar nichts wolln und tun. Nur nicht brütend hingegangen, ängstlich in dem niedern Joch. Denn das Sehnen und Verlangen und die Tat – sie bleibt uns doch.[71]

Wenn ich auch absolut kein Fan von Marx bin – in dieser Beziehung hat er recht: Die Hoffnung und das Streben nach Freiheit kann uns niemand nehmen, noch nicht einmal die Stasi. Wir werden nicht ruhen, bis wir die Freiheit haben, die uns zusteht!

Mittwoch, 26. April 1989: Besuch in Brandenburg

Die Fahrt nach Brandenburg kam mir endlos lang vor. Morgens sind wir (sechs Frauen, darunter auch die dicke Inge und Wolle) schon ganz zeitig losgefahren und waren schätzungsweise acht Stunden unterwegs. Keine Toilettenstops oder dergleichen. Nur Kübel in der Minna, für den Notfall. Typisch!

Als wir endlich in die Schleuse anhielten, konnten wir aussteigen und das Zuchthaus zu Fuß durch das zweite Schleusentor betreten. Was ich sah, haute mich fast um. Es erinnerte alles an ein KZ irgendwie... riesige Scheinwerfer und überall uniformierte, bewaffnete Wärter mit Hunden. Am Hauptgebäude stand mit großen Lettern 'Strafvollzugseinrichtung Brandenburg'.[72]

Dann ging es auch sofort in den Besucherbereich. In einem Vorraum wurden wir verwarnt, ähnlich wie in Hoheneck: Begrüßung ausschließlich mit Handschlag, keine Infos über den Vollzug etc. Die Männer saßen schon im Besucherraum, als wir hereingeführt wurden. Vati saß gleich am ersten Tisch. Ich traute mich nicht ihn zu umarmen, da uns ein Offizier beobachtete. Auf dem Tisch standen zwei Kaffeetassen und ein Mikrophon. Außerdem lag noch eine Tafel Schokolade da, die Vati für mich gekauft hatte.

71 Karl Marx, 1836

72 Brandenburg (früher: Brandenburg-Görden) ist eine der berüchtigtsten Haftanstalten in der DDR. Sie beherbergte Ende der achtziger Jahre etwa 2400 Häftlinge. Diese waren in der Mehrzahl Schwerstverbrecher und nur ganz vereinzelt Politische.

Ich hatte leider keine Geschenke mitbringen dürfen – die blöde Schombach hatte es uns verboten.
Bevor wir überhaupt ein Wort wechselten, klopfte Vati mit dem Finger an das Mikro und grinste in Richtung verspiegelter Scheibe, direkt neben unserem Tisch. »Wie du siehst, bin ich hier sehr beliebt,« sagte er. Wir werden also die ganze Zeit durch diese Scheibe beobachtet und durch das Mikrofon bespitzelt! An ein offenes Gespräch war da nicht zu denken. Als Vati versuchte, mir von seinen gesundheitlichen Beschwerden zu erzählen, wurde er auch schon von einem Uniformierten angeschrien. Und auch die Verabschiedung fiel aus dem Rahmen. In der Gewissheit, dass dies mein letzter Besuch in Brandenburg sein würde, nahm ich meinen Mut zusammen und umarmte ihn. Sofort war einer dieser rabiaten Offiziere zur Stelle, schrie auf Vati ein und riss ihn heftig am Arm zur Seite. Dann knallte das Schwein sein schweres Schlüsselbund auf Vatis Kopf. Dieser verdammte Mistkerl! Ich biss mir auf die Zunge, um den Widerling nicht noch mehr zu reizen. Wohlmöglich würde er richtig zuschlagen…
Ich hatte jedenfalls unendliche Wut im Bauch, als ich mit den anderen die Minna bestieg und in Richtung Erzgebirge zurückfuhr. Das war hoffentlich der erste und letzte Besuch dieser Art in diesem grauenhaften Zuchthaus! Dort scheint es ja noch viel schlimmer als in Hoheneck zuzugehen. Mutti darf ich das gar nicht erzählen – sie würde es nicht verkraften.

Montag, 8. Mai 1989: Margrets Brief

Margret bekommt in letzter Zeit häufig verschlüsselte Informationen in ihrer Post. Ihr Sohn Patrick hat Andeutungen gemacht, dass der Freikauf in den Westen bald bevorstünde. Voraussichtlich Mitte Mai. Margret und ich saßen heute nach der Freistunde im Naßteil unserer Zelle. Sie rauchte eine Cabinet und ich trank meinen Kakao. Margret hatte wieder einen Brief von daheim bekommen.

Als ihr plötzlich Tränen über das Gesicht liefen, war mir klar: das sind Freudentränen.
Ich habe große Angst davor, dass ich hier bald allein zurückbleiben muss, ohne Margret. Aber ich versuche es zu verdrängen. Auf dem Freihof erzählte ich ihr später dennoch von meiner Angst und konnte dabei meine Tränen nicht zurückhalten. Sie tröstete mich so gut sie konnte. Falls sie vor mir gehen sollte, würde sie sich für meine Freilassung einsetzen.

Sonntag, 14. Mai 1989: Großrazzia!!!
Die Bullen hier sind wirklich verschärft. Als wir von der Freistunde kamen, zogen plötzlich aus dem Nichts 30 Uniformierte mit Hunden auf. Zuerst haben wir uns gewundert, was dieses Sonder-Einsatzkommando im Zellenhaus zu suchen hat, aber dann wurden wir umzingelt. Wir sollten in Zweierreihen antreten und mussten auf dem Südflügel im Erdgeschoß warten. Das Einsatz-kommando sah ganz schön angsteinflößend aus. Es waren auch Männer dabei, die Waffen trugen. In der Reihe vor mir wurden hektisch Kassiber zerrissen und gegessen. Gitti schluckte sogar eine ganze Handvoll Tabletten: Wassertabletten, Abführtabletten, Schlaftabletten. Alles wild gemixt.
Keiner wusste, was eigentlich los war, und Bärbel stand zu weit von mir entfernt, so dass ich sie nicht fragen konnte. Nach und nach musste jede von uns einzeln in einen speziell vorbereiteten Raum treten. Nach etwa einer Stunde Warten war auch ich an der Reihe. Ich sollte mich, mit dem Gesicht zur Wand, auf eine ausgebreitete Decke stellen und vollständig entkleiden. Um mich herum standen vier Wachteln...
Langsam legte ich die Kleidung ab. Weil ich es wagte mich umzudrehen, um die Wachteln bei ihrer Kontrolle zu beobachten, wurde ich angeschrien.
»Gesicht zur Wand, aber schnell!« brüllte die Schläger-Schmidt und fuchtelte mit dem Schlagstock herum. Aus

den Augenwinkeln konnte ich beobachten, wie die Bullen jeden Saum meiner Kleidungsstücke sorgfältig abtasteten. Was die bloß suchen?? Oh nein!! Ich habe ja meine Transportlisten und einige Kassiber im Kragen meiner Jacke deponiert... Hilfe! Wenn sie die finden, bin ich dran!
Es dauerte nicht lange, und sie hatten Muttis Briefe entdeckt. Mein Geldbeutel und die Vitamintabletten wurden ebenfalls beschlagnahmt. Wie durch ein Wunder blieben aber die Kassiber unentdeckt. Gott hat mich vor Schlimmerem bewahrt!
»Drähn Se sisch um, Strafgefangne! Und jätz machen Sä zähn Gniebeuge – aber die Beene breid!« Ich wollte mich nicht dieser entwürdigenden Prozedur unterziehen und zögerte einen Moment. Doch die Gauch setzte ihren Naziblick auf und zückte den Totschläger: »Na los, wird´s bald! Eens. Zwee. Drei...«
Von allen Seiten beobachteten mich die verhaßten Wachteln. Alle Körperöffnungen wurden unter die Lupe genommen... Ich fühlte mich wie der letzte Dreck – so machtlos und total ausgeliefert. Bevor ich mich anziehen durfte, musste ich mir kopfüber mit den Händen durch die Haare fahren. Das war´s dann.
Ich ging allein durch das Treppenhaus nach oben und kochte innerlich vor Wut. Elende Verbrecher!!!
Auf jeder Etage war eine Wachtel postiert, die mich durch die verschiedenen Gitter und Türen schloss. Vor unserer Zelle angekommen, machte ich die Einschlußmeldung. »Eine Strafgefangene von der Razzia zurück!« Die Wachtel schaute mich blöd an, sagte aber nichts und schloss hinter mir die Tür zu.
Das war das bisher widerlichste Erlebnis in Hoheneck! Ich kann mich noch immer nicht beruhigen... Bärbel meint, so etwas wäre eigentlich nichts Besonderes. Früher wurden solche Großrazzien weitaus häufiger durchgeführt. Mir hat diese eine Mal schon gereicht! Ein zweites Mal will ich das nicht mehr erleben.

Montag, 15. Mai 1989: Letzter Abend mit Margret

Abends waren Margret und ich bei einer Veranstaltung im Freizeitzentrum. Ines hatte uns auf die FZ-Liste gesetzt. Es war ein sogenannter »Plattenabend« mit klassischer Musik: Ravels Bolero, Mozarts Kleine Nachtmusik, Beethovens Mondscheinsonate etc. Vielleicht ahnte ich, was der folgende Tag bringen könnte. Auf jeden Fall war ich melancholisch. Wir sprachen über den bevorstehenden Abschied und tranken Früchtetee. Ich nannte ihr auch noch einmal meine Adresse. Trotz meiner Angst wünschte ich Margret natürlich nichts sehnlicher als die Freiheit, um endlich wieder bei ihrem Sohn sein zu können, den sie so vermisste. Doch Margret war skeptisch: »Du tust ja gerade so, als ob ich morgen gehen würde...«
»Man kann nie wissen!« erwiderte ich.
In der Nacht (wir hatten Vollmond) konnte ich lange Zeit nicht einschlafen. Ich musste immerzu daran denken wie es weitergehen würde, wenn man Margret morgen tatsächlich abholte. In Gedanken sah ich schon das abgezogene Bett vor mir, in dem Margret gerade schlief.

> *Psalm 46, 2-3: Gott ist unsere Zuversicht und Stärke, eine Hilfe in den großen Nöten, die uns getroffen haben. Darum fürchten wir uns nicht.*

Dienstag, 16. Mai 1989: Margret geht auf Transport

Heute Morgen verlief alles ganz normal, wie sonst auch. Wir hatten Frühschicht. Ab 10 Uhr wurden wir Politischen langsam unruhig. Dienstag: der Tag an dem die meisten Transporte gehen! Ob sich heute etwas tut?
Ich war mit Margret in unserem Toilettenaufenthaltsraum. Kaffeetrinkend schauten wir zum Effektenfenster hinüber. Margret war resigniert: »Heute passiert wohl doch nichts mehr«.
»Bis jetzt ist es noch nicht zu spät,« versuchte ich sie aufzumuntern. Wir gingen zurück zu unseren Nähmaschinen. Nach etwa 15 Minuten lief Leutnant Stahlke durch unsere

Abteilung und verschwand im Büro der Lenkungskräfte. Margret und ich sahen uns kurz fragend an, arbeiteten aber danach weiter. Im Magen war mir schon ganz flau. Es war zirka 11:40 Uhr, da kam die Stahlke zusammen mit der Lenkungskraft Klünter in unsere Richtung gelaufen. Sie blieben direkt vor Margrets Nähmaschine stehen:

Blick vom Pausenraum auf die Effektenkammer

»Strafgefangne Münch, packen Sä ihre privatn Sachen zusammn und komm´ Sä mit!« hörte ich die Stahlke sagen. Margret stand auf und wirkte wie versteinert. Im Zeitlupentempo nahm sie ihre Sachen. Dann gab sie mir ihre Tasse und ging wieder zu ihrer Maschine zurück. Wieder schaute sie mich ganz fassungslos und ungläubig an. Die Stahlke drängte zur Eile. Margret und ich umarmten uns noch zum Abschied, was der Leutnant natürlich nicht gefiel. »Keene großen Abschiedsszenen, Strafgefangne Münch!« fauchte sie.

Was dann geschah, weiß ich nur noch schemenhaft. Es ging alles so schnell! Als die Tür abgeschlossen wurde, durch die man sie abführte, ließ ich alles stehen und liegen und stürzte sofort zur Toilette. Einige liefen mir hinterher. Die Tränen liefen mir über das Gesicht. Ohne Ende. Soldi nahm mich in den Arm und versuchte mich zu trösten: »Ihr seht euch doch bald wieder. Es ist ja kein Abschied für immer«. Gabi kam aus dem Spezialband zu mir herübergelaufen. Auch sie weinte. Ihre Freundin Trixi B. und Renate S. von Planet I waren ebenfalls abgeholt worden. So lagen wir uns gegenseitig in den Armen und weinten, was das Zeug hielt. Zum Mittagessen bekamen Gabi und ich keinen Bissen herunter. Ich war so wütend auf Hanny, die auf Margrets noch eingedeckten Platz schielte und meinte: »Naja, da kann ich mir das ja jetzt nehmen!« Hat die denn nichts Wichtigeres in ihrer hohlen Birne als das blöde Essen?!

»Hier, meins kannst du auch noch haben,« fuhr ich sie an. Anschließend, auf dem Freihof, kam ich mir total verlassen vor. Täglich, Monat für Monat, war ich mit Margret meine Runden gelaufen. Britt und andere sagten: »Sei nicht traurig, du hat uns doch noch«. Das war sicher nett gemeint, aber was war das schon im Vergleich zu Margret? Stillschweigend lief ich also allein meine Runden. Einige Kriminelle (besonders Rocky und Gitti M.) beobachteten mich mit Genugtuung. Kurz vor dem Ablaufen gab mir sogar unsere Vorarbeiterin Karin unter vier Augen den Rat, meine Trostlosigkeit nicht so offenkundig zu zeigen, da sich etliche darüber freuten. Die Krönung war aber Rosi. Kaum war Margret weg, da wurde sie auch schon wieder dumm-frech und wollte sich Geld von mir leihen. Ich habe nur ‘nein’ gesagt und bin weggelaufen.

Am meisten hatte ich Angst davor, in den ’Verwahrraum’ zurückzukommen und vor mir Margrets abgezogenes Bett zu sehen. Schon bei dem Gedanken füllten sich meine Augen bereits wieder mit Tränen. Kaum waren wir in der Zelle, stürzte sich die ganze Horde sofort auf Margrets Schrankfach, um abzuleuchten, was sie wohl dagelassen hatte. In Windeseile wurden Margrets Knastsachen aufgeteilt. Andrea bekam die versprochenen Schuhe. Mir hatte

Margret Vitamintabletten und andere nützliche Dinge auf mein Bett gelegt. Ihren Geldbeutel samt Inhalt hatte sie – für die anderen nicht sichtbar – unter meinem Kopfkissen deponiert. Erneut musste ich weinen, während die anderen den Schrank auf den Kopf stellten und nach Margrets Geld fahndeten. Trilli kam auf mich zu und schnauzte: »Hör bloß auf zu heulen! Das kann ich nicht sehen!« Dabei funkelten ihre schwarzen Augen ganz grimmig. Auch Andrea war nicht gerade freundlich: »Mit Tränen änderst du jetzt auch nichts mehr. Es ist eben so, dass einer geht und der andere dableibt.« Mein Herz tat mir weh, aber niemand hatte für meine Situation Verständnis. Also legte ich mich auf mein Bett und weinte mit dem Gesicht zur Wand vor mich hin. Die Tatsache, dass mich morgens niemand mehr wecken und mir liebevoll übers Haar streichen würde, schnürte mir die Kehle zu. Ich bekam einen Weinkrampf und konnte mich nicht mehr beruhigen.
Als wir zum Abendessen ablaufen sollten, bat ich Bärbel in der Zelle bleiben zu dürfen. Essen konnte ich jetzt sowieso nichts und meine Augenlider waren vom stundenlangen Weinen so angeschwollen, dass ich mich nicht aus der Zelle traute.

Sonntag, 21. Mai 1989: Einsamkeit

Seit Margret weg ist, fühle ich mich richtig elend. Zum Essen muss ich mich wirklich zwingen. Trotz der warnenden Ratschläge kann ich meine Traurigkeit nicht verbergen. Ich weiß, dass es gefährlich sein kann hier Schwäche zu zeigen, aber es ist mir egal, was die anderen denken!
Die Einsamkeit, die mich jetzt umgibt, ist schlimm und tut verdammt weh. Mit Margret ist meine einzige Vertrauensperson verschwunden. Wem kann ich jetzt noch trauen? Gabi steht mir von allen Politischen noch am nächsten, aber da Trixi in Gabis Prozess verwickelt war, geht sie garantiert mit dem nächsten Transport weg. Und dann?

Montag, 22. Mai 1989: Eingebettet im MD

Die letzten Tage waren zuviel für mich. Ich habe vor meiner Verzweiflung und Einsamkeit kapituliert, wollte nicht mehr stark sein. Mit hohem Fieber, Halsschmerzen, Kreislaufproblemen und vegetativ bedingten Herzbeschwerden ließ ich mich am Freitag ins MD schließen. Mein Blutdruck war ziemlich schlecht – trotz der Tropfen, die ich vorher zur

Kreislaufaktivierung nehmen musste. Oberst Pansa fragte mich, was mit mir los sei und ich erklärte ihm meine Situation.

»Na, da suchn Sä sisch einfach ´ne neue Freundin. Is doch kään Probläm.« Er grinste höhnisch. Der blickt doch überhaupt nichts! Meint der, Margret und ich hätten etwas miteinander gehabt, oder was?! Dieser gehirnamputierte Tropenvogel... der hat doch nicht mehr alle Lichter auf dem Christbaum!

Wegen meines miserablen Blutdrucks hat er mich am Ende aber doch »eingebettet.«

Ich wurde in eine Krankenzelle verlegt, zu einer 23jährigen Frau. Sabine, die momentan im Nachbarbett liegt, ist schon mehrfach wegen Körperverletzung und Rowdytum vorbestraft. Draußen war sie ein Skinhead, kahlrasiert, mit Hakenkreuzen tätowiert und von oben bis unten mit Hundeketten behängt. Es war mir bisher noch gar nicht bewusst, dass es in der DDR weibliche Skins gibt, die noch dazu so aggressiv sind. Hier lernt man doch immer wieder etwas Neues!

Die Betreuung im MD ist einfach skandalös. Selbst Schwerkranke werden um 4 Uhr morgens geweckt und müssen um 6 Uhr aus dem Bett springen, um ihre Meldung zu machen. Eigentlich habe ich ja keine Probleme aufzustehen, war aber dennoch am Samstagmorgen über das frühe Wecken sehr erstaunt. Nach der Medikamentenausgabe legten Sabine und ich uns wieder in unsere Betten und als es gegen 6 Uhr an der Tür schlüsselte, war ich im Halbschlaf. Ich bin einfach liegengeblieben. Schließlich können

uns die Wachteln auch in den Betten zählen. Zumindest dachte ich das, bis ich eines besseren belehrt wurde... Sabine stand ordnungsgemäß auf und machte Meldung. Als ich mich noch immer nicht rührte, wurde ich angeschrien und wachgerüttelt. Nicht mal als Kranke hat man hier seine Ruhe! Nach der Zählung durften wir immerhin bis zum Mittagessen schlafen.
Wenn man krank ist, fällt einem alles doppelt so schwer. Ich sehne mich nach ein bisschen Fürsorge, aber hier ist alles nur kalt und steril. Wann hat das alles bloß ein Ende?? Ich fühle mich noch immer schwach, aber ich glaube drüben, auf dem Kommando, bin ich besser aufgehoben als hier. Bei der Visite am Nachmittag werde ich mich wieder auf Planet II zurückverlegen lassen. Hier im MD drehe ich erst recht durch! Sabine mit ihrem Nazigeschwafel halte ich jedenfalls nicht länger aus.

Dienstag, 23. Mai 1989: Die Krise hält an

Liebe Mutti,
es macht den Anschein, als hättet Ihr meinen 3. Aprilbrief nicht bekommen. Oder irre ich mich? Ich hatte Euch darin über den Besuch bei Vati berichtet (ich war wirklich sehr über die äußeren Umstände bestürzt. Vati geht es aber an sich gut. Und er ist zuversichtlich!)... Aber über Vatis momentane Situation bin ich absolut nicht im Bilde, tut mir leid. Beim Sprecher machte er auf mich einen guten Eindruck. Gibt es ernsthafte Schwierigkeiten?
Ich bin wieder einmal in einer Krise... Ich möchte Euch ja nicht mit meinen Stimmungen belasten, aber ich habe gerade ein ganz großes Tief. Ich bin so unsagbar traurig und allein. Hier ist niemand, der mich richtig versteht, der mich trösten oder einfach nur in den Arm nehmen könnte. Essen kann ich zurzeit auch nichts mehr, mein Herz tut mir weh: ich kenne mich selbst nicht mehr! So eine schlimme Traurigkeit hat mich noch nie befallen... Ich schäme mich zu sagen, dass ich voller Zweifel bin. Aber es ist so.

Ich kann nichts mehr glauben, weiß aber gleichzeitig, dass es das Aus wäre, würde ich jetzt aufgeben. Ich will stark sein, aber es fällt mir so schwer. Wenn doch ein Wunder geschähe! Was habe ich getan, dass ich so bestraft werde? Habe ich in den 15 Monaten nicht schon genug gelitten? Muss ich den bitteren Kelch bis zur Neige leeren? Warum???? Ich verstehe das alles nicht. Aber ich will Dir Dein Herz nicht schwer machen, Mutti. Ich musste mir das nur alles von der Seele schreiben... Die Last wird mir langsam zu schwer, die ich tragen soll. Betet bitte für mich, damit ich Kraft bekomme, auch Geduld und Einsicht. Mit Gottes Hilfe werde ich wohl diese schwere Zeit überstehen. Ich mache niemandem Vorwürfe, nur mir selbst wegen meiner Kleingläubigkeit, meinen Unzulänglichkeiten, Schwächen und Ängsten. Aber nun Kopf hoch! Ich will und MUSS wieder in die Zukunft sehen.

Mein liebstes Gebet im Moment: Stärke mich Gott, durch den heiligen Geist. Gib mir Kraft, damit mein Herz fest werde und von aller unnützen Sorge und Angst frei sei; damit ich nicht durch mancherlei Wünsche nach wertlosen oder auch kostbaren Dingen abgelenkt werde, sondern das alles in seiner Vergänglichkeit sehe. Gib mir, Herr, Weisheit, damit ich lerne, dich mehr als alles andere zu suchen und zu finden. Führe mich sicher zum Ziel.
Es umarmt und grüßt Euch Eure Birgit

Mittwoch, 24. Mai 1989: Einzelgängerin

Seit meiner Entlassung aus dem MD werde ich immer mehr zur Einzelgängerin. Ich kann niemanden an Margrets Stelle lassen und ich will es auch nicht. Ich will einfach nur meine Ruhe haben. Bis auf Gabi und einige wenige andere können mir hier sowieso alle gestohlen bleiben! Rosi nervt mich aber ständig und Elke hängt wie eine Klette an mir. Und seitdem Aniko wieder in Hoheneck ist (sie war ein paar Wochen verschwunden – man erzählt sich, sie habe in dieser Zeit in der Küche der Stasi-UHA Leipzig

gearbeitet) und beim Essen auch noch an meinem Tisch sitzt, werde ich von ihr belagert. Ja, sind denn jetzt alle durchgeknallt? Fehlt nur noch, dass sie mir einen Miezenteller hinstellt!
Margret scheint es Gott sei Dank gut zu gehen. In Muttis letztem Brief stand eine verschlüsselte Botschaft über 'Bärchen'. Und 'Wuschel' hat sich inzwischen auch gemeldet. Schön, dass sie mich nicht vergessen haben!

Mittwoch, 31. Mai 1989: Seltene Transporte

Alles öde und langweilig. Die Transporte werden in letzter Zeit immer spärlicher. Gestern ging Corinna W. auf Transport - als Einzige! Wenn das so kleckerweise weitergeht, sitzen wir nächstes Jahr noch hier. Corinna saß übrigens zum Schluss im Arrest, wegen AV. Bringt es denn ´was, zu rebellieren? Wird man dadurch schneller in den Westen abgeschoben? Es hat beinahe den Anschein... Andererseits hat mich Schnur ausdrücklich vor solchen Aktionen gewarnt. Ich weiß nicht, was ich machen soll!

Montag, 5. Juni 1989: Nachricht vom Anwalt

Meine liebe Birgit,
Donnerstag konnte ich mit Anwalt Schnur sprechen. Er war erst vorige Woche wieder in unserer Angelegenheit tätig. Ich weiß, dass er sich intensiv bemüht, ganz besonders auch deinetwegen. Er sagte mir, dass in absehbarer Zeit eine Lösung zu erwarten sei, auch für Vati und Hagen. Herr Schnur wird Dir schreiben. Bitte sei nicht mutlos, es wird jetzt alles gut. Ich umarme Dich, mein liebes Kind.
Deine Mutti.

Herr, wir wollen uns von keinem Schrecken überwältigen lassen, sondern uns als die erweisen, welche um einen ganz andern, höhern Trost wissen, als alle Welt hat. Andere verlassen sich auf ihre irdische Gewalt und ihr Glück, wir aber wollen uns damit trösten, dass wir einen Gott haben, der uns gewiss beistehen wird. (Martin Luther)

Dienstag, 6. Juni 1989: Gabi wird freigekauft

Wieder zwei Politische freigekauft! Heute wurde Gabi 'gezogen.' Mit ihr ging Christine von Planet III auf Transport. Dass Gabi als Nächste an der Reihe war, hatte ich schon erwartet. Ich freue mich für sie und ihre Familie. Bald wird sie ihre Kinder und ihren Mann wiedersehen können. Die Briefe von daheim klingen zurzeit wieder sehr optimistisch. Inzwischen bin ich aber zu oft enttäuscht worden; ich kann nichts mehr glauben. Es fällt mir immer schwerer Enttäuschungen zu verkraften. Immer diese Hoffnung auf den nächsten Transport – und dann wieder nichts. Das ist psychische Folter. Ich frage mich, ob man uns einfach vergessen hat, oder ob die Stasi an uns ein Exempel statuieren will. Jetzt habe ich die Hälfte abgesessen und nichts ist passiert. Ich rechne inzwischen mit dem Schlimmsten... Wahrscheinlich muss ich die zweieinhalb Jahre voll absitzen!

Mittwoch, 7. Juni 1989: Enttäuschungen

Gabi ist nun also nicht mehr da. Sie fehlt mir, aber diesmal habe ich nicht so sehr gelitten wie bei Margret. Jetzt fühle ich mich auch schon wieder etwas besser. Innerlich bin ich zwar wie ausgebrannt, aber beim zweiten Mal ist man einfach gefasster. Brigitte, eine Politische aus meinem Kommando, schmiedet derweil ihre kleinen Intrigen gegen mich. Sie ahnt sicher, dass ich über ihre Stasi-Kontakte[73] Bescheid weiß. Außerdem hat sie mir meine Kritik an ihrem lesbischen Verhältnis mit unserem Bridscher Ines übelgenommen. Im Grunde ist es ja ihre Sache, aber ich kann einfach nicht verstehen, weshalb sie sich nicht zusammenreißen kann und so etwas macht. Ihr Mann sitzt

73 Sie ging auffällig oft zum »Arzt«. Daraufhin angesprochen und mit unseren Vermutungen in die Enge getrieben, stand sie ein, der Stasi Berichte über Politische abzuliefern. Die Stasi hatte angeblich gedroht, ihr die Kinder wegzunehmen.

schließlich auch im Knast. Und für die Devise »Man muss alles mal mitgemacht haben« habe ich kein Verständnis. Tut mir leid! Bei den Langstrafern ist das ´was anderes – da sind diese Beziehungen ja fast existenziell. Auf jeden Fall werde ich auch weiterhin aus meiner Meinung keinen Hehl machen. Ina, auch eine Politische hier auf Planet II, hält neuerdings zu Brigitte und intrigiert fleißig mit. Zusammen mit Britt tuscheln sie über mich – ich weiß nicht was. Wahrscheinlich, weil ich mich hin und wieder mit Gerda B. aus unserer Durchgangszelle unterhalte, die hier alle hassen wie die Pest. Mir hat sie aber nichts getan und überhaupt: die können mich alle mal! Die Stasi wird frohlocken – jetzt halten nicht mal mehr die Politischen richtig zusammen.

Samstag, 10. Juni 1989: Martins Taufe

Martin, mein kleines Patenkind, wird heute getauft und ich kann nicht dabei sein!! Ich bin unendlich traurig darüber...

Apropos traurig: gestern ist auch noch eine Gefangene in Hoheneck gestorben. Sie hat wahrscheinlich Selbstmord begangen. Man hat sie am Morgen erdrosselt auf ihrem Bett gefunden. Alle ihre Zelleninsassen wurden sofort von der Stasi zum Verhör geholt – ohne Erfolg. Ich möchte nicht wissen, wie viele Frauen sich hier in diesem unmenschlichen Zuchthaus im Laufe der Jahre schon das Leben genommen haben!

Donnerstag, 15. Juni 1989: Brief aus dem Zuchthaus...

Liebe Mutti und Britta! Lieber Holm!
Keine besonderen Neuigkeiten aus Hoheneck. Mir geht´s momentan so einigermaßen. Ich schleppe mich halt so dahin, von einer Woche zur anderen. Immer mit einer kleinen Hoffnung im Herzen, die dann doch wieder kaputtgemacht wird. Es ist immer dasselbe. Kein Wunder, wenn man apathisch wird...

Ich darf gar nicht darüber nachdenken, was ich alles versäume, während ich Monat für Monat hier zubringen muss. Ich war sehr traurig, dass ich bei der Taufe meines Patenkindes nicht dabei sein konnte!
Habt Ihr denn meinen Bericht über den Sprecher in Brandenburg noch immer nicht erhalten?? Sollte er auf mysteriöse Weise 'verlorengegangen' sein? Wenn ich jedenfalls an die Sache mit Vati und dem Schlüsselbund denke, bekomme ich jetzt noch Angst und Wut zugleich. Was sollte denn das? Britta wollte noch wissen, ob ich Vati beim Besuch umarmen durfte. Wenn ich daran zurückdenke, geht mir gleich der Hut hoch!
Für heute muss ich schließen – es geht gleich zur Nachtschicht.
Liebe Grüße, Eure Birgit.

Dienstag, 4. Juli 1989: Das Gedicht

Omi und ich haben in den letzten Monaten viel Zeit miteinander verbracht. Man könnte fast sagen, wir haben uns angefreundet. Sie ist ja eigentlich sehr misstrauisch und ruhig. Erzählt kaum etwas von sich aus. Aber in letzter Zeit habe ich lange Gespräche mit ihr geführt. Da sie in der Durchgangszelle ist und wir uns auch im Waschraum begegnen, sehen wir uns täglich. Bisher habe ich mich allerdings nicht getraut, sie nach ihrer Nazi-Vergangenheit zu fragen. Ich glaube, das braucht noch etwas Zeit. Aber es interessiert mich natürlich brennend und irgendwann werde ich ihr ein paar Fragen stellen. Bisher weiß ich nur, dass sie 1915 in Berlin-Neukölln geboren wurde, zweimal verheiratet war, einen Stiefsohn namens Achim hat und 1955 in Neubrandenburg verhaftet wurde. Die Zeit in der U-Haft muss so schrecklich gewesen sein, dass sie nicht darüber reden kann (sie hat Folterungen angedeutet). Auch von früheren Zeiten in Hoheneck hat sie berichtet. Damals gab es nur kaltes Wasser. Zum Haarewaschen wurde Muckefuck[74] benutzt - igitt! In den Zellen waren 30 und mehr Frauen zusammengepfercht. Es gab Dreistockbetten und sogenannte Matratzenschläfer, die nur eine Matratze als Bett hatten und auf dem Fußboden schlafen mussten. Und im tiefsten Winter und bei bis zu einem Meter Schnee mussten die Strafgefangenen, nur mit Kniestrümpfen, Rock und dünner Jacke bekleidet, auf den Freihof. Viele Frauen haben sich Nierenschäden und Unterleibserkrankungen zugezogen. Damals war auf dem Freihof auch noch Marschieren und Strafsport an der Tagesordnung. Ich kann gar nicht nachvollziehen, was Erika hier schon alles mitgemacht haben muss. Und bei alledem ist sie ganz ruhig und freundlich geblieben. Ihre Hoffnung auf Freiheit, obwohl utopisch, ist ungebrochen. Sie weiß ganz genau, dass sie nie amnestiert oder begnadigt werden könnte. Und trotzdem hört man Erika nie klagen. Seit 33 Jahren dreht sie die gleichen Runden auf dem Hof: immer die gleiche monotone Arbeit, immer derselbe Tagesablauf. Nur die Mitgefangenen kommen und gehen. Wie hält man so etwas aus? Ob sie ihr altes Leben verdrängt hat? Ich glaube, ich hätte mir an ihrer Stelle schon längst das Leben genommen. Manchmal, wenn ich ganz ohne Hoffnung bin, weil wieder ein Transport weggegangen ist, und ich schon wieder umsonst gewartet habe auf dieser blöden Liste zu stehen, dann tröstet mich Omi. Sie sagt mir dann, dass ich schon in Kürze frei sein werde und das Leben noch vor mir habe... Vor kurzem hat sie mich im 'Naßteil' ein Gedicht gelehrt. Sie selbst habe es, so sagte sie mir, von einer Gefangenen aus dem Zuchthaus Waldheim[75] gelernt:

Wenn ich einmal frei sein werde,
Weiß ich nicht wie wird das sein.

74 Malzkaffee
75 Strafvollzug und berüchtigte Stasi-Psychiatrie, in der laut Zeugenaussagen auch gefoltert wurde. In Waldheim wurden ebenfalls medizinische Versuche an Gefangenen durchgeführt, wie mir ehemalige Waldheim-Häftlinge berichteten.

Dann grabe ich in deine Erde,
Oh Heimat, meine Hände ein.
Ich gehe einsam durch die Straßen,
Mein Kopf ruht still an einem Baum.
Ich kann die Freiheit noch nicht fassen,
Mir ist´s als wäre alles nur ein Traum.
Und wenn die Leute mich dann fragen
Wo ich so lang´ gewesen bin,
Dann werd´ ich wohlbehalten sagen:
Ich ward´ in Gottes Mühlen drin.
Die Räderspuren mahlen
tief in der Menschen Angesicht -
Ich mußt´ mit meinem Herzblut zahlen
Wie nie in meinem Leben nicht.

Ich stelle mir manchmal vor, wie das wohl sein wird, wenn ich entlassen werde... Straßen entlanggehen? An einem Baum lehnen? Das ist so erschreckend weit weg. Ich weiß, es ist absurd, aber ich habe Angst vor den Menschen da draußen. Bin ich nicht mehr normal? Was passiert mit mir?

Montag, 17. Juli 1989: Elke

Letztes Wochenende wieder Sprecher. Vom Anwalt keine Neuigkeiten – typisch. Allerdings ist es auch seltsam, dass ich für den nächsten Sprecher am 19. August keine Sprechergenehmigung erhalten habe... Weil ich dann nicht mehr hier bin, oder was?
Mein langweiliges Leben im Zuchthaus besteht momentan nur aus schlafen und arbeiten. Ab und zu lese ich auch wieder: Vater Goriot von Balzac, Tucholskys Lerne lachen ohne zu weinen und den Roman Alexis Sorbas. Aber ich merke, dass ich immer müder werde. Selbst das Lesen macht mir kaum noch Spaß...
Ich habe einen Brief nach Hause geschickt, mit verschlüsselten Infos über den letzten Häftlingstransport vor einer Woche. Ob sie's daheim verstanden haben? Die spezielle

Passage lautete in etwa so: »Vor 6 Tagen gab es endlich wieder gefüllte Schokolade. Ich habe mich gleich mit 4 (!) Tafeln eingedeckt. Mal sehen, wie lange das reicht. Circa 47 Mark sind mir noch von meinem Monatsgehalt übriggeblieben. Ich hoffe, dass ich die nächsten 14 Tage damit hinkommen werde.« Damit wollte ich sagen, dass vor 6 Tagen ein Transport mit 4 Politischen aus Hoheneck wegging, dass wir hier noch 47 Politische sind, und dass ich hoffe, in 14 Tagen einen weiteren Transport zu erleben. Ach ja, die wichtigste Neuheit hätte ich fast vergessen: wir haben Neuzugang in der Zelle bekommen. Elke, genannt »Alf«, ist auch eine Politische und stammt aus Berlin. Sie ist noch etwas schüchtern, scheint aber ganz nett zu sein. Sie hat Margrets Bett bezogen. Das passte mir zwar anfangs überhaupt nicht, aber es war leider kein anderes Bett frei.

Mittwoch, 19. Juli 1989: Medizinische Versorgung

Nach meinen Erlebnissen im MD, damals, als ich eingebettet war, hätte ich es besser wissen müssen! Die medizinische Versorgung bezieht sich in Hoheneck nur auf die minimalsten Leistungen. Wenn man einen (Stasi-)Arzt konsultieren will, dann kommt man dahin nur nach wochenlanger Voranmeldung. Man muss regelrecht darum betteln, ins MD geschlossen zu werden (gute Beziehungen zum Bridscher helfen hier ungeheuer!). Ist man dann dort, wartet man stundenlang in der winzigen Wartezimmerzelle. Oder man wird einfach dort 'vergessen' und muss nach mehreren Stunden sinnloser Warterei wieder zurück zur Arbeit, ohne je einen Arzt aus der Nähe gesehen zu haben. Wer krank ist, muss wirklich mit dem Kopf unter dem Arm erscheinen, um überhaupt behandelt zu werden. Krankgeschrieben wird ohnehin so gut wie nie. Die Produktion (und damit das einträgliche Devisengeschäft) könnten ja darunter leiden. Kein Wunder, dass man Diabetiker und Frauen mit offener TBC oder Krebs überall an-

treffen kann. Auch sie müssen auf bestimmten Stationen arbeiten gehen.
Wie lächerlich von mir, wegen Lappalien heute im MD zu erscheinen! Ich bin heute zum einen hin, weil sich das Blut in meinen Beinen staut. Reine Bewegungsarmut. Ich sitze ja den ganzen Tag an der Nähmaschine und Sport kann man hier nicht treiben. (Wenn ich wieder draußen bin werde ich Tennis spielen, schwimmen, joggen...) Zum anderen wollte ich meine Vitamintabletten aus Muttis letztem Paket abholen. Die Schombach hatte sie ins MD weitergeleitet. Der diensthabende Arzt wollte sie mir aber nicht geben, weil es sich um ein westdeutsches Produkt handelt. So ein beschränkter Heini!! Ostdeutsche konnte er mir natürlich auch nicht verschreiben. Stattdessen fragte er mich, wozu ich Vitamintabletten bräuchte. Das Essen in Hoheneck wäre doch »vollkommen ausgewogen und vitaminreich.« Dass ich nicht lache!!

Samstag, 22. Juli 1989: Die Diebin

Alf wurden letzte Nacht 20 Mark geklaut, die sie unvorsichtigerweise in ihrer Hosentasche gelassen hatte. Wir haben also wieder einmal eine Diebin unter uns! Bärbel wurde vor wenigen Tagen auch schon eine Zitrone aus dem Schrank gestohlen... Vorhin haben wir (Bärbel, Manu und ich – die anderen mussten im Waschraum warten) den ganzen VR durchsucht, aber nichts gefunden. Alle bei uns tippen zwar auf Elke L. als Täterin, aber solange wir bei ihr nichts finden, können wir auch nichts beweisen. Die Beschuldigte selbst spielt jedenfalls die Unschuld vom Lande. Da fällt mir ein, dass sie mir vor kurzem Zitronensaft für meinen Tee angeboten hat. Als ich sie fragte, woher sie denn die Zitrone hätte, behauptete sie, diese von einer Freundin in der Küche bekommen zu haben. Damals dachte ich mir nichts weiter dabei, aber nun glaube ich langsam auch, dass die L. stiehlt. Bis zu dem Zeitpunkt, als sie zu uns in den VR kam, gab es zumindest keine Zwischenfälle dieser Art.

Sonntag, 23. Juli 1989: Beobachtungen

Nachmittags waren wir im Kino und haben uns den Film »Linie 1« angeschaut. Eine Art Musical, das in Westberlin spielt... Ich habe nur daran gedacht, dass wir hoffentlich auch bald in Berlin sein werden.

Inzwischen ist es Abend. Ich liege im Bett und schaue durch die Gitter aus dem Fenster. Das macht mich ganz fertig. Es ist so ein schöner Sommerabend... Mild und einfach ideal zum Draußensitzen. Die Bullen feiern offensichtlich ein Fest. Vor einer Viertelstunde kamen alle Wachteln ganz aufgedonnert (die Dietrich trug sogar ein Kleid!) mit ihren Männern an und liefen ins Polizei-Kulturhaus, das nur etwa 200 m vom Knast entfernt steht. Ich kann von unserer Zelle genau sehen, was da unten abgeht.

Einige Stunden später: laute Musik und Gegröle. Ein paar von den Knastwärtern torkeln vor dem Kulturhaus herum, andere rauchen und glotzen zu uns herüber. Ich hatte gerade den Wachhunden ein paar Stücke Blutwurst vom letzten Abendessen runtergeworfen, mich aber dann schnell geduckt, als ich merkte, dass man zu uns herübersah. Mist! Hoffentlich haben die mich nicht entdeckt...

Na klasse – nun tasten sie ein Fenster nach dem andern mit dem riesigen Scheinwerfer ab! Jetzt kann ich mich am Gitter so schnell nicht mehr blicken lassen, das steht fest.

Mittwoch, 26. Juli 1989: Verschlüsselte Botschaften

Heute kam ein seltsamer Brief von Mutti. Sie schrieb irgendetwas von einem Hochzeitstermin, der ihr bald mitgeteilt würde. Also doch bald die Freilassung? Und dann meinte sie noch, Erika lasse mich grüßen. Sie wolle ihrem Mann Hagen ein Geschenk machen, habe aber nur noch bis Monatsende Zeit dafür. Was soll das bedeuten?? Vielleicht, dass Hagen in den nächsten Tagen aus dem Cottbuser Knast abgeschoben wird? Zum Schluss fragte Mutti,

Gefängnismauer

ob ich genügend Erfrischungsgetränke hätte. Wahrscheinlich für die Übergangszeit in Karl-Marx-Stadt...? Alles irgendwie mysteriös.
PS: Seit einigen Tagen ist es wieder sehr heiß. In der Nachtschicht gibt es jetzt massenhaft Ungeziefer (riesige Motten), das um die Neonleuchten schwirrt. Eklig!

Freitag, 28. Juli 1989: Legt unser Anwalt seine Arbeit nieder?

Endlich wieder Schreibtag! In Hoheneck kursieren Gerüchte, wonach unser Anwalt, Wolfgang Schnur, einen Herzinfarkt gehabt haben soll und nun alle Fälle niederlegt. Das wäre eine Katastrophe!! Ich muss Mutti sofort in meinem Brief danach fragen und ihr auch – natürlich verschlüsselt – schreiben, dass letzten Dienstag wieder ein Transport mit drei Frauen aus Hoheneck wegging. Evelyn S. war diesmal mit dabei. Beim letzten Sprecher saß sie noch neben uns. Klasse, wie ihre Mutter damals die Wachteln ausgetrickst und uns ein paar Stücke Rittersport-Schokolade zugeschoben hat. Tja, und nun ist Evelyn wahrscheinlich schon in Freudenstadt bei ihren Verwandten. Und Sonja R., die Zahnärztin, wurde Gott sei Dank auch endlich freigekauft. Als ich sie das letzte Mal auf dem Freihof getroffen habe, war sie total am Ende. Sie war diejenige von allen Politischen, die bisher am längsten in Hoheneck war. Zwölf Monate genau. Sonja hat schon nicht mehr an den Freikauf geglaubt. Und nun hat es doch geklappt! Jetzt sind wir nur noch 43 Politische hier im Zuchthaus... Unsere Zahl nimmt langsam ab.

Liebe Mutti! Liebe Britta, lieber Holm[76]!
Ich habe gerade etwas freie Zeit, die ich zum Schreiben nutzen möchte. Im Radio läuft eben das neueste Lied von Wham „One, two, three". Kennt Ihr das? Das finde ich ganz toll!! Ich habe es vorige Woche Montag das erste Mal gehört. Super! – In letzter Zeit spielen wir stundenlang Skat oder Schach. Bald bin ich ein Profi! Von 43 Spielen habe ich nur zwei verloren. Das ist doch gut, oder?
Wie geht es Euch momentan? Es macht mich traurig zu lesen, dass Ihr entmutigt seid. Ich hoffe mein letzter Brief

76 In diesem Brief befanden sich wieder einige codierte Informationen über aktuelle Häftlingsfreikäufe. In der Regel habe ich bestimmte Lebensmittel, Zahlen und frei erfundene englische Songtitel kombiniert, um meine Mutter über die Hohenecker Transporte auf dem Laufenden zu halten. Die Offiziere der Zensur sind nie dahinter gekommen und ließen diese Briefe passieren.

hat Euch etwas Mut gemacht. Auch dieser Brief soll Euch ermutigen. Es bringt wohl nichts ein, sich mit einem bestimmten Termin verrückt zu machen. Das hat die Vergangenheit gezeigt. Oft bleibt dann nur Resignation. Aber ich habe ein gutes Gefühl, weil Fortschritte zu verzeichnen sind. Mit jedem Tag kommen wir unserem Ziel ein großes Stück näher. Vielleicht hilft Euch der Kontakt mit Bärchen ein bisschen über Euer Tief hinweg. Ich hoffe es sehr.

Ansonsten nichts Neues. Meine alten Freunde werden immer weniger, bald bin ich wohl ganz allein. Ihr fehlt mir so sehr, aber ich kann nichts dagegen tun. Ich kann nur warten, Woche für Woche. Vielleicht sind wir ja bald alle frei?!
Ich umarme und grüße Euch, Eure Birgit.
PS.: Stimmt es, dass unser Anwalt einen Herzinfarkt gehabt hat und nun alle Fälle niederlegen will, bis auf einige wenige? Bitte grüßt ihn von mir, wenn Ihr das nächste Mal mit ihm telefoniert.

Dienstag, 8. August 1989: Noch immer keine Post!
In Hoheneck sind viele soooo abergläubisch, man glaubt es kaum. Heute schwamm zum Beispiel ein Lorbeerblatt in meiner Suppe, was laut Evelyn nichts anderes bedeutet, als dass ich heute einen Brief bekomme. Insgeheim hatte ich darauf gehofft, aber Fehlanzeige! Noch immer keine Post von daheim!! Klaut die Schombach wieder einmal meine Briefe? Das wäre ja nichts Neues. Im Moment klappt gerade überhaupt nichts mehr. Das Foto meines Patenkindes habe ich auch nach zwei Monaten noch immer nicht erhalten! Mir ist schon alles egal... Auch wegen des Pakets. Zwar ist in einer Woche wieder einmal ein Sprecher, aber daheim haben sie noch keinen Sprecherschein erhalten. Seltsam! Vati meldet sich auch schon seit Ewigkeiten nicht mehr... Immerhin ist im September oder Oktober wieder Sprecher in Brandenburg. Ich habe mich auf die Liste setzen lassen – höchstwahrscheinlich sitze

ich dann sowieso noch hier. Wie lange das wohl noch so weitergeht?

Mittwoch, 9. August 1989: Gefühlsachterbahn

Es ist wieder einmal zum Verrücktwerden: mal ist mir alles egal, so wie gestern, und manchmal bin ich dermaßen gereizt und aggressiv, dass mich schon die geringste Kleinigkeit zur Weißglut bringt! Heute hat mich Rosi blöd vollgelabert. Die hat sowieso ´n Ding an der Waffel, von Hause aus. Ich habe sie angeschrien: »Lass mich endlich in Ruhe! Du nervst, merkst du das nicht? Aber du bist wahrscheinlich so debil, dass du wirklich nichts mehr schnallst.« Sie hat mich ganz fassungslos angeschaut und war danach auch für ein paar Stunden ruhig. Immer wenn sie keine Zigaretten mehr hat, versucht sie alle anzupumpen oder sie nervt so lange herum, bis sie Tabak und Zigarettenpapier bekommt. Wahrscheinlich hat sie vergessen, dass ich Nichtraucherin bin. Auf jeden Fall bin ich selbst ganz schön über meinen Ausbruch erschrocken. Das mache ich sonst nie! Eher schlucke ich alles runter, als dass ich laut würde. Aber ich merke, dass ich zunehmend aggressiver werde. Ich krieg´ dann so ein Gefühl, als müsste ich wild um mich schlagen, die Tür eintreten, schreien. Beängstigend. Sind das die ersten Anzeichen der Knastmacke?
Die Monotonie im Zuchthaus belastet mich mehr und mehr – ich will endlich wieder zur Schule und mein Abi machen! Jetzt bin ich fast ein Jahr hier. Manchmal frage ich mich, wie ich das ausgehalten habe. Wenn ich aus dem Fenster schaue, und es ist schönes Wetter, gibt mir das den Rest. Da hilft nur noch Zähne zusammenbeißen und ablenken, zum Beispiel durch Lesen. Momentan lese ich gerade ein paar französische Klassiker. Die Freude am Leben von Zola und Ein Leben von Maupassant.

Donnerstag, 10. August 1989: Opa ist krank

Die »Erzieherin« hat neue Quartalspaketscheine verteilt. Da merkt man immer, wie die Zeit vergeht! Eigentlich

wollte ich ja kein Paket mehr haben, aber die Wochen verstreichen und etwas Nachschub kann nicht schaden. Was brauche ich von daheim? Tee, Kaffee, Kakao, Milchpulver, Wiener Würstchen, Käse, Kekse, Nutella, Getränkepulver und DDR-Vitamintabletten.
Inzwischen ist in Weißwasser der neue Sprecherschein angekommen. Mist! Wieder eine Hoffnung begraben... Mutti hat außerdem am 23. August einen Sprecher bei Vati in Brandenburg. Im Moment tut sich auch überhaupt nichts, was Transporte anbelangt. Seit zwei Wochen ist absolut Ebbe. Dafür gab es wieder Neuzugang auf dem Kommando: unter anderem eine Politische aus Berlin. Sie ist Anfang zwanzig, heißt Marianne und ist Friseurin von Beruf. Die Ärmste wurde in Rockys Zelle gelegt. Da wird sie es nicht leicht haben, gemessen an dem Hass, den Rocky allen Politischen entgegenbringt.
PS: Opa liegt im Krankenhaus. Keiner weiß, was er hat. Es kam ganz plötzlich, dabei war er immer kerngesund.

Samstag, 12. August 1989: Bärbels Selbstmordversuch
Während wir gestern auf dem Freihof waren, schrie Gamasche irgendwelche Beleidigungen, die für Bärbel bestimmt waren, aus den ESDA-Produktionsräumen quer über den Hof. Das war ziemlich heftig, Bärbel tat jedoch so, als hätte sie nichts gehört. Ich weiß allerdings genau, wie sie unter allem leidet. Was ist bloß in Gamasche gefahren? Seit sie eine neue Freundin hat, geht es Bärbel ziemlich dreckig. Sie hat geschworen, sich nie wieder mit Frauen einzulassen... Und dann heute Abend Bärbels Selbstmordversuch! Ich war nicht in der Zelle, als es passierte – ich war beim Fernsehen. Als ich zurückkam war Bärbel nicht da, aber die anderen wirkten sehr unruhig. Keiner sagte jedoch etwas. Auch Bärbel erzählte mir nichts, obwohl sie heute zweimal zur »Erzieherin« geholt wurde und mich das stutzig machte. Ich fragte sie, woher der Verband an ihrem Handgelenk käme. Angeblich eine Sehnenscheidenentzündung. Von Soldi erfuhr ich dann heute, dass sich

Bärbel die Pulsschlagader mit einem Messer aufgeschnitten hatte – wegen Gamasche! Manu musste das ganze Blut wegwischen und niemand in der Zelle sollte darüber sprechen, um mich und die anderen nicht zu beunruhigen. Warum redet Bärbel nicht mit mir darüber? Sie vertraut mir doch sonst alles an.

Montag, 14. August 1989: Bücherdrehen

Mausi und ihre Freundin Moritz wollten während der Freistunde die Zukunft durch 'Bücherdrehen' befragen. Sie hatten mich in ihr Geheimnis eingeweiht und da ich schon viel über derartige Aktivitäten gehört hatte, war ich dementsprechend neugierig. Auf dem Freihof schlichen wir eine nach der andern auf die Toilette. In dem engen Raum standen wir dicht beieinander. Mausi zog unter ihrer Bluse ein dickes Buch hervor und Moritz hatte eine Schere und die anderen Utensilien dabei. Dann legten sie die Schere mit den Schneiden in die Buchmitte und banden Zwirn um das Buch und die herausschauenden Scherenenden. Jeweils einen Griff legten sich die beiden auf den ausgestreckten Zeigefinger, so, dass das Buch nur noch die Fingerspitzen berührte und fast schwebte.

»Zuerst müssen wir rausfinden, was 'ja' und was 'nein' bedeutet. Ich rufe jetzt meinen Großvater...« Wir starrten gebannt auf das Buch.

»Opa, sage mir, bin ich 1960 geboren?« Das Buch begann sich langsam zu drehen und schlug nach links aus.

»Okay, links heißt 'nein'. Ich bin 1961 geboren, nicht 1960. Noch´n Test. Zur Sicherheit.«

»Opa, bin ich 1961 geboren?« Tatsächlich! Ich konnte es kaum glauben – das Buch drehte sich langsam nach rechts. Gibt es denn so was? Hilft Mausi nicht doch irgendwie nach?

»Jetzt fragen wir mal, ob du dieses Jahr noch in den Westen kommst, Birgit... Opa, hier ist eine Frau, die will wissen, ob sie dieses Jahr noch in den Westen abgeschoben wird. Kannst du uns antworten?« Ich hielt den Atem an.

Normalerweise glaube ich nicht an diesen Humbug, aber natürlich hoffte ich, das Buch würde sich nach rechts drehen. Es tat sich nicht sofort etwas. Aber langsam machte das Buch eine Rechtsdrehung. Gott sei Dank! Mausi strahlte mich an.
»Siehste, du gehst bald nach Hause! – Nur noch eine Frage, die Freistunde ist gleich vorbei... Opa, sag uns noch, ob es dieses Jahr eine Amnestie für uns gibt.« Wieder drehte sich das Buch nach rechts, ziemlich schnell sogar. Die beiden freuten sich. Danach brachen wir ab und liefen noch ein paar Runden auf dem Freihof, bis wir mit unseren Kommandos ablaufen mussten.
Die ganze Angelegenheit ist mir noch immer ein Rätsel. Ich habe genau gesehen, dass weder Mausi noch Moritz die Drehung des Buches in irgendeiner Weise beeinflusst hatten. Wie also funktioniert das Ganze? Sehr seltsam!

Freihof (damals ohne Baum und jegliche Pflanzen)

Dienstag, 15. August 1989: Schikanen in Brandenburg
Britta hat geschrieben, dass Vati zweimal beim Arzt war. Einmal ist ihm auf der Arbeit ein Eisenstück auf den Fuß gefallen. Vati ist der Meinung, dass etwas gebrochen ist, aber er wurde noch nicht einmal geröntgt. Jetzt hat er vorübergehend einen Schonplatz erhalten, weil er kaum laufen kann. Und dann ist ihm in der Werkstatt ein glühender Metallsplitter ins Auge gekommen. Der Splitter konnte zum Glück entfernt werden, weil er Otto (ein Doppelmörder, der dort Bridscher ist) mit Milka-Schokolade bestechen konnte. Nur so war es ihm möglich, einen Arzt zu sehen. Jetzt hat Vati auch kein Geld mehr, nichts zu rauchen und einen Paketschein bekommt er dieses Quartal ebenfalls nicht. Seltsam, dass diese Informationen zu mir durchdrangen und nicht zensiert wurden! Vielleicht, weil die Schombach gerade im Urlaub ist?

Samstag, 19. August 1989: Sprecher
Nachmittags Sprecher mit Mutti und Britta. Die Zeit ist immer so schnell vorbei. Wieder acht Wochen schuften bis zum nächsten Wiedersehen! Jetzt sind es nur noch sechs Nachtschichten bis Weihnachten (ich rechne hier nur noch in Nachtschichten, so sehr hasse ich diese Schicht!!) bzw. nicht mehr ganz 19 Wochen. Mir wird dabei jede Stunde zur Ewigkeit...
Die Blumen von Mutti sind wunderschön. Ich schaue sie mir oft an und versuche sie zu pflegen, so gut es geht. Durch die Blumen sieht die Zelle doch gleich etwas freundlicher aus.
Britta war so optimistisch beim Sprecher! Ich wünschte, ich könnte ihren Optimismus teilen. Im Juli war ich noch hoffnungsvoll wie nie zuvor, jetzt aber sieht alles schon wieder ganz anders aus. Es ist ein ständiges Auf und Ab. Mal himmelhoch jauchzend, dann wieder zu Tode betrübt. Dass das an den Nerven zehrt, ist logisch. Ich hoffe nur, dass die Nachwirkungen nicht zu stark sein werden. Dass es diese geben wird, das ist mir jetzt schon klar. So etwas

kann wohl an niemandem spurlos vorübergehen... Wichtig ist vor allem, dass uns die Gesundheit erhalten bleibt. Im Moment mache ich mir aber gerade wegen Vati große Sorgen. Zum Glück bekommt er jetzt wieder seine Diät. Aber was passiert sonst noch alles in Brandenburg?? Warum kommen seine Briefe nicht durch die Zensur? Und meine Briefe kommen auch nie bei ihm an. Deshalb habe ich diesen Monat erst gar nicht versucht, an ihn zu schreiben. Diese Angelegenheit muss erst einmal geklärt werden. Ich werde mich beim nächsten Gespräch mit der Schombach über diese Schikanen beschweren. So geht es nicht weiter!

Freitag, 25. August 1989: Warten...
Die Zeit vergeht einfach nicht! Warten, warten, warten. Jeden Tag. WARTEN! Irgendwann muss doch aber einmal etwas Positives passieren! Das kann doch nicht EWIG so weitergehen!!!! Das glaube ich einfach nicht! Ich kann auch nicht mehr. Ich will so nicht mehr leben... Hilf mir doch endlich, Gott! Wo bist du denn, wenn ich dich brauche?? Willst du mich nicht hören? Oder bist du taub? Ich werde noch wahnsinnig!

Dienstag, 29. August 1989: Opa ist tot
Post von daheim. Opa ist vor neun Tagen im Alter von 87 Jahren gestorben. Grund: Versagen aller lebenswichtigen Organfunktionen. Es kam für uns alle überraschend, trotz des hohen Alters. Eigentlich war Opa noch nie richtig krank gewesen... Als Mutti vor zwei Tagen in Brandenburg war, hat sie´s Vati erzählt. Und nun darf er noch nicht einmal zur Beerdigung seines eigenen Vaters fahren! Als ob er abhauen könnte, aus diesem Riesenknast DDR. Es ist unglaublich. Was für ein unmenschlicher Staat! Mit solchen Aktionen beweisen sie uns immer wieder, dass es sich nicht lohnt, hier weiterhin zu leben.

Mittwoch, 30. August 1989: Der Freikauf geht weiter
Transport mit vier Frauen!!! Ina O. von unserem Kommando war dabei. Die Glückliche! Sie war noch gar nicht lange in Hoheneck... Dann wurden auch noch Angi und Gabi H. gezogen. Außerdem Manuela Z. von ESDA. Die wartet schon ewig auf ihren Freikauf. Gott sei Dank hat es jetzt endlich für sie geklappt! Das macht mir selbst wieder Hoffnung. Vielleicht bin ich beim nächsten Transport dabei?

Montag, 4. September 1989: Leutnant Stahlke
Kürzlich hat es einen »Erzieherwechsel« gegeben. Die Schombach ist schwanger und hat unser Kommando an eine gewisse Leutnant Stahlke abgegeben. Bärbel sagt, die Stahlke wäre eine der wenigen, die hier »ganz in Ordnung« sind. Mir hat sie allerdings schon gedroht... Die neue »Erzieherin« bestellte zunächst jede von uns in ihr Büro, um mit uns zu reden. Beim Blättern in meiner Akte stellte sie fest, dass ich damals noch im Zugang die Untersuchung beim Frauenarzt verweigert hatte. So ginge das nicht, meinte sie, und ich müsse nächste Woche auf jeden Fall zum Gynäkologen. Im Notfall würde ich eben zwangsweise vorgeführt. Ich will da aber nicht hin! Auf gar keinen Fall, und wenn sie sich auf den Kopf stellt! Die Geschichten über die Ärztin, die erst nach 20 Untersuchungen mal die Handschuhe wechselt und ständig Fehldiagnosen abgibt, machen mir Angst. Die Stahlke versicherte mir allerdings, dass ab jetzt ein neuer Arzt in Hoheneck tätig wäre.

Dienstag, 5. September 1989: Lakritze?
Seit Opas Tod beschäftigt mich am meisten, dass Mutti nun auch noch zusätzliche Lasten tragen muss und ich ihr dabei nicht helfen kann. Es macht mich wahnsinnig zu wissen, dass mir die Hände gebunden sind...

Liebe Mutti!
Danke für das Paket. Es ist heute angekommen. Lakritze[77]

77 Lakritze steht hier für den Freikauf von Politischen

war zwar nicht dabei, das macht aber nichts. Ich habe mir letzte Woche 4 Tüten gekauft! Das Obstangebot ist gegenwärtig auch ganz passabel. Ich habe mir Äpfel, Tomaten und Pflaumen gekauft.
Schön, dass Manu angerufen hat. Das macht mir wieder etwas Mut und ist so eine Art Hoffnungsschimmer in der Dunkelheit, die mich umgibt.
Grüße an alle Freunde (es ist mir nicht vergönnt, alle aufzählen zu dürfen) und an Vati. Er soll stark bleiben, denn bald werden wir das Leben wieder genießen. Die Hoffnung auf ein baldiges Ende und eine wunderbare Zukunft kann uns niemand nehmen.
Liebe Grüße, Eure Birgit

Die Stahlke hat sich darüber mokiert, dass ich im ersten Entwurf meines Briefes Grüße an diverse Freunde ausgerichtet habe. Die Namen musste ich daraufhin streichen. Dann durfte ich den Brief erneut schreiben. (Ich warte auf den Tag, an dem ich all meinen Brieffreunden wieder schreiben kann. Dass selbst eineinhalb Jahre Trennung unsere Freundschaft nicht zerstören kann, zeigt mir, dass es echte Freunde sind, denen unser Schicksal nicht gleichgültig ist!) Diese »Erzieher« immer mit ihren bescheuerten Schikanen! Dafür hat die Stahlke aber nicht geschnallt, dass ich Mutti von den 4 Politischen mitgeteilt habe, die letzte Woche in den Westen freigekauft wurden. Hah!
Nur noch knapp 4 Monate, dann ist schon wieder Weihnachten! Ob wir Weihnachten zusammen in Freiheit feiern können? Oder wieder im Knast, wie letztes Jahr, mit vogtländischen Jodelliedern? Es hat schon wieder drei politische Neuzugänge gegeben: Christina L., Bärbel M. und Daniela L. Gleichzeitig ging nur ein einziger Transport aus Hoheneck weg. Carina hat diesmal den Sprung über den Stacheldraht geschafft.

Dienstag, 12. September 1989: DDR-Fernsehen

Ich will endlich weg hier!! Eine Woche habe ich wieder geschafft. Jetzt sind es nur noch fünf Nachtschichten bis Weihnachten...

Letzten Freitag habe ich mir zum ersten Mal die neue Jugendsendung »ELF 99« im Fernsehen angesehen. Für DDR-Verhältnisse gar nicht so schlecht, mal abgesehen vom Beitrag des Oberdemagogen Karl Eduard von Schnitzler. Ein typischer Kommentar... Nach seiner Meinung sind alle, die die DDR verlassen wollen: »Gauner, Verbrecher und Kriminelle« (Zitat). Dann sollen sie doch diese Leute alle gehen lassen und ohne sie in ihrem sozialistischen Eden glücklich werden! Seltsam nur, dass immer mehr Menschen das Arbeiter-und-Bauern-Paradies verlassen wollen. Die Kommunisten haben doch nur Angst vor einem Massenexodus – deshalb versuchen sie jetzt, uns zu kriminalisieren.

Dienstag, 19. September 1989: Brief

Liebe Mutti, liebe Britta, lieber Holm!
Eine Woche ist (Gott sei Dank!!) wieder überstanden. Ich habe gerade etwas freie Zeit und möchte Euch ein paar Zeilen schreiben. Allerdings im zweiten Anlauf, wie üblich. Bald werde ich Vati in Brandenburg wiedersehen. Der letzte Sprecher war zwar schockierend für mich, aber es ist ja auch schon fast wieder ein halbes Jahr her. Wenn die Möglichkeit besteht, fahre ich also selbstverständlich hin. Habt Ihr etwas vom Anwalt gehört? Ich wüsste gern, ob ich die 30 Monate hier absitzen muss, oder ob Aussichten auf eine „vorzeitige Haftentlassung" bestehen. Damit ich mich seelisch darauf einstellen kann. Ich meine, 19 Monate habe ich jetzt geschafft – den Rest würde ich (sollte es keine andere Lösung geben) auch noch bewältigen. Allerdings nicht ohne große Schwierigkeiten und auch nicht, ohne meine Konsequenzen daraus zu ziehen. Wenn ich nur daran denke, was Schnur im Juni (!) gesagt hat!! Die

ganze Sache ist ein einziges Rätsel!
Vor der Nachtschicht graut es mir schon wieder. Diese Schicht mache ich so ungern!
Ansonsten geht es mir relativ gut. Ab und zu habe ich Herzschmerzen, aber das wird wohl psychischen Ursprungs sein. Heute hatte ich eigentlich gedacht, dass es mal wieder Grapefruit[78] *zu kaufen gibt – nichts! Aber ein Kilo Äpfel habe ich mir gekauft. Ich versuche gesund zu leben, wie Ihr seht.*
Der nächste Gottesdienst ist Ende Oktober, einen Tag nach dem nächsten Sprecher. Ich sehe uns schon wieder im Sprecherraum sitzen. Klasse! Na dann, bis zum nächsten Mal.
Liebe Grüße, Eure Birgit

Sonntag, 24. September 1989: Tag der Kultur

Kaffeeklatsch am sogenannten 'Tag der Kultur' im FZ. Ein Nachmittag mit Bastelstraße und Kaffeetafel. Für mein Patenkind Martin habe ich einen kleinen Plüschbären aus hellblauem Samt genäht und bestickt. Vielleicht darf ich ihn beim nächsten Sprecher mit rausgeben? – Abends dann 'Disko'. Aber das ist auch immer dasselbe: immer die gleiche Musik. Es gibt einfach nicht genügend gute Schallplatten hier. Ich bin trotzdem hingegangen, schon der Abwechslung wegen. In der Zelle dreht man an den Wochenenden noch durch!

Donnerstag, 28. September 1989: Brandenburg-Sprecher

Der Besuch bei Vati war heute wesentlich angenehmer als beim letzten Mal. Nur die Zeit war viel zu kurz – wir konnten die Themen nur kurz anreißen. Wenigstens konnte ich mich mit eigenen Augen überzeugen, dass es ihm jetzt besser geht. Er sah gut aus und kein bisschen wie 45. (Das hat auch Marianne gesagt, die ihren Mann Micha besucht hat. Micha und Vati kennen sich.) Gelacht habe ich

78 Anspielung auf eventuelle Freikäufe

über Vatis Slang (»Abstand!«). Das ist ja fast wie bei uns in Hoheneck. Seinen Humor hat er zum Glück noch nicht eingebüßt. Später klagte er über Zahnschmerzen. Zum Zahnarzt kann und will er jedoch nicht gehen, weil in Brandenburg sofort extrahiert wird. Kurzer Prozess! Vati meinte, an den fehlenden Zähnen könnte man erkennen, wie lange ein Krimineller schon einsitzt. Die Faustregel ist ein Zahn pro Jahr.
Die Fahrt von Hoheneck nach Brandenburg und zurück war äußerst anstrengend. Insgesamt waren wir sage und schreibe 10 Stunden unterwegs! Früh um 3 Uhr sind wir aufgebrochen, dann eine Stunde Sprecher und wieder zurück. Krönender Abschluss dieses Ausflugs ins Männerzuchthaus: Nachtschicht bis zum nächsten Morgen um 6:00 Uhr. Ich war so fix und fertig, dass ich fast an der Nähmaschine eingeschlafen wäre und mehrere Repas produziert habe. Ines hat allerdings ein Auge zugedrückt.

Freitag, 29. September 1989: Neider

Heute kam wieder ein Paket von daheim. Hauptsächlich Lebensmittel, Kaffee und Tee. Nur die Schnürsenkel und die Zahnpasta wurden einbehalten. Letztere wegen des Schriftzugs Colgate. Werbung ist im sozialistischen Strafvollzug nämlich verboten! Als ich wieder in der Zelle war, musste ich mir die neidischen Blicke auf den Inhalt meines Netzes[79] und einige spitze Bemerkungen gefallen lassen. Es wird immer schlimmer, je länger ich hier bin. Von nun an will ich kein Paket mehr haben – ich kann den Neid und die Gehässigkeiten der anderen nicht mehr ertragen. Frauen können untereinander ziemlich gemein sein. Ich dachte immer, das wäre blödes Gequatsche, aber es scheint doch etwas dran zu sein. Vati hat diese Neid- und Intrigenprobleme sicherlich nicht.
Ansonsten nichts Neues. Keine Transporte in den letzten 4 Wochen (was ist da bloß los???) und das Wetter macht

79 Für Einkäufe oder zu transportierende Paketinhalte muss jede SG einen Netzbeutel bei sich tragen, in dem der Inhalt stets sichtbar ist.

mir auch Angst. Es hat sich in den letzten paar Tagen empfindlich abgekühlt. Jetzt geht es schon wieder auf den Winter zu... Ich weiß nicht, wie lange ich das alles hier noch durchstehen kann. Ich kann nur hoffen und beten, dass sich das Blatt für uns bald wendet. Zu verlieren habe ich eigentlich nichts mehr – es kann also nur noch besser werden.

FREIHEIT ZUM GREIFEN NAH: DIE AMNESTIE

Donnerstag, 5. Oktober 1989:
Es liegt was in der Luft...

Heute gab es endlich wieder einen Transport: Cämmi (Silvia K.) heißt die Glückliche. Aber leider war sie auch die Einzige, die gen Westen ziehen durfte... Was ist draußen los? Seit Ewigkeiten wurde niemand mehr freigekauft! Es scheint alles auf Eis gelegt worden zu sein. Hinter diesen Mauern muss es wohl auch drunter und drüber gehen. Beim letzten Sprecher sind Gerüchte zu uns gedrungen: in der DDR würde die Ausreisewelle immer mehr zur Lawine, und in Prag sei sogar die deutsche Botschaft besetzt worden! Auch von einer bevorstehenden Amnestie ist die Rede. Alles nur Gerüchte oder ist da was dran?

Wachturm

Sonntag, 8. Oktober 1989: Alarmbereitschaft

Irgendwas ist da draußen los! Das Wachpersonal verhält sich irgendwie seltsam. Als ich heute aus dem Fenster nach unten schaute, konnte ich einen bewaffneten Probeeinsatz beobachten. Mit Gasmasken und bis an die Zähne bewaffnet, robbten ein paar von den Wärterinnen durch das angrenzende Zuchthausgelände. Sieht nach höchster Alarmstufe aus. Aber warum?

Abgesehen davon ist bei uns aber alles beim alten... Unter der Woche arbeiten wir bis zum Umfallen und ansonsten wird geschlafen, sooft es geht. Der alte Trott eben.

Das Essen hier kann ich bald nicht mehr sehen. Das Schnitzel war heute so zäh, dass man es kaum schneiden konnte und die Kartoffeln waren ungenießbar und steinhart.

Donnerstag, 26. Oktober 1989: »Sei frohen Mutes...«

Post von Vati: »Sei frohen Mutes und halte durch!« – so lässt sich dieser Brief zusammenfassen. (Wenn ich nur ein bisschen mehr Zuversicht aufbringen könnte! Ich wünschte, ich könnte die Grübeleien und schmerzhaften Gefühle einfach wie eine Lampe ausknipsen...) Vati wollte kürzlich ins Knastkino gehen. Er schrieb, dass im Zuchthaus Brandenburg das erste Mal seit zwei Jahren wieder ein Film gezeigt wurde. Irgendein polnisches Teil, mit »viel Fleisch« – Vati ist nicht hingegangen und hat lieber gelesen. Kann ich gut verstehen. Manche Filme sind wirklich reinste Zeitverschwendung, auch hier in Hoheneck.

Gestern wieder ein politischer Neuzugang: Silvia K. Sie ist auf unserem Kommando gelandet, aber ich hatte bisher keine Gelegenheit mit ihr zu sprechen.

Montag, 30. Oktober 1989: Amnestie für Politische

Am Wochenende wurden wieder Bücher gedreht, Karten gelegt usw. Irgendwas lag in der Luft... Und dann heute der absolute Hammer: AMNESTIE!!! Wir haben diese Woche Spätschicht und saßen wie immer ganz normal an den Nähmaschinen, als nachmittags aus dem Zellenhaus Lärm

zu hören war. Ich rannte zusammen mit den anderen zu den Fenstern. Aus den Gebäuden gegenüber riefen einige ganz aufgeregt: »Aaaaamneeeeestiiiiiieeeeee...!« und später dann, »Amnestie, aber nur für die scheiß Zwodreizehner.« Wie bitte? Habe ich richtig gehört??
Alf kam aus dem Nähband zu mir gelaufen und bestätigte, dass ich tatsächlich richtig gehört hatte. Soll das denn wahr sein?? Das gibt´s doch nicht!!! Heidi, Martina, einige andere Politische und ich ließen sofort die Arbeit stehen und liegen. Im Toiletten-Aufenthaltsraum trafen wir uns, um die Lage zu besprechen. Einige waren in Tränen aufgelöst.
»Ich geh‘ auf keinen Fall mehr in die Zone zurück. Auf gaaaaar keinen Fall!«
»Ich auch nicht. Die sind wohl total durchgeknallt. Wir werden wiedereingegliedert und sitzen dann in der DDR fest.«
Hilfe! Daran hatte ich ja noch gar nicht gedacht... Ich will auch nicht in die DDR entlassen werden. Notfalls...
»Dann dreh ick sofort det nächste Ding,« unterbrach jemand meine Gedanken, »dann fahr‘ ick eben wieda ins Zuchthaus ein. Jetz isset sowieso schon ejal, wa.«
Elke hat Recht. Genau das gleiche werde ich auch tun! So kurz vorm Ziel aufgeben? Kommt nicht in die Tüte! Das Zuchthaus hat sowieso längst seine abschreckende Wirkung auf mich verloren. Wenn sie uns nicht ausreisen lassen, lasse ich es beim nächsten Mal aber richtig krachen, das steht fest. Die Genossen werden sich noch wundern...
Ines steckte den Kopf zur Tür herein: »Kommt ihr heute noch mal arbeiten? Los, die Römer ist im Anmarsch!«
Widerwillig gingen wir an die Arbeitsplätze zurück, aber die Arbeitsmoral war inzwischen auf fast null gesunken. Wir Politischen waren tief in Gedanken versunken und unter den Krimis machte sich Unmut breit. Von der anderen Seite des Produktionsraumes verbreiteten Rocky und Hammer ihre blödsinnigen Hasstiraden gegen alle politisch Inhaftierten. »Die faulen Schweine... gehn jetzt

bald nach Hause... Staatsfeinde... abknallen, die Viecher... ruhen sich auf unsre Kosten nur aus... am besten kurzen Prozess mit denen.« Ich ignoriere diese Bemerkungen. Es ist mir egal, was die denken. Ich weiß zumindest, dass ich unschuldig bin – im Gegensatz zu den Kriminellen. Hammer, die ihr eigenes Kind umgebracht hat, sollte lieber den Mund nicht zu weit aufreißen.

Donnerstag, 2. November 1989: Alf wird entlassen
Es ist soweit: die ersten werden schon entlassen. Heute wurde Alf nach Berlin zurückgeschickt. Ich habe mit ihr vereinbart, dass sie Mutti anrufen soll, um herauszufinden, ob sie noch in Weißwasser ist, oder schon im Westen. Seit Wochen kam keine Post mehr hier an – jetzt ist alles möglich. Alf wird mir in wenigen Tagen ein Telegramm schicken. Wenn Mutti noch da ist, soll sie schreiben: »Oma ist krank.« Falls sie, Britta und Holm doch schon im Westen sind, dann wird Alf mir schreiben: »Oma geht es blendend« oder so etwas Ähnliches. Die »Erzieherin« wird sicher keinen Verdacht schöpfen.
Sonntag, 5. November 1989: Verwirrung
Seit der Verkündigung der Amnestie, und allen Entlassungen zum Trotz, herrscht große Verwirrung in Hoheneck. Die Stahlke hat uns jetzt immerhin genehmigt, einen Sonderbrief nach Hause zu schreiben:

> *Liebe Mutti!*
> *Heute ist der 5. November. Ich möchte Euch schnell ein paar Zeilen schicken. Gemäß Amnestiebeschluss vom 27. 10. ist anzunehmen, dass ich bis zum 30. 11. dieses Haus verlassen habe. Noch steht nichts Genaues fest, da in meinem Fall „gegenwärtig geprüft“ wird. Sobald ich meinen Termin kenne, werde ich Euch ein Telegramm schicken, damit Ihr mich mit dem Auto abholen könnt. Im Moment bin ich jedenfalls ziemlich durcheinander und ab und zu im Zweifel, weil mich niemand über die ganze Angelegenheit aufklären kann. Ich wäre unendlich glück-*

lich, könnten wir alle in Kürze wieder beisammen sein... Ach, ich bin so aufgeregt! Ob ich wohl bald FREI bin?? Das kann ich mir noch gar nicht vorstellen! So viele Gedanken schwirren mir jetzt im Kopf herum... Schreibt mir schnell zurück! Wisst Ihr etwas von unserem Anwalt?
Alles Liebe, Eure Birgit

Mittwoch, 8. November 1989: Amnestie – ja oder nein?

In den letzten Tagen ist politisch viel geschehen. Zuerst war da diese Massendemo mit Stefan Heym, Steffi Spyra, Ulrich Mühe, Christa Wolf und anderen. Die Demo wurde live im Radio übertragen, so dass wir in der Zelle alles genau verfolgen konnten. Seit zwei Tagen gibt es zudem ein neues Reisegesetz, wonach DDR-Bürger für maximal 30 Tage im Jahr ins »kapitalistische Ausland« reisen dürfen. Man höre und staune! Am Tag darauf ist sogar die Regierung zurückgetreten. Stoph war – man fasst es kaum! – 22 Jahre im Amt gewesen. Der neue Oberindianer heißt nun Modrow. Die Fluchtwelle geht aber weiter. Zirka 60.000 Leute sollen die DDR kürzlich verlassen haben, und täglich werden es mehr.
Bezüglich der Amnestie ist noch immer keine Klarheit eingetreten. Heute habe ich Oberleutnant Wiesner einfach im Treppenhaus angequatscht, aber sie meinte, sie wisse selbst nicht mehr als das, was in der Zeitung stehe. Klasse!

Liebe Mutti, liebe Britta, lieber Holm!
Hier wieder ein Brief aus Hoheneck an Euch. Heute ist wieder einmal ein wirklich trostloser Tag für mich. Draußen ist es trübe, es regnet und ich fühle mich einsam. In ca. zwei Stunden beginnt die Nachtschicht, was die ganze Stimmung nur noch mieser macht. Seit Tagen habe ich nur noch einen Gedanken: weg hier, so schnell wie möglich! Die Stunden ziehen sich wie Kaugummi und nichts tut sich. Habt Ihr Nachricht vom Anwalt?
Die letzte Woche war sehr anstrengend und belastend.

Ich habe wieder Herzschmerzen – der ganze Stress und die Ungewissheiten machen mir zu schaffen. Kein Erzieher kann uns über die genaue Auslegung des Amnestiebeschlusses aufklären. Ich persönlich entnehme der Zeitung, dass nicht nur der Paragraph 213 amnestiert wird, sondern alle ‚Straftaten', mit denen die Ausreise durchgesetzt werden sollte. Darunter würde also auch mein/unser Paragraph 99 fallen. Im Moment weiß ich aber nicht, was ich glauben soll.
Hoffentlich muss ich diese Woche zum letzten Mal zur Nachtschicht gehen!
Es grüßt Euch ganz herzlich Eure Birgit.

Freitag, 10. November 1989: Die Mauer ist gefallen!
Gestern Nacht fiel die Mauer. Oh Gott, ich fasse es nicht!!!!!! Aber in den DDR-Nachrichten habe ich es mit eigenen Augen gesehen: DDR-Bürger laufen über den Kudamm, als wäre das das Normalste der Welt! Ich saß vor der Glotze und dabei sind mir nur noch die Tränen über das Gesicht gelaufen. Ich glaube, alle Politischen haben geheult. Haben wir jetzt für nichts und wieder nichts im Zuchthaus gesessen? War alles umsonst? Und warum sitzen wir immer noch hier, während alle anderen nach Westberlin spazieren? Das ist der reinste Alptraum!

Nachmittags kam Elkes Telegramm:

»Liebe Birgit, Oma ist krank ++ Tante Alf verreist Samstag ++ haben viel zu tun ++ Brief folgt ++ Mutti.«

Also sind Mutti, Britta und Holm noch in Weißwasser. Wahrscheinlich packen sie jetzt schon die Koffer.
Auf dem Kommando sind wir jetzt nur noch 21 Politische. Immer mehr Frauen werden in den nächsten Tagen entlassen. Die Stimmung ist gedrückt, denn niemand von uns will in die DDR zurück. Natürlich arbeiten wir kaum noch. Sollen sich die Krimis doch abschuften, wenn sie wollen! Die Vorarbeiter werden nach wie vor nach Band-

durchschnitt bezahlt und unsere Arbeitsunlust kostet die Mörder bares Geld. Der Banddurchschnitt im Nähband liegt inzwischen bei 34 Prozent. Dadurch steigert sich der Hass der BVer und Killer täglich. Wir sollten »gefälligst arbeiten« rufen ausgerechnet die Asozialen. Egal – wir machen trotzdem unsere Pausen von 50 Minuten und mehr, trinken gemütlich unseren Kaffee. Die Kriminellen können uns nichts mehr anhaben. Jetzt kann es sich nur noch um ein paar Tage handeln, dann sind wir draußen und sehen diese Typen nie wieder. Unser Bridscher hat sogar Verständnis und meinte, in unserer Situation würde sie auch nicht mehr arbeiten.

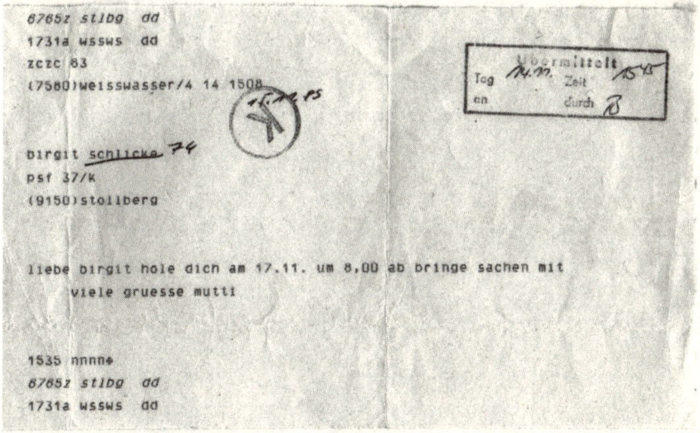

6765z stlbg dd
1731a wssws dd
zczc 83
(7580)weisswasser/4 14 1508

birgit schlicke
psf 37/k
(9150)stollberg

liebe birgit hole dich am 17.11. um 8,00 ab bringe sachen mit
viele gruesse mutti

1535 nnnn+
6765z stlbg dd
1731a wssws dd

Übermittelt
Tag
Zeit
an
durch

Dienstag, 14. November 1989: Letzter Brief aus Hoheneck

Liebe Mutti, liebe Britta, lieber Holm!
Endlich ist es soweit! Dies ist definitiv der letzte Brief aus Hoheneck an Euch. Ein tolles Gefühl! Ich bin sicher, irgendwann in den nächsten Tagen entlassen zu werden. Ich rechne wirklich jeden Tag damit. Jetzt muss ich doch noch einige Tage nach Weißwasser zurück. Das finde ich sehr

belastend, zumal ich viele Leute nicht mehr wiedersehen will. Ich hoffe, dass Ihr mich abholen kommt. Meine Gefühle, die ich im Moment habe, kann ich Euch überhaupt nicht beschreiben. Ich kann es mir gar nicht vorstellen, wie es ist, wieder eine Straße entlang zu gehen. Ich freue mich sehr auf die Freiheit und habe trotzdem Angst. Das Leben hier drin ist so anders...
Dass ich verbittert bin, muss ich Euch wohl nicht sagen. Sämtliche humanitären Erleichterungen wie das Reise- und Ausreisegesetz kommen viel zu spät. Aus welchem Grund musste ich eigentlich dieses ganze Elend hier kennenlernen? Warum mussten Vati und ich diese schrecklichen 21 Monate durchmachen, die sich für immer in mein Gedächtnis und mein Herz eingeprägt haben? Nie werde ich das vergessen! Niemals!
Was sagt ihr zu den Reisemöglichkeiten seit dem 9.11.? Ich finde es utopisch, einfach unfassbar. Mir wurde richtig schlecht, als ich die Reportagen in ELF 99 sah. Nichtsdestotrotz gibt es für uns kein Zurück. Ich müsste ja verrückt sein, würde ich jetzt, nach allem, in der DDR bleiben. Alle Veränderungen in diesem Land sind mir so gleichgültig geworden, und ich hänge auch ganz bestimmt nicht an Weißwasser.
Bald sehen wir uns wieder und darauf freue ich mich schon sehr. Wir werden uns viel zu erzählen haben. Aber das Schönste ist, dass wir Weihnachten alle wieder zusammen sein werden!
Bis bald! Ich umarme Euch, Eure Birgit

Vorhin kam die Stahlke in die Zelle: »Strafgefangne Schlickä, Sä wärn in dn nächstn Tagn endlassn. Am 16. November hol ich Sä ab, da kommn Sä in dn Abgang.« Sprachs und verschwand wieder. ENDLICH!!!! In wenigen Tagen bin ich ein freier Mensch... Allmächtiger Gott, ich danke Dir – egal wie die Zukunft jetzt aussieht – ich bin überglücklich, daß ich meine Eltern und Geschwister bald wiedersehen werde!!!!!

Mittwoch, 15. November 1989: Abschied

Morgens kam ein Telegramm von Mutti. Jetzt wird es endlich wahr: meine Freilassung steht bevor! Meine Freude kann ich nicht in Worte fassen, aber es beunruhigt mich auch, dass ich nicht frei von Angst bin... Angst vor der Freiheit und vor den Menschen. Am liebsten will ich außer meiner Familie niemanden sehen. Ist das normal? Wohl kaum!

In wenigen Minuten wird mich die Stahlke aus der Zelle holen und in den Abgang bringen. Ich habe mich schon von allen verabschiedet, meine T-Shirts, die Kosmetik und den Kaffee verteilt. Omi habe ich noch Geld gegeben... Von ihr fiel mir der Abschied besonders schwer. Sie hat schon so viele aus Hoheneck weggehen sehen und wird doch selbst nie wieder frei sein können. Ob ich ihr wenigstens schreiben darf? Vielleicht ändert sich ja hier auch demnächst einiges, wer weiß. Den Frauen, die hier bleiben müssen, wäre es zu wünschen - auch wenn sie nicht unschuldig sind. Solche Zustände wie in Hoheneck sind unerträglich, für jeden. Straftäter hin oder her.

Bärbel hat mich zum Abschied gebeten ihren Rechtsanwalt anzuschreiben, wenn ich draußen bin. Hier in Hoheneck wird ihre Post abgefangen, so dass ihre Beschwerden nie bei ihm ankommen. Erst kürzlich hat man mit fadenscheinigen Begründungen ihre vorzeitige Haftentlassung abgelehnt. Darüber möchte sie jetzt mit ihrem Anwalt sprechen, weiß aber nicht, wie sie anders als durch mich an ihn herankommen soll.

Donnerstag, 16. November 1989: In der Abgangszelle

Marianne K. und ich sitzen seit gestern Abend im Keller, in der Abgangszelle. Wir haben letzte Nacht kaum geschlafen, so aufgeregt waren wir. Ich musste auch ständig an die anderen Politischen denken, die zurückbleiben: Martina, Britt, Gerda, Heidi... Werden sie auch bald entlassen?

Oder werden sich einige als Pseudo-Politische entpuppen und weiterhin in Hoheneck bleiben?[80]
Unser Kommando hat diese Woche Nachtschicht. Bevor meine Zellenkameradinnen gegen 22 Uhr zur Arbeit ausrückten, rief mir Andrea noch einen letzten Gruß vom 4. Stockwerk zu. Ich solle in der Freiheit ein Glas Sekt trinken und an alle denken... Irgendwie seltsam, so ein Abschied vom Zuchthaus. Hab' ich mir anders vorgestellt. In den letzten 15 Monaten ist hier in Hoheneck viel passiert. Ich weiß noch ganz genau, welche Ängste ich ausgestanden habe, ganz am Anfang... Die Hölle war's mit Rocky. Beim nächsten Mal würde ich vieles anders machen. Ich werde zwar nie mehr ein Gefängnis von innen sehen (hoffe ich!), aber falls es doch der Fall sein sollte, dann hätte ich zumindest keine Angst mehr. Ich weiß jetzt, wie man überleben kann. Man muss nur die Spielregeln kennen und die habe ich jetzt drauf.
So, und ab morgen bin ich frei!! Wer weiß, ob ich heute Nacht überhaupt schlafen kann...? Ich bin so aufgeregt!!!!!!

Freitag, 17. November 1989: Entlassung in die DDR

Früh morgens wanderten wir gleich zu den Effekten. Zum letzten Mal wurden wir gefilzt, mussten Kniebeuge machen und unsere Sachen abtasten lassen. Nie, nie wieder!!! Dann bekamen wir unsere Habseligkeiten ausgehändigt. Mit zitternden Händen zog ich meinen Pulli und die hellblaue Sommerhose an. Diese Sachen hatte ich zuletzt bei meiner Verhandlung vor über einem Jahr getragen, doch sie passten noch. Dann lag da auf dem Tisch auch ein kleines Päckchen mit Muttis Briefen und eine Packung Kaugummi, die man mir damals im August 88 vorsorglich abgenommen hatte. Einen Kaugummi schob ich mir sofort in den Mund... und war schon beinahe wieder ein Mensch! Gleichzeitig bemerkte ich, wie sich mein Blick veränderte.

80 Man wusste nie genau, ob es sich bei einigen Häftlingen um Politische handelte, oder ob sie nur vorgaben es zu sein. Einige Gefangene hatten kriminelle Delikte mit Fluchtversuchen kombiniert, verschwiegen aber den kriminellen Teil und bezeichneten sich in Hoheneck als reine Politische. Da die Amnestie ausschließlich den politisch Inhaftierten galt, wurden diese Lügen nun aufgedeckt.

Fast triumphierend schaute ich nun die Mörderinnen in der Effektenkammer an. Und von den Wachteln würde ich mir auch nie wieder etwas sagen lassen.
Marianne und ich wurden weiter zum Kassenraum geführt. Hier mussten wir Formulare unterschreiben. Man zahlte uns das Geld aus, das man vorausschauend von unserem spärlichen Gehalt auf ein Knastkonto eingezahlt hatte. Damit sollten wir nun in unser neues Leben starten. Für 15 Monate Zwangsarbeit strich ich jetzt 900 DDR-Mark ein. Ein Witz – aber auch so was von egal.
Danach folgte nur noch das Abgangsgespräch mit der Strafvollzugsleiterin Hauptmann Dotzauer. Eine Frau wie aus einem schlechten Nazifilm. Ich hatte sie oft im Treppenhaus stehen sehen: dunkle Lederjacke, Uniformhose, die langen Haare streng zu einem Pferdeschwanz zusammengebunden, grimmiger Blick. Breitbeinig und mit den Händen auf dem Rücken stand sie da. Oft hatte sie uns so beim Ablaufen beobachtet. Heute saß sie mir an dem großen Tisch gegenüber und versuchte mich zum Dableiben zu überreden. Es würde sich nun in der DDR doch alles ändern, ich sollte mir das mit der Ausreise noch einmal überlegen. Bla-bla-bla. Mir kam die Galle hoch. Hatte die noch alle Lichter auf dem Christbaum? Was sollte das blöde Gelaber überhaupt?
»Sie glauben doch nicht im Ernst, dass ich in diesem üblen Zuchthaus fast zwei Jahre meines Lebens verbracht habe, um in diesem Verbrecherstaat zu bleiben? Nicht eine Minute,« warf ich ihr an den Kopf. Sie schluckte und fing dann wieder von den Veränderungen an.
»Haben Sie's mit den Ohren? Ohne mich! Sie können ja hier bleiben, wenn es Ihnen so gut gefällt. Ich will aber raus, und zwar sofort.«
Die Dotzauer wünschte mir noch schnell alles Gute und führte mich dann vor die Tür, um Marianne zum Gespräch abzuholen.
Nachdem sie auch bei Marianne auf taube Ohren gestoßen war, gingen wir endlich durch die Schleuse. Die Türen

öffneten sich. Mutti und Britta liefen mir sofort entgegen und umarmten mich ohne Unterlass. Nach vielen Freudentränen wurde ich neu eingekleidet, denn es war November und kalt draußen. Mutti hatte einen Mantel dabei sowie feste Schuhe, einen dicken Pulli und eine Hose. Wie in einem Film lief alles ab. Ich stand praktisch neben mir und sah die Szenen von außen. Dann packte mich die Wut. Wut, die sich so lange angestaut hatte. Ich drehte mich gen Zuchthausschleusentor und schrie etwas wie 'Verbrecherpack' in diese Richtung. Ein alter Gefängnisaberglaube besagt zwar, dass man sich am Entlassungstag auf keinen Fall noch einmal umdrehen dürfe, weil das Unglück (= erneute Inhaftierung) bringen würde. Aber das war lächerlich und mir zudem egal. Mutti zog mich schließlich von der Schleuse weg und führte mich zum Auto, wo Reinhild, eine Freundin meiner Eltern, wartete. Sie war als Fahrerin mitgekommen. Sie begrüßte mich ebenso herzlich und mit Tränen in den Augen... Marianne war inzwischen schon mit ihren Verwandten verschwunden. Vielleicht würden wir uns irgendwann in Berlin wiedersehen?
Im Auto wurde ich dann mit Obst und Süßigkeiten überschüttet. Britta war wenige Tage zuvor das erste Mal in Westberlin gewesen und hatte von ihrem Begrüßungsgeld Weintrauben, Bananen, Schokolade und andere Leckereien für mich gekauft. Ich kam mir vor wie ein kleines Kind zu Weihnachten und war sprachlos vor Glück... FREIHEIT !

SCHLUSSGEDANKEN

Sonntag, 19. November 1989: Wieder in Weißwasser
Die letzten drei Tage habe ich wie in Trance verbracht. Es fiel mir sehr schwer, so kurz nach der Entlassung meine Gefühle unter Kontrolle zu halten. Auch jetzt schwanke ich noch oft zwischen Panikzuständen und überschwänglicher Freude hin und her. Das alles lässt sich kaum in Worte fassen... Meine ersten Eindrücke nach der Heimfahrt Richtung Weißwasser waren seltsam und fremd. Zwar erkannte ich alles wieder, aber ich lief wie durch eine Traumwelt. Mutti musste mich sogar anfangs beim Laufen stützen, da ich immer das Gefühl hatte, gleich zusammenzuklappen.
Von unseren Freunden wurde ich sehr herzlich mit Umarmungen, Blumen und Geschenken begrüßt. Erika und Hagen waren die letzten Tage fast jeden Abend zu Gast. Wie zu erwarten war, erzählten Hagen und ich bis spät in die Nacht Knastanekdoten, denn alle Freunde wollten natürlich wissen, wie das ist, von der Stasi verhört zu werden bzw. unter Mördern zu leben.
Nachts kommen die Knast-Erinnerungen regelmäßig im Schlaf zurück. Ich träume mitunter wirres Zeug von Bärbel, Neonröhren, Gaskammern und Hinkebein, der mich in diversen Alpträumen auf einem alten Motorrad kreuz und quer durch dunkle Wälder jagt. Auch tagsüber muss ich häufig an Hoheneck denken. Ganz unvermittelt glaube ich oft das Schlüsselrasseln der Wachteln zu hören. Auch musste ich mich erst wieder daran gewöhnen, die Badezimmertür zuzumachen und mit mir allein zu sein, ohne jegliche Beobachter. Seltsam! Natürlich denke ich auch an Bärbel, Omi, Margret, Tanne, Andrea, Manu, Soldi und all die anderen, die mir in der (jetzt immer frem-

der werdenden) Zuchthauswelt so nah gewesen sind. Was machen sie jetzt? frage ich mich oft. Den Brief an Bärbels Anwalt habe ich bereits geschrieben und abgeschickt. Ich hoffe, dass er Erfolg hat.

Montag, 20. November 1989: Friedensgebet

Langsam gewöhne ich mich an »mein Leben danach«... ich höre wieder Musik, sehe fern, lese wieder Zeitungen und Briefe. Täglich schreiben oder rufen Freunde hier an, um mir zu sagen, wie sehr sie sich über meine Freilassung freuen. Heute meldete sich sogar Henning aus Norwegen. Ich habe mich so darüber gefreut!
Am Abend war ich mit Hagen bei einem Friedensgebet in der evangelischen Kirche in Weißwasser. Die Kirche war übervoll mit Menschen; es war überwältigend. Der Pastor hatte von unserer Freilassung gehört und bat uns nach vorn ans Mikrofon, um einige Worte zu sagen. Mir zitterten ganz schön die Knie, als mich ca. 300 Leute anschauten und ich zu ihnen reden sollte. Mutti hatte mir erzählt, dass die Gemeinde immer wieder bei ihren montäglichen Zusammenkünften für unsere Freilassung gebetet hatte und ich war diesen fremden Menschen dafür unendlich

gem. Amnestiebeschluß des Staatsrates der DDR
vom 27.10.89

Entlassungsschein

Herr
Frau/Frl. Birgit Schlicke

PKZ 2 [illegible] 0 9 2 1 7 wurde am 17.11.89

aus der Strafvollzugseinrichtung Stollberg

nach 7580 Weißwasser, Str. d. Kraftwerker 11 entlassen

Dieser Entlassungsschein gilt bis 20.11.89 als Legitimation.

Obengenannte befand sich seit 02.03.88 in ~~Untersuchungshaft~~/im Strafvollzug. Der Ausweis für Arbeit und Sozialversicherung wurde ~~ausgehändigt~~/in die Einrichtungen des Organs Strafvollzug nicht eingebracht.*

Eigengeld in Höhe von ……… M ~~und Fahrkarte~~* erhalten.

Personalausweis an VPKA Weißwasser

am 23.08.88 gesandt.

(Dienstsiegel) [Strafvollzugseinrichtung Stollberg]

Unterschrift

* Nichtzutreffendes streichen

dankbar. Diese Gebete haben mir in den dunkelsten, ausweglosesten Stunden immer wieder Kraft und Hoffnung geschenkt. Genau das sagte ich ihnen auch.
Im Anschluss sang die Band für Hagen und mich ein Lied mit dem Titel »Wir sind noch längst nicht am Ziel.« Später kamen dann mir bekannte, aber auch fremde Menschen auf mich zu, wünschten mir für die Zukunft alles Gute, fragten nach Interviewmöglichkeiten (Bürgerrechtsgruppen/ Neues Forum) oder umarmten mich stumm, mit Freudentränen in den Augen. Unbeschreibliche Momente! Auf dem Rückweg liefen alle mit brennenden Kerzen langsam zum Gebäude der örtlichen SED-Kreisleitung[81]. Es war schon dunkel, als wir an dem unbeleuchteten Gebäude ankamen. Auf den Treppen stellten wir unsere Kerzen ab und begannen zu singen. Lieder wie »We shall overcome« hallten durch die Straßen. Die Kerzen flackerten. Wie ruhig und ohne Hassgefühle alles abläuft! Ich bin froh, dass ich das nun miterleben darf, nachdem ich vorher soviel darüber gehört und gesehen habe. Das Licht der Kerzen und das Gefühl der Solidarität mit den anderen ist wunderschön. Ich spüre Hoffnung aufkommen. Hoffnung, dass nun alles besser wird, Hoffnung auf einen echten Neubeginn. Und trotzdem werde ich dieses Land verlassen...

Dienstag, 21. November 1989: Ausreise beantragt

Ein unerhörtes Aha-Erlebnis auf der Polizeistation... Mit meinem Zuchthaus-Entlassungsschein marschierte ich heute Vormittag wie befohlen zum stellvertretenden Bürgermeister der Stadt Weißwasser, um besagten Schein gegen meinen Personalausweis einzutauschen. Man begrüßte mich freundlich und wünschte mir bei der Übergabe des PA sogar alles Gute! Ich war sprachlos! Wie schnell manche Leute doch ihre Gesinnung verleugnen und eine 180-Grad-Kehrtwende machen, ohne dabei rot zu werden. Unfaßbar! Mein anschließender Weg führte mich alsdann zur Polizeistation, wo ich meine ständige Ausreise in die

81 Partei-Hauptquartier in der Stadt

Bundesrepublik Deutschland beantragen wollte. Niemand sah mich schief an oder verweigerte mir den begehrten Stempel. Als sich dieser dann endlich in meinem Ausweis befand, konnte ich es vor Glück gar nicht fassen! Jahrelang war es unser Ziel gewesen, diesen Stempel und damit die Freiheit zu bekommen... Und nun schien es fast, als wäre die jetzige Prozedur das Normalste der Welt. Ja, man wünschte den Ausreisenden sogar noch alles Gute für die Zukunft! Was ist aus den grimmigen, gefährlichen Staatsdienern geworden? Haben die sich plötzlich in Luft aufgelöst???

Mittwoch, 22. November 1989: Patentante

Heute haben wir mein Patenkind samt Eltern und Großeltern besucht. Endlich habe ich also Martin sehen können! So ein kleines Menschlein im Arm zu halten, nach all den Entbehrungen der letzten Monate, war zweifellos einer der schönsten Momente. Und was für ein unfassbares Glück zu wissen, dass er in Freiheit aufwachsen wird. Für Martin wird es keine Mauern und Stacheldraht geben. Das grenzt für mich noch immer an ein Wunder...

Donnerstag, 23. November 1989: Vatis Entlassung

Gestern kam die gute Nachricht aus Brandenburg: Vati wird am 23. November entlassen! Um 9:30 Uhr standen Mutti und ich heute bereits vor dem Zuchthaus, um ihn abzuholen. Seltsam. Das Zuchthaus sieht aus dieser Perspektive schon wieder ganz anders aus, als ich es noch vor wenigen Monaten in Erinnerung hatte. Das liegt wohl daran, dass ich heute bereits eine Außenseiterin bin, die mit gewissem Abstand auf den Stacheldraht blicken kann...

Als Vati endlich durch die Schleuse kam, kehrten die Bilder meiner Brandenburg-Besuche zurück. Die Schläger-Wärter, die Scheinwerfer und die grausame Zuchthaus-Atmosphäre... alles war wieder da. Schnell weg hier!, war der drängendste Gedanke. Nach vielen Umarmungen zog ich Vati dann in Richtung Auto und drängte zur Heimfahrt.

Im Auto erzählte er einige seiner Knasterlebnisse (in Brandenburg sind Vergewaltigungen, Zuhälterei und Prostitution, Messerstechereien, Prügel und sogar Tote auf der Tagesordnung – Hoheneck scheint dagegen ja fast harmlos gewesen zu sein). Die Rückfahrt verging deshalb wie im Flug, obwohl uns der plötzlich einsetzende Schnee auf den Straßen ganz schön zu schaffen machte.
Zuhause warteten bereits viele Freunde und Oma auf Vati. Das Wiedersehen war dann auch entsprechend emotional und herzlich. Und wieder wurde bis spät in die Nacht erzählt... Für mich war es besonders interessant, die Unterschiede zwischen Männerzuchthaus und Frauenzuchthaus zu erfahren. Es gibt zwar offensichtlich viele Gemeinsamkeiten, aber unter männlichen Gefangenen ist der Knastalltag um ein Vielfaches brutaler.
So, und nun steht unserer Ausreise nichts mehr im Wege. Sobald Vati die Papiere hat, und der ganze Behördenkram erledigt ist, geht es in Richtung Westen...

Freitag, 1. Dezember 1989: Reiseziel

Von unserem ursprünglichen Ziel Westberlin sind wir inzwischen abgekommen. Wir haben uns vor ein paar Tagen direkt vor Ort kundig gemacht. Die Chancen, dort einen Start ins neue Leben zu wagen, sind alles andere als rosig. Da Westberlin inmitten der DDR liegt, wird die Stadt zurzeit regelrecht von einer Menschenlawine überrollt. Laut Auskunft des Aufnahmelagers Marienfelde müssten wir mit maximal 3 Jahren Aufenthalt in einer Turnhalle rechnen, bis wir eine Wohnung bekämen. Das kommt für uns überhaupt nicht in Frage. Das würde ich auch nicht mehr verkraften – schließlich haben Vati und ich dieses Leben auf engstem Raum und ohne Privatsphäre ausgiebig kennen und hassen gelernt. Wir werden deshalb nach Gießen in das zentrale Aufnahmelager gehen... Heute Abend feiern wir mit unseren Freunden im Ratskeller aber erst noch unseren Abschied.

Sonntag, 3. Dezember 1989: Die Ausreise
Seit Tagen versuchen wir, Platzkarten für den Zug zu bekommen. Nichts zu machen - alles ausgebucht! Alle wollen jetzt in den Westen fahren. Die Züge sind mitunter so voll, dass sie auf kleineren Bahnhöfen gar nicht mehr anhalten. Und selbst wenn sie Halt machen, halten die Leute wegen Überfüllung die Türen von innen zu, damit niemand mehr zusteigen kann. Unglaubliche Zustände. Heute hat es aber endlich geklappt! Wir haben Platzkarten für Gießen (über Marienborn und Hannover) ergattert und verlassen in wenigen Minuten Weißwasser. Die Taschen sind gepackt, die Wohnung ist leer. Unsere Möbel, Pflanzen und Hausrat haben wir verschenkt. Wir nehmen pro Person nichts weiter als zwei Reisetaschen mit. Nur die Bücher, das Porzellan und einige Gläser haben wir bei Onkel Alfons deponiert, um sie irgendwann nachzuholen. Freunde haben uns zum Bahnhof gefahren und nun stehen wir hier mit Sektgläsern in der Hand. Wir nehmen Abschied von den Freunden und der Stadt... Der Zug fährt ein, es geht los. Ich bin nervös und aufgeregt und gespannt auf das, was uns erwartet... Jetzt beginnt ein neues Leben.

ZWANZIG JAHRE DANACH

2009: Ein Blick zurück

Am 9. November 2009 feiern wir den 20. Jahrestag des Mauerfalls und am 17. November 2009 jährt sich zum zwanzigsten Mal der Tag meiner Haftentlassung. An diesem Tag begann mein zweites Leben, ein Leben in Freiheit und Selbstbestimmung. In den letzten Jahren wurde ich häufiger von Journalisten gefragt, wie es mir denn in den zurückliegenden 20 Jahren ergangen sei. Haben sich meine Wünsche und Träume erfüllt? Bin ich zufrieden mit meinem jetzigen Leben? Was ist aus meiner Familie und aus Weggefährten geworden? Gibt es noch Kontakt zu Margret und zu anderen Frauen aus Hoheneck? Und was empfinde ich, wenn ich beispielsweise sehe, wie die Linke in die Länderparlamente der alten Bundesländer einzieht? Auf diese Fragen möchte ich antworten und einen Blick werfen auf das, was hinter mir liegt. Im Februar habe ich meinen 40. Geburtstag gefeiert – ich kann nun 20 Jahre Diktaturerfahrung mit 20 Jahren Demokratieerlebnis vergleichen. In den letzten Jahren habe ich vieles von dem erreicht, was ich mir nach der Haftentlassung vorgenommen hatte. Nach erneuter Akteneinsicht habe ich auch Neues recherchiert und teilweise mir damals verborgene Zusammenhänge aufdecken können, die eine neue Auflage meines Haftberichtes, erweitert um eine Zusammenfassung der nachfolgenden zwei Dekaden, rechtfertigt.
Ich werde zunächst kurz mit meinem persönlichen Werdegang nach der Ausreise beginnen, später über Erika Bergmann, Bärbel und Margret sowie weitere ehemalige Hohenecker Inhaftierte berichten. Ferner möchte ich auf meinen damaligen Verteidiger Wolfgang Schnur eingehen.

Was ist aus Hoheneck geworden? Auch das werde ich näher beleuchten. Ich habe während meiner drei Besuche in den letzten Jahren viele Fotos gemacht, die diesem Buch in Auszügen beifügt wurden. Weitere Fotos und Informationen befinden sich auf meinem Blog www.hoheneck.wordpress.com.
Abschließend möchte ich versuchen, zu einem Fazit zu kommen. Wo stehen wir heute? Überwiegen Enttäuschungen oder gibt es Lichtblicke? Auf diese letzten Fragen Antworten zu geben, wird der schwierigste Teil dieses Rückblicks sein...

Birgit Schlicke
im August 2009

Die Ausreise und unsere vorerst neue Heimat in Bayern

Unsere Ausreise in die Bundesrepublik begann am 3. Dezember 1989. Mit dem Zug fuhren wir über die Grenzstelle Marienborn, wo wir ein letztes Mal auf DDR-Uniformierte trafen, die unsere DDR-Ausweise mit einem Stempel ungültig machten. Weiter ging es über Helmstedt bis nach Hannover. In Hannover mussten wir umsteigen, um anschließend nach Giessen zu fahren. Jeder von uns hatte zwei Reisetaschen mit dem Nötigsten dabei, alles andere hatten wir zurückgelassen. Bestückt wie die Packesel standen wir nun an Gleis 3 des Hannoveraner Bahnhofs, ganz überwältigt von den neuen Eindrücken, dem Gewusel der Menschen, den Durchsagen und den riesigen Werbetafeln. Das also war der Westen! Abgesehen von einem Tagesausflug nach Westberlin in der Woche zuvor, bei dem wir unsere Startchancen in Berlin eruieren wollten, hatte ich von der Bundesrepublik noch nicht viel gesehen und war nun etwas hilflos, weil mich alles wie eine Lawine zu überrollen drohte.

Wir staunten, als wir in den Interregio einstiegen. So einen schönen Zug hatten wir noch nie gesehen! Überall Glas, die Automatiktüren glitten lautlos auf und zu und die Sitze hatten farbige, freundliche Bezüge. In einem Zugabteil, das ich mir unter anderem mit meinem Bruder, einem Studenten aus Marburg und einer blonden Mittdreißigerin teilte, kamen wir schnell ins Gespräch. Rainer, der Student, war mir auf Anhieb sympathisch und nach kurzer Zeit erzählte ich ihm in Kurzform meine Geschichte. Die junge Frau, die neben ihm saß aber allein reiste, hörte zu und bevor sie ausstieg, wandte sie sich mir zu und sagte: »Du hast aber ganz schön naive Vorstellungen, wenn ich das so höre. Was glaubst du, was sich ein Rentner mit Mindestrente bei uns noch leisten kann, wenn 60% oder 70% des Geldes fürs Wohnen draufgehen? Außerdem gibt es sehr viele Arbeitslose, die ganz bestimmt nicht gerne arbeitslos sind. Denk bloß nicht, dass hier alles so einfach ist.«

Ich war wie vor den Kopf gestoßen! Hatte sie nicht richtig zugehört? Wovon redete die eigentlich? Habe ich behauptet, dass hier die gebratenen Tauben durch die Luft fliegen? Wohl kaum. Auch Arbeitslosigkeit war mir theoretisch kein Fremdwort – zumindest war das doch das Lieblingsthema meiner Ex-DDR-Lehrer, die stundenlang darüber reden konnten, welche Schrecklichkeiten im Westen lauerten. Und trotzdem ist mir all das lieber als ein Leben in der Diktatur! Wie kommt jetzt diese Frau dazu zu behaupten, ich sei naiv?!

Zu gern hätte ich noch etwas erwidert, aber sie war bereits ausgestiegen und ich war zu benommen, um überhaupt die richtigen Worte zu finden. Rainer bemerkte meine Verstimmtheit und machte mir Mut: »Lass dich nicht verunsichern. Du wirst deinen Weg schon gehen, ganz sicher.« Ich versuchte zu lächeln und war dankbar für seine Freundlichkeit.

Die Ankunft im Zentralen Notaufnahmelager Giessen löste gute Gefühle in mir aus, denn wir waren fast am Ziel un-

serer Reise. Gleichzeitig setzte aber schnell Ernüchterung ein, denn das Lager wirkte etwas chaotisch und war zudem überfüllt. Am Abend wies man uns ein 6-Mann-Zimmer mit Doppelstockbetten zu. Immerhin waren wir als Familie zusammen, keine Fremden wohnten bei uns. Mich aber erinnerte das Ganze doch etwas an die U-Haft. Es war schmuddelig und auf den Gängen und in den Waschräumen begegnete man häufig seltsamen, mitunter angetrunkenen Menschen. Es hieß, man solle alle Wertgegenstände im Auge behalten, denn es wären Diebe unterwegs. So hatte ich mir das nun nicht vorgestellt! Die nächsten beiden Tage verbrachten wir vornehmlich mit dem Ausfüllen von Formularen, dem Beantragen von Ausweisen und Übergangsgeld, mit Beratungsgesprächen bezüglich Arbeitssuche und anderen Formalitäten. Auch einen kleinen Ausflug in die Innenstadt Giessens ließen wir uns nicht nehmen, trotz einer gewissen Orientierungslosigkeit und leerer Geldbörsen. Es war Vorweihnachtszeit. Hier und da hörte man Weihnachtlieder aus den Geschäften nach draußen dringen und es roch nach gebrannten Mandeln. Alles schien übergroß, sehr farbenfroh, aber auch etwas angsteinflößend. Wie schnell werden wir uns an das neue Leben gewöhnen können? Werden meine Eltern bald Arbeit finden? Kann ich mein Abitur zügig nachholen? Das waren die brennendsten Fragen, die mich beschäftigten.
Gegen Ende unseres Giessen-Aufenthalts schlug der zuständige Arbeitsberater vor, unsere Familie nach Niederbayern zu schicken, denn dort wären die Chancen für meinen Vater eine Arbeitsstelle zu finden am größten. Und so machten wir uns am Nikolaustag auf den Weg nach Deggendorf. Mit dem Zug fuhren wir wieder an Orten vorbei, die wir bisher nur vom Hörensagen und aus dem Fernsehen kannten... Frankfurt am Main, Bad Vilbel, Hanau, Aschaffenburg, Würzburg, Nürnberg, Plattling, schließlich Deggendorf. Gerade angekommen, brachte man uns in einem zur Regierungsaufnahmestelle umfunktionierten Hotel unter. Wir verbrachten die erste Nacht

in Zimmer 123, einem großen Schlafsaal für 20 Personen. Wieder Doppelstockbetten. Nur Decken, keine Kopfkissen. Keine Duschen. Warum habe ich ständig das Gefühl ich sei wieder in Hoheneck? Sind es die Doppelstockbetten? Ich will auch keine Fremden mehr um mich haben - wann hat das denn ein Ende?
Zum Glück konnten wir diesem unangenehmen Domizil schnell entkommen. Am übernächsten Tag wurden wir mit dem Bus nach Vornbach geschickt, einem kleinen Ort nahe Passau. Dort wohnten wir wieder in einem umfunktionierten Hotel. Wir mieteten zwei Zimmer inklusive Kochnische, Kühlschrank und Fernseher - und waren fürs Erste tatsächlich angekommen. Hier konnten wir etwas zur Ruhe kommen, obwohl auch in diesem Wohnheim-Hotel teilweise seltsame Leute anzutreffen waren, die mutwillig die Flure verschmutzten, Fernseher und Gemeinschaftsstaubsauger stahlen und nachts herumgrölten. Ich schämte mich regelrecht für diese Ossis, die in der einheimischen Bevölkerung das Bild von den ostdeutschen Übersiedlern in den Dreck zogen. Gegenüber unserer Familie jedoch waren die bayerischen Nachbarn äußerst freundlich und zuvorkommend. Sie bereiteten uns und den anderen Übersiedlern im Hotel eine schöne Weihnachtsfeier, versorgten uns mit Kleiderspenden und nach einer gewissen Zeit der Eingewöhnung verstanden wir auch den niederbayerischen Dialekt zunehmend besser.

Neue Aufgaben

Wir bemühten uns intensiv um Arbeit beziehungsweise um Möglichkeiten der Ausbildung. Mein Bruder Holm fand relativ schnell eine Ausbildungsstelle bei einem Motorenhersteller und konnte so seine in der DDR begonnene Lehre fortsetzen. Anschließend legte er sein Fachabitur ab und studierte später BWL an der Fachhochschule in Fulda.

Meine Schwester Britta jobbte zunächst als Bedienung in einem Gasthof im Nachbarort[82]. Eine Weile arbeitete ich im gleichen Gasthof, begann dann aber nach Weihnachten mich auf meine Rückkehr zur Schule vorzubereiten. Ich paukte Mathe und Englisch für die Aufnahmeprüfung, die über meinen weiteren schulischen Werdegang entscheiden sollte. Entweder ich schaffte den Sprung nach Baden-Württemberg in einen speziellen einjährigen Abiturkurs für DDR-Übersiedler und deutschstämmige Aussiedler aus Polen, Rumänen und Russland, oder aber ich müsste noch einmal volle 3 Jahre ein bayerisches Gymnasium besuchen, um meine Hochschulreife zu erlangen. Glücklicherweise gelang die Aufnahmeprüfung und kurze Zeit nachdem ich sie bestanden hatte, zog ich im Januar 1990 in eine WG, um in Rottweil wieder die Schulbank zu drücken. Die erneute Trennung von meiner Familie fiel anfangs schwer und auch das regelmäßige Lernen war gewöhnungsbedürftig. Aber alles fügte sich nach kurzer Anpassungszeit und nach einem Jahr hatte ich endlich mein Abi-Zeugnis in der Hand. Auf zu neuen Ufern!

Meine Eltern hatten zwischenzeitlich, im Juni 1990, Arbeit bei einem hessischen Glashersteller bzw. in einer Knappschaftsklinik gefunden, was letztlich dazu führte, dass sich unsere gesamte Familie früher oder später in Hessen niederließ. Mein Weg führte mich schließlich ebenfalls nach Hessen, allerdings mit einigen Jahren Verzögerung. Nach dem Abitur erhielt ich 1991 die Zulassungsbescheinigung zu meinem Studium der Geisteswissenschaften an der Eberhard-Karls-Universität in Tübingen.

Studium und der Traum von Amerika

Nach dem Abitur zog es mich sehr schnell an die Universität, denn bedingt durch Bildungs- und Berufsverbot sowie Inhaftierung in der DDR waren mir mehrere Jahre kostbarer Zeit gestohlen worden, die ich nun irgendwie

82 Nach ca. einem Jahr fand meine Schwester eine Lehrstelle in Bayern und schloss in Vilshofen ihre Ausbildung als Diätassistentin erfolgreich ab.

wettmachen musste. Mein Englischlehrer am Rottweiler Gymnasium hatte mir zuvor bei der Universitätswahl seine Alma Mater, die Eberhard-Karls-Universität in Tübingen, schmackhaft gemacht. Sie war unter meinen drei Bewerbungen auch die erste Universität, die mir direkt eine Zusage schickte und so immatrikulierte ich mich umgehend im April 1991, um im Hauptfach Amerikanistik und in den Nebenfächern Neuere Englische Literatur sowie Politikwissenschaft zu studieren. Warum ich mich für diese Fächer entschieden hatte? Primär folgte ich meinen Neigungen. Ich liebte Fremdsprachen, vor allem Englisch, und im Laufe der Jahre hatte ich eine große Affinität für die Vereinigten Staaten von Amerika entwickelt. Vielleicht auch deshalb, weil das ewig in der DDR verteufelte Amerika automatisch einen besonderen Reiz bekam, wie alles, das verboten ist. Die USA waren für mich das Synonym für Freiheit und sprichwörtlich das »Land der unbegrenzten Möglichkeiten«, das mich wie ein Magnet unaufhaltsam anzog. Ich hatte viel über amerikanische Geschichte, Land und Leute gelesen und konnte es kaum erwarten mehr zu erfahren. Vor meiner Inhaftierung hatte ich mehrere Jahre mit meiner kalifornischen Freundin Shani Briefe und Fotos ausgetauscht. Sie hatte mich schon zu DDR-Zeiten mehrfach eingeladen, sie und ihre Familie in der Nähe von L.A. zu besuchen. Nun standen mir zum ersten Mal in meinem Leben alle Wege offen – the sky was the limit! Sogar ein Auslandssemester in den USA schien denkbar. Ich wollte und musste diese Chance ergreifen. Politikwissenschaft[83] wählte ich wiederum bewusst als Nebenfach, weil ich mich bereits als Teenager für politische und zeitgeschichtliche Themen begeistern konnte. Das, was mit unserem eigenen Land geschehen war, die friedliche Revolution in der DDR und die Überwindung von Diktatur und 40 Jahren Trennung der beiden deutschen Staaten, als

83 Egal was ich mir später noch von diversen Seiten über Fächer, die angeblich nichts als 'brotlose Kunst' seien, anhören musste: Was das Studium anbelangte, folgte ich meinem Herzen und meinem Bauchgefühl und habe es nie bereut.

auch das, was noch immer fast tagtäglich an politischen Veränderungen mit Deutschland und der Welt passierte, interessierte mich brennend. Ich wollte mehr erfahren, Zusammenhänge begreifen, aber sicherlich auch aufarbeiten und bewusst teilhaben. Im April 1991 zog ich nach Tübingen und verliebte mich schnell in die überschaubare, malerische Stadt am Neckar. Ich fand Freunde, eine neue Gemeinde und genoss es, endlich Studentin zu sein.

Nach bestandenem Vordiplom packte ich im Sommer 1993 erwartungsfroh meine Koffer und war bereit für das nächste große Abenteuer, die USA. Mein größter Wunsch war tatsächlich in Erfüllung gegangen: Ich durfte ein Jahr an einer amerikanischen Universität studieren, noch dazu an einer sehr renommierten Privatuniversität, der Georgetown University in Washington D.C. Ich schwebte im siebten Himmel! Schnell fand ich wunderbare Freunde, eine Ersatzfamilie und eine zweite Heimat. Begierig saugte ich alles auf, was neu und aufregend war. Ich bereiste das Land, wann immer sich die Möglichkeit dazu bot, pilgerte in die Museen der Smithsonian Stiftung und zu historischen Stätten in und um die Hauptstadt, involvierte mich in meiner neuen Kirchengemeinde in McLean, sang in drei Chören gleichzeitig, feilte an meiner amerikanischen Aussprache und vertiefte mich täglich in die 'Washington Post' und andere Lektüre. Der Kulturschock, vor dem man uns Austauschstudenten vor der Abreise gewarnt hatte, blieb aus. Stattdessen verharrte ich fast ein Jahr lang in der so genannten 'Honeymoon-Phase', in der alles wunderbar ist und das Leben im Prinzip kaum besser sein könnte. Heimweh war mir ein absolutes Fremdwort. Der Kulturschock traf mich dafür mit voller Wucht, als ich zum Wintersemester 1994 nach Deutschland zurückkehren musste. Wie gern wäre ich länger in Washington D.C. geblieben – aber ich musste mein Studium beenden, die Magisterarbeit schreiben und natürlich warteten in Deutschland Familie und Freunde auf mich.

1997 beendete ich mein Studium und schweren Herzens packte ich erneut die Koffer. Es war nicht leicht meine Freunde und Tübingen zurückzulassen, aber nun begann der Ernst des Lebens... Ich zog in die Nähe meiner Familie, nach Hessen, um mich im Rhein-Main-Gebiet auf Jobsuche zu begeben. Nach einem einjährigen, zusätzlichen BWL-Traineekurs in Frankfurt fühlte ich mich dem kommenden Berufsleben einigermaßen gewachsen. Ich fand einen Job als Marketingassistentin und heuerte bei einem amerikanischen Telekommunikationskonzern in Frankfurt am Main an...
Endlich hatten meine Eltern, Geschwister und ich uns in unserer neuen Heimat in Hessen eingelebt - wir hatten das Gefühl, angekommen zu sein.

Die Stasi-Akten

Noch während meines Auslandsjahres in den USA, erhielt ich von meinen Eltern die Nachricht, dass unsere angeblich verschollenen Stasiakten[84] in Form von Mikrofilmen wieder aufgetaucht waren. Mein Vater fuhr zur Außenstelle der Gauck-Behörde in Potsdam, um die Akten[85] einzusehen. Was wir darin vorfanden waren jedoch nur unsere Vernehmungsprotokolle, die Anklageschrift und das Urteil sowie diverse andere Dokumente von zweitrangigem Interesse. Immerhin, unter den unterschriebenen Protokollen konnte ich zum ersten Mal die Klarnamen - so vermute ich zumindest - meiner beiden Vernehmer[86] lesen. Ich sehe die beiden auch nach 20 Jahren noch ganz genau vor mir: Das höhnische Grinsen, die zugekniffenen bohrenden Augen, die Drohgebärden und den Zorn im Gesicht. Was wohl aus ihnen geworden ist? Hinkebein ist längst Rentner, Flanelli müsste jetzt um die 50 sein. Wo leben sie heute? Sind

84 Wir hatten gleich 1990 Antrag auf Einsicht in unsere Stasiakten gestellt, allerdings war außer einer Karteikarte mit dem Vermerk zu einem 'Operativen Vorgang' nichts mehr auffindbar. Es hieß, unsere Akten seien bereits 1989 vernichtet worden.
85 Leider liegen bis zum heutigen Tag die Akten nicht vollständig vor – der größte Teil, quasi die gesamte Vorgeschichte, fehlt noch immer. Somit bleiben diverse Fragezeichen und Lücken.
86 Major Hans Bornkessel (Hinkebein) und Oberleutnant Torsten Hannusch (Flanelli)

sie untergetaucht? Leben sie unter falschem Namen, mit neuer Identität? Was denken sie über den Verlust ihrer engen, sozialistischen Einheitswelt? Was erzählen sie ihren Kindern und Enkeln über ihr Zutun als Zahnräder im großen Getriebe der Diktatur? Und wie würden sie wohl reagieren, wenn wir uns zufällig auf der Strasse begegneten? Ich würde sie konfrontieren, keine Frage. Ich würde das Gespräch suchen, Fragen stellen, jedoch keine Antworten erwarten. Menschen wie sie lernen nicht dazu, glaube ich. Ich bin mir sicher, dass sie alles banalisieren und sich dann mit der Bemerkung, man habe nur Befehle ausgeführt, aus der Affäre ziehen würden. Das Bild vom geläuterten Stasi-Offizier aus dem Film »Das Leben der Anderen«, der plötzlich Dinge hinterfragt, vielleicht sogar über Schuld nachdenkt, ist in meinen Augen absolute Fiktion und wird es wohl bleiben.

Vor 3 Jahren stellte ich einen erneuten Antrag auf Akteneinsicht, in der Hoffnung, dass in den vergangenen Jahren neue Dokumente aufgetaucht sind. In der Tat waren nochmals circa 150 Blatt verschollenes Material zu Tage getreten, doch noch immer fehlt der wichtigste Teil der Akten. Die Suche geht weiter...

Diesmal fand ich jedoch in den 'neuen' Unterlagen eine offizielle Notiz des Leiters der Abteilung BKG[87] der Staatssicherheit Cottbus, die mich nachträglich erschaudern ließ. Ein gewisser Major Arnold hatte dort geschrieben:

> »*Eine Übersiedlung der Familie Schlicke aus der Haft nach der BRD würde sich negativ auf die in ihrer Gesamtheit eingeleiteten Maßnahmen der Zurückdrängung derartiger Handlungen auswirken. Aus diesem Grund wird eine Übersiedlung der Familie Sch. zum gegenwärtigen Zeitpunkt nicht befürwortet. Es wird vorgeschlagen, die Personen Schlicke, Jürgen und Birgit nach Verbüßung ihrer Haftstrafe in das Territorium der DDR zu entlassen.*«

87 Bezirkskoordinierungsgruppe, sie koordinierte das Vorgehen des MfS bei Ausreise und Republikflucht

Hätte die Wende und die Amnestie im Herbst 1989 nicht stattgefunden, und damit unsere vorzeitige Freilassung – wer weiß, wie mein Leben verlaufen wäre?
Im Jahre 1991 erhielten mein Vater und ich vom II. Rehabilitierungssenat des Bezirksgerichts Cottbus ein Schreiben, in dem uns versichert wurde:

> *»Mit diesem Beschluss werden Sie in vollem Umfang rehabilitiert. Der Senat stellt ausdrücklich fest, dass das gegen Sie betriebene Strafverfahren rechtsstaatswidrig war und Ihnen schweres Unrecht zugefügt wurde.«*

Für die erlittene Haft wurden wir geringfügig finanziell entschädigt, gleichzeitig wurde die Eintragung der Verurteilung aus dem Strafregister getilgt.

Die Täter – die Vernehmer des MfS, der damals zuständige Staatsanwalt Adam sowie der Richter, der uns verurteilte – wurden nie zur Rechenschaft gezogen.

Weggefährten: Margret, Bärbel und Neuigkeiten über Erika Bergmann

Margret, meine Knast-Mutter

In den letzten sechs Monaten meiner Inhaftierung in Hoheneck hatte ich Margret sehr vermisst. Jetzt, in der Freiheit, wünschte ich ebenso häufig, sie wäre in meiner Nähe. Nur sie konnte ermessen, was wir in Hoheneck durchgemacht hatten und ich brauchte einen Gesprächspartner, der mich verstand. Mit meiner Familie konnte ich nur bedingt über Hoheneck reden, denn abgesehen davon, dass wir nun in verschiedenen Bundesländern lebten, waren alle auch völlig auf Neuanfang programmiert und sehr beschäftigt. Meine knapp 2-jährige Haftzeit ließ mich aber noch nicht los und sollte mich auch in den nächsten Jahren regelmäßig begleiten.

Gleich nachdem ich im Aufnahmelager Gießen angekommen war, nahm ich Kontakt mit Margret auf. Sie lebte seit geraumer Zeit in Frankfurt am Main und im April 1990

Gamasche (Foto: FÜR DICH)

sahen wir uns zum ersten Mal nach unserer gemeinsamen Leidenszeit in Hoheneck wieder. Das Wiedersehen war erwartungsgemäß herzlich und sehr emotional, aber auch tränenreich. Und es gab unendlich viel zu erzählen... Auch heute stehen wir noch in Kontakt, jedoch nicht mehr so häufig, da Margret in den neunziger Jahren zurück in ihre Heimatstadt Dresden zog. Wann immer wir uns jedoch treffen, steht Hoheneck ganz automatisch im Zentrum aller Gespräche. Ich denke Margret hat ihre Inhaftierung gut verarbeitet, wenngleich auf andere Weise als ich. Es ist jedenfalls schön zu sehen, dass es ihr heute gut geht und Hoheneck nicht mehr wie ein schwarzer Schatten über ihrem oder meinem Leben lastet.

Neues über Hoheneck

Im Frühjahr 1990 erhielt ich von einer Freundin aus der ehemaligen DDR per Post einen Zeitungsbericht über Hoheneck zugeschickt. Dieser Bericht, in der Frauenzeitschrift FÜR DICH erschienen, riss mir im ersten Moment fast den Boden unter den Füßen weg. Hoheneck begleitete mich zwar mit allen schrecklichen Erinnerungen auch in jener Zeit, aber nicht so intensiv und tagtäglich, da ich zu sehr auf meine bevorstehenden Prüfungen konzentriert war. Mein Abitur sowie mein Führerschein, auf den ich in diesen Tagen parallel hinarbeitete, forderten meine ganze Energie und Konzentration. Mit zitternden Händen hielt ich nun die Seiten der DDR-Frauenzeitschrift in der Hand, die unter anderem auch Fotos von vertrauten Plätzen und Gesichtern enthielten. Ich erkannte 'Juckel' und 'Muttchen', Maria und Angelika, Frau Meister Rabe und ich sah 'Gamasche'[88], mit der ich mehrere Monate eine Zelle geteilt hatte. Dazu gab es Interviews und alles war wieder so real, dass ich förmlich Gamasches eindringliche Stimme und das Klappern der Schlüssel hörte.

Erika Bergmann, 1990 (Foto: FÜR DICH)

Leider berichtete der Artikel in der FÜR DICH eher verharmlosend über das Zuchthaus Hoheneck. Der Tenor, in dem das Ganze verfasst war, störte mich. So wurden die Aufseher beispielsweise als bemitleidenswerte Menschen dargestellt, die sich tagtäglich mit renitenten Mörderinnen auseinandersetzen müssen. Kaum ein Wort von den katastrophalen Zuständen im Frauengefängnis.
Aber eines war neu und ließ Platz für Hoffnung: Noch nie hatten Journalisten das berüchtigte Gefängnis betreten dürfen, um darüber zu berichten. Dies war ein Signal und erstes Zeichen, dass nun auch hinter den Stollberger Gefängnismauern einiges in Bewegung geraten war. Am größten war meine Verblüffung jedoch, als ich am Ende der mehrseitigen Reportage ein ausführliches Interview mit Erika Bergmann[89] samt Foto entdeckte. Meine Bezie-

88 Wie ich erfahren habe, starb sie bereits 1997 im Alter von 38 Jahren

89 Erika wurde 1915 geboren. Ihr erster Ehemann fiel 1938. Mit 28 Jahren kam sie 1943 als Aufseherin in das Konzentrationslager Ravensbrück und blieb dort bis zum Ende des 2. Weltkrieges. Danach heiratete sie

hung zu 'Omi', wie wir sie in Hoheneck nannten, hatte ich als freundschaftlich in Erinnerung. Bis 1997 wusste ich jedoch nicht, welcher Verbrechen sie sich tatsächlich schuldig gemacht hatte. Vermutlich hatte ich es damals auch teilweise verdrängt. In den Zeiten der Not in Hoheneck war ein freundliches Wort wichtiger als alles andere. Nun holte mich alles ein! Nie hätte ich gedacht, jemals wieder mit diesem Gesicht konfrontiert zu werden. Auf dem Foto sah sie eigentlich aus wie immer - harmlos. Sie lächelte sogar ein bisschen. Nun las ich über die »Bestie in Menschenhaut« und war schockiert.

Unter diesem Namen war sie als Aufseherin im KZ Ravensbrück bekannt und berüchtigt. (Wir wollen es uns und Ihnen ersparen, Zeugenaussagen zu zitieren. Falls Sie es aushalten können, lesen Sie bitte selber nach »Frauen im KZ Ravensbrück«, Autorenkollektiv, Berlin 1986).

Gleichzeitig las ich von Reue.

Frage: »Es hört sich so an, als hätten Sie mir Ihrer Vergangenheit gebrochen. Es war schlimm, was Sie getan haben...«,
Antwort Erika Bergmann: »Ja, es war schlimm. Und ich habe es tief bereut. Schon lange.«,
Frage: »Sie haben jetzt ein Gnadengesuch gestellt. Was würden Sie tun, wenn Sie wirklich frei kämen?«,
Antwort Erika Bergmann: »Ich glaube nicht daran. Aber ich würde hinziehen, wo Wald und Wasser ist, und ich würde arbeiten gehen. In der LPG oder im Betrieb. Arbeit hält jung...«[90]

Meine Emotionen spielten verrückt. Wie passt das zusammen und wer war diese Frau wirklich? War sie tatsächlich

---

erneut - ihr zweiter Ehemann ließ sich allerdings scheiden, als sie 1955 verhaftet wurde. Von 1955 bis 1991 war sie in Hoheneck inhaftiert.

90 Interview mit Erika Bergmann in »Ich bin 30. Ich bin ein Mörder«, FÜR DICH, Ausgabe 7/90, S. 22-29.

eine Bestie? Was sollte ich jetzt glauben? Ich musste dieser Sache auf den Grund gehen, denn es ließ mir keine Ruhe mehr. Ermutigt von den Veränderungen im Land und den Vorgängen hinter Hohenecks Mauern, nahm ich mir Papier und Kugelschreiber und schrieb einen ersten Brief an Erika. Ich hatte die Hoffnung, dass sie meinen Brief ausgehändigt bekommen würde und mir auch antworten dürfte. Zur Sicherheit fügte ich noch einige Zeilen an die mir wohlbekannte Leiterin des Strafvollzugs bei, in dem ich an sie appellierte, sich nicht in den Weg zu stellen. Parallel schrieb ich an Bärbel, meine frühere Zellen-Älteste, die auch noch in Hoheneck sein musste.

Bärbels Briefe

Von Bärbel erhielt ich als erstes eine Antwort und schon bald entwickelte sich ein reger Briefaustausch zwischen uns. Die Vorgänge in Hoheneck interessierten mich brennend. Wer von den so genannten Politischen war denn nach Abschluss der Amnestie im November 1989 noch in Haft verblieben? Wie ging es weiter und was hatte sich in Hoheneck bereits zum Positiven verändert? Bärbel klärte mich auf.[91]

In ihren ausführlichen Briefen schrieb sie mir über angeblich aus politischen Gründen Inhaftierte, die sich nach der Amnestie im November 1989 jedoch tatsächlich als Beischlafdiebe und Scheckbetrüger entpuppten oder Vorstrafen wegen asozialem Verhalten geschickt verschwiegen hatten. Da sie nicht unter die Amnestie für Politische gefallen waren, auf Grund dessen sie eigentlich entlassen worden wären, fiel die Maske und offenbarte kriminelle Abgründe, wenn auch hin und wieder gepaart mit dem einen oder anderen politischen Paragraphen. Ferner berichtete Bärbel von anderen gemeinsamen Bekannten, zum Beispiel Rocky. Früher die größten Feindinnen auf un-

91 Ich sollte durch unseren Briefwechsel noch einiges erfahren, was mich sehr erstaunte, aber auch verärgerte. Ich führe dieses Erstaunen auf meine jugendliche Naivität zurück. Vieles von dem was ich später erfuhr, traf mich nicht wirklich persönlich, nur insofern, als dass ich mich über meine damalige Gutgläubigkeit ärgerte. Mit Sicherheit waren das nicht meine letzten Lektionen in Sachen Menschenkenntnis.

serem Kommando, entdeckten die Kindermörderin Hammer und Rocky ihre große Liebe zueinander und wurden nach der November-Amnestie ein unzertrennliches Paar. Auch Elke L., Missi und Manu wechselten laut Bärbel ans 'andere Ufer', was mir herzlich egal war, mich allerdings bei Andrea ziemlich verwirrte, da sie immer lautstark ihre Männergeschichten zum Besten gegeben und nie Interesse an Frauen gezeigt hatte. Alle ihre angeblichen Freunde waren frei erfunden und sogar an Bärbel soll sie sich zum Schluss herangemacht haben – unglaublich.
Die politischen Veränderungen im Land hatten schlussendlich auch vor den Strafvollzügen der DDR keinen Halt gemacht. Nachdem die letzten 126 politischen Gefangenen im November 1989 Hoheneck durch eine Amnestie entlassen worden waren, lockerte sich der militärischstrenge Alltag im Gefängnis allmählich und immer mehr Berichte von draußen drangen durch die Mauern der StVE Stollberg. Ermutigt durch die Demonstrationen außerhalb des Gefängnisses, begannen sich die noch Inhaftierten in Hoheneck zu organisieren. Bärbel, Soldi und einige andere Frauen gründeten einen Gefangenenrat. Dieser sollte die Interessen der inhaftierten Frauen gegenüber den Aufsehern vertreten und für menschlichere Haftbedingungen sorgen. Letztere gingen vielen Strafgefangenen jedoch viel zu langsam voran. Am 3. Dezember 1989, also wenige Tage nach dem Abschluss der Amnestie für politische Gefangene, kam es in Hoheneck zum ersten Gefangenenaufstand. Gemäß Bärbels Aussagen war dieser durch sie selbst ausgelöst worden, indem sie demonstrativ ihre Arbeit niederlegte und in den Hungerstreik trat, um Verbesserungen im Hohenecker Häftlingsalltag zu erzwingen. Der gesamte Verwahrraum schloss sich Bärbels Hungerstreik an und brachte eine Lawine ins Rollen. Weitere Zellen folgten dem Beispiel und schließlich streikte ganz Planet II. Später schlossen sich weitere Kommandos im Haus an. Die Strafvollzugsleitung berief ein Treffen ein und dort machten

die Gefangenen ihrem über Jahre angestauten Ärger richtig Luft. Bärbel schrieb mir:

> *Es gab nichts, was sie [die Gefängnisleitung] uns nicht zugebilligt hätten; sie gaben uns in allen Anklagen gegen das Haus Recht. Doch die nächsten Tage waren hart: Wir haben uns zu nichts hinreißen lassen, haben nicht ein Stück gegessen und dann holte man die Leute einzeln aus den Zellen und drohte, weil keiner von uns die Arbeit aufnahm. Wir blieben im Verwahrraum und sind zu keiner Mahlzeit rausgetreten. Der Gefangenenrat saß jeden Tag über Stunden zusammen, verschiedene Presseleute kamen vorbei und wir haben nur unsere Wut und unseren Ärger abgelassen. Natürlich war alles mit Rang und Namen vertreten, auch ein Staatsanwalt. Die Bullen kamen nicht zu Wort! Und dann wurde eine Amnestie verkündet: Grosseinsatz der Aufseher bis in die Morgenstunden.*
>
> *Dann eskalierte die Situation allerdings:*
> *Du wirst es nicht glauben, aber es wurde so gegen die Zellentüren getreten, dass sie kaputt waren. Man konnte durch den Türrahmen gehen und alle schrieen »Freiheit für alle!« Dieser Zustand hielt über Tage an. Noch in der Nacht wurden starke, große Bretter vor die Türen genagelt. Am nächsten Tag hingen Bettlaken mit großen Aufschriften aus den Fenstern, doch kein Aufseher wagte sich daran. [...] Einmal saßen viele Gefangene im Freizeitzentrum auf den Balken unter dem Dach und haben mit Massenselbstmord gedroht....*

Sieben Tage hungerten die Gefangenen und verweigerten vier Wochen lang jegliche Arbeit. Aber es gab auch Streikbrecher. Andrea S., zu dieser Zeit bereits zur EB-Ältesten aufgestiegen, ihre Freundin Hörnchen, Soldi und Elvis sowie ein paar andere Gefangene beendeten den Streik vorzeitig, so berichtete Bärbel, und schlugen sich nach einer Woche auf die Seite der Aufseher. Bärbel wurde als

Anstifterin von anderen Gefangenen angezeigt[92]. Später beobachtete Bärbel auch noch, dass große Säcke voller Dokumente aus den Erzieherbüros in den Heizungskeller geschleppt und vernichtet wurden.

Auch in anderen Gefängnissen der DDR hatte es zu diesem Zeitpunkt Streiks und Aufstände gegeben. Die Angst vor den schlimmsten Repressionen, die ein solcher Aufstand im Gefängnis nach sich ziehen konnte, war dem Mut der Verzweiflung gewichen. Zum ersten Mal begehrten Gefangene gemeinsam auf und erreichten sogar die eine oder andere Verbesserung. So war es nun plötzlich möglich auf Hafturlaub zu gehen und das Gefängnis für einige Tage zu verlassen. Dummerweise wurde diese Lockerung aber sofort von einigen Gefangenen ausgenutzt, die den Urlaub zur Flucht nutzten[93].

Bereits im Dezember 1989 wurde eine Amnestie bzw. Haftüberprüfung für alle noch in der DDR verbliebenen Inhaftierten beschlossen. Diese neuerliche Amnestie führte dazu, dass ein Großteil der Strafgefangenen, die ihre Strafe beinahe vollständig verbüßt und nun weniger als 3 Jahre Reststrafe hatten, nach und nach in die DDR entlassen wurden. Hoheneck leerte sich allmählich. Waren wir im November 1989 noch zu zehnt in einer Zelle eingepfercht, so waren es im Januar 1990 nur noch zwei Frauen, die sich eine Zelle teilen mussten. Einige hatten sogar eine ganze Zelle für sich allein und genossen die Ruhe und den Freiraum.

Bärbel berichtete auch davon, dass viele Strafgefangene in jenen Tagen in andere, besser ausgestattete Strafvollzüge verlegt wurden, denn es gab kaum noch Arbeit in Hoheneck. Im Juni 1990 wurde der VEB[94] Planet Eppendorf in Hoheneck aufgelöst. Soldi wurde nach Köpenick verlegt, Rocky nach Halle. Im August entließ man neben dem

92 Das Verzinken und die allgemein übliche Bespitzelungstaktik funktionierten nach wie vor bestens - auch im Ausnahmezustand.

93 Aniko soll so aus Hoheneck verschwunden sein, erzählte Bärbel. Sie kam einfach nicht vom Hafturlaub zurück. Ob man sie je wieder hinter Gitter gebracht hat, ist mir nicht bekannt.

94 Volkseigener Betrieb

ehemaligen 'Bridscher' Ines Z. auch meine beiden früheren Zellengenossinnen Gabi und Manuela in die Freiheit. Alle anderen mir bekannten inhaftierten Frauen waren nach der regulären Amnestieüberprüfung jedoch abgelehnt worden, da sie noch mehr als 3 Jahre Haftstrafe vor sich hatten.

Nun begann für die Verbliebenen eine Zeit der Erneuerung und nach und nach verbesserten sich die Zustände im Zuchthaus. Die Türen standen jetzt von morgens 6:30 Uhr bis 23 Uhr offen und alle durften problemlos in alle Bereiche gehen. Es gab auch keinen Freistundenzwang mehr. Die Strafvollzugsleitung genehmigte den Gefangenen eigene Radios in den Zellen sowie Briefwechsel ohne Begrenzung und Zensur. Auch die militärischen An- und Abmeldungen entfielen. Stattdessen wurde man mit »Frau« und nicht mehr mit »Strafgefangene« angesprochen.

Auch für Bärbel sah es nun gar nicht schlecht aus. Sie hatte den größten Teil ihrer Haftstrafe verbüßt und hatte jetzt die Möglichkeit zum ersten Mal in all den Jahren gewisse Lockerungen im Strafvollzug zu erleben. So durfte sie für einen Tag einen so genannten »Außensprecher«[95] durchführen. Später wurde ihr sogar Hafturlaub bei ihrer Familie in Dresden gewährt. Im Mai 1990 wurde Bärbel schließlich vorzeitig wegen guter Führung nach 9 Jahren verbüßter Haft entlassen. Wir schrieben uns noch eine Weile. Damals lebte sie circa zwei Jahre lang mit ihren beiden Söhnen in ihrer Heimatstadt und schickte mir Fotos und Berichte über ihr neues Leben. Sie war fest entschlossen ihr Leben von nun an in den Griff zu bekommen. Die letzte Nachricht erhielt ich 1992, als sie mir mitteilte, sie wolle in die Nähe von Brandenburg ziehen. Zum einen hatte sie dort ein Jobangebot, zum anderen hatte sie einen Mann kennen gelernt, der noch im Zuchthaus Brandenburg wegen einer »Geldsache« einsaß. Kurz danach brach der Kontakt zwischen uns ab und seither habe ich

95 Treffen mit Angehörigen außerhalb der Gefängnismauern in Stollberg

nie wieder von ihr gehört. Ich hoffe sehr, sie hat ihr Leben in Freiheit gemeistert und wurde nicht wieder straffällig.

Erika Bergmann, geborene Belling

Auch über Erika Bergmann, erfuhr ich nach und nach immer weitere Neuigkeiten. Nach dem Bericht in der FÜR DICH und meinem Brief an Erika, sah ich durch Zufall einen kurzen Fernsehbericht, in dem ihre damalige Verhaftung, ihre Delikte und das Urteil besprochen wurden. Sie wurde als Aufseherin im KZ Ravensbrück vorgestellt, die für den Tod mehrerer Menschen verantwortlich war. Auch im SPIEGEL wurde über sie berichtet, und dass die verbliebenen NS-Verbrecher in der DDR nun auf Gnadengesuche und damit verbundene baldige Freilassung hofften.[96]
Erika hatte mir auf meinen Brief geantwortet und angesprochen, auf den FÜR DICH Zeitungsartikel schrieb sie mir im April 1990:

> *Ich kann mir vorstellen wie dir zumute war, als du den Zeitungsartikel gelesen hast. Birgit, ich komme nicht darüber hinweg, das belastet mich täglich mehr. Ich begreife nicht, wo sie soviel Gemeinheiten hergeholt haben. Hast du den SPIEGEL gelesen? Es ist scheußlich, mir so was anzuhängen. In nächster Zeit werde ich ein Gespräch mit Major Forberg[97] haben, vielleicht kann ich bei ihr mein Herz ausschütten. Allerdings gibt es auch Dinge, über die ich nicht sprechen kann, was U-Haft betrifft, ob mir das einer glaubt ist fraglich.*

Zwischenzeitlich hatte ich von diversen ehemaligen Politischen gehört, die sich für Erikas Freilassung einsetzten. Auch ich bemühte mich durch Schreiben an den damaligen Bundespräsidenten und andere Politiker um ein

96 In dem Artikel »Büßen für die Sauberkeit: Inhaftierte NS-Verbrecher in der DDR hoffen auf Gnade«, SPIEGEL, Ausgabe 10 / 1990 ist davon die Rede, dass 1990 noch 23 NS-Täter in DDR-Gefängnissen einsaßen. »Am längsten, seit 1955, ist Erika Bergmann, 75, inhaftiert, einst eine der am meisten gefürchteten Aufseherinnen im Konzentrationslager Ravensbrück.«
97 damalige (Pseudo-) Haft-Psychologin in Hoheneck

Gnadengesuch für Erika und wollte mitzuhelfen, ihr die letzten Lebensjahre in Freiheit zu ermöglichen. Gleichzeitig plagten mich immer wieder Gewissensbisse, wenn ich an ihre Opfer dachte. Da ich aber nichts Genaues über Erikas Taten wusste, überwogen die Gedanken, dass 36 Jahre, verbüßt in Hoheneck, als Strafe doch ausreichend sein müssten und sie nun entlassen werden sollte. Durfte ich mir anmaßen darüber zu befinden, ob ihre Reue echt war? Menschen können sich ändern - auch Mörder, oder etwa nicht?

Nach bundesdeutschem Recht saßen andere NS-Verbrecher maximal 18 Jahre in Haft[98], danach wurden sie in der Regel vorzeitig auf Bewährung entlassen. Das hatte sich auch Erika gewünscht, wie ich aus ihren zahlreichen Briefen wusste, und dieser Wunsch sollte im Mai 1991 für sie Realität werden.[99]

Durch einige Zeitungsinterviews hatten sich Ilse und ihr Mann, ein christliches Ehepaar aus Guben, bei Erika gemeldet, die ihr bei einem Neustart behilflich sein wollten. Sie organisierten Erika eine kleine Wohnung in Guben, besorgten ihr preiswerte Möbel, halfen bei Behördengängen und umsorgten sie auch in allen anderen Dingen, um ihr den Start in ein Leben in Freiheit einfacher zu machen. Erika und ich schrieben uns nach wie vor Briefe. Sie schien sich mühelos an ihr neues Leben anzupassen, berichtete von Besuchen bei ihrer Schwester in Köln und von Reisen, die sie unternahm. Als ich im Juni 1995 meine Verwandten

98 »Anders als in der Bundesrepublik, wo Lebenslängliche häufig nach 18 Jahren begnadigt werden, hatten die Kriegsverbrecher in der DDR bislang kaum eine Chance, ihr Leben außerhalb der Gefängnismauern zu beschließen.« SPIEGEL, Ausgabe 10 / 1990

99 Auch Ulla Jürss, ebenfalls ehemalige KZ-Aufseherin im KZ Ravensbrück wurde 1991 via Gnadengesuch auf Bewährung entlassen, nur bei Erna Petri hatte der Staatsanwalt vorerst ein Veto eingelegt. Ein Jahr später wurde sie jedoch ebenso entlassen.

In einem Nebensatz erwähnte Erika, dass sie finanziell von einer Organisation na-mens »Stille Hilfe« unterstützt werde. Ich hatte noch nie von dieser Organisation gehört. Erst später fiel mir dieser Name wieder ein. Ich recherchierte im Internet und fand heraus, dass es sich bei der Gruppe »Stille Hilfe für Kriegsgefangene und Internierte« um eine umstrittene Hilfsorganisation handelt, die vor allem deshalb in der Kritik ist, weil sie eben auch NS-Täter unterstützt. Sie wird als revisionistisch und rechtsradikal eingeschätzt, so dass der Bundesfinanzhof 1999 entschied, der Organisation die Gemeinnützigkeit abzuerkennen. (Quelle: http://de.wikipedia.org/wiki/Stille_Hilfe_f%C3%BCr_Kriegsgefangene_und_Internierte)

in Sachsen besuchte, nutzte ich die Gelegenheit für einen Abstecher nach Guben, um Erika zu besuchen. Sie kam mir fast unverändert entgegen, zeigte mir stolz ihre Wohnung und war sichtlich dankbar für die Hilfe, die sie von Ilse und anderen bekam. Nach einigem Smalltalk nahm ich endlich meinen Mut zusammen und fragte sie das, was ich schon seit 1988 fragen wollte: Weshalb wurde sie 1955 von den Russen verhaftet und wegen Verbrechen gegen die Menschlichkeit zu lebenslanger Haft verurteilt?

Erika Bergmann, Juni 1995 in Guben

Ihre Antworten auf meine Fragen fielen knapp aus. Über die U-Haft wolle sie nicht reden, sagte sie. Dies sei für sie zu schmerzhaft, denn sie sei seinerzeit gefoltert worden, um von ihr Geständnisse zu erpressen, und seit dieser Zeit sei ihre rechte Niere kaputt.

Dann folgten äußerst knappe Berichte über ihre Zeit im KZ Ravensbrück. Sie hatte während des Krieges in einer Munitionsfabrik arbeiten müssen. Mit 28 Jahren wurde sie dort als Aufseherin angeworben, und da der in Aussicht gestellte Verdienst gut war, sagte sie zu. Im Prinzip sei sie 1943 nur vier Wochen in Ravensbrück gewesen, wo sie eine Art Grundausbildung erhielt[100]. Kurz danach hätte man sie in einem Nebenlager eingesetzt. Sie sollte dort die Arbeiterinnen in einem Steinbruch bewachen. Die Arbeit im Außenlager wäre für die Häftlinge zwar schwer gewesen, berichtete sie, aber die Bedingungen wären dort auch besser gewesen als im Hauptlager. Kurz danach wäre der Krieg dann zu Ende gewesen. Sie sei nach Mecklenburg gegangen, hätte in der Landwirtschaft gearbeitet und 1955 sei sie plötzlich verhaftet worden. Mehr gäbe es nicht zu berichten. Also war sie quasi 'unschuldig', oder wie sollte ich diese Aussagen interpretieren? Keine Häftlingsmisshandlungen, die ihr den Namen »Bestie in Menschenhaut« eingebracht hatten? Leider war von ihr in dieser Sache nicht mehr zu hören und ich ließ es dann damit bewenden. Ich wollte sie nicht bedrängen.[101]

Wir schrieben uns weiterhin Briefe, sprachen allerdings nie wieder über ihre NS-Vergangenheit. Ich hatte ihre Antworten zur Kenntnis genommen und glaubte, dass die erwähnten Berichte über die »Bestie in Menschenhaut« vermutlich übertrieben waren. Hätte man sie sonst als Top-NS-Verbrecherin entlassen?

Im Mai 1997 sprach mir Ilse, die Frau die sich seit Erikas Entlassung um sie gekümmert hatte, auf meinen Anrufbeantworter: Erika war im Alter von 82 Jahren wegen Organversagens gestorben. Zuvor hatte Erika schon häufiger über gesundheitliche Probleme geklagt. Diese Nachricht kam daher nicht wirklich überraschend.

---

100 Diese Aussagen sind belegt. Ende 1944 wurde sie dann in Neu Rohlau, einem zum KZ Flossenbürg gehörigen Lager in der Nähe von Chemnitz eingesetzt. Den Rest des Krieges verbrachte sie als Aufseherin in einem anderen zu Flossenbürg gehörigen Außenlager, in Oederan.

101 Heute bedauere ich, dass ich nicht penetranter nachgefragt habe. Ob ich dann die Wahrheit von ihr gehört hätte, bleibt jedoch dahingestellt.

Erikas Vergangenheit ließ mir aber auch nach ihrem Tod keine Ruhe. Gerne hätte ich von Ilse mehr erfahren, aber ich hatte weder Adresse noch Telefonnummer. Auch das in der FÜR DICH erwähnte Buch, welches Zeugenaussagen über Erikas Verbrechen enthalten sollte, konnte ich nirgends finden. Es wurde nicht mehr verlegt und auch in den umliegenden Bibliotheken und antiquarischen Buchhandlungen hatte ich keinen Erfolg.
Warum konnte ich dieses Thema nicht einfach abhaken? Erika war tot, also was sollte das alles? Ich ärgerte mich über mich selbst. Ich hätte Erika bei unserem Treffen in Guben mehr in die Zange nehmen sollen! Ich hätte nachhaken und explizitere Antworten einfordern sollen. Hätte sie mir darauf bereitwillig und wahrheitsgemäß geantwortet? Ich weiß es nicht. Jetzt war es jedenfalls zu spät, um weiter nachzufragen. Oder gab es noch eine Chance auf Klärung? Ich schrieb einen Brief an die Lagergemeinschaft der Überlebenden des KZ Ravensbrück. Meine Vermutung war, dass die Überlebenden die »Bestie« kennen würden. Bald erhielt ich Antwort und war überrascht, dass keine der Frauen mit dem Namen Erika Bergmann etwas anfangen konnte. Das beruhigte mich etwas. Wenn Erika wirklich so berüchtigt gewesen wäre, hätten sich doch zumindest einige Überlebende an sie erinnert. Dennoch, etwas nagte weiter in mir. Ich wollte Gewissheit. Immer häufiger dachte ich daran, dass ich mich mit meinem Gnadengesuch unter Umständen für eine (vielleicht doch unreuige?) Mörderin eingesetzt hatte...
Wenn sie sich tatsächlich schuldig gemacht hat, was dann? Hätte ich nicht vielmehr an die Opfer denken müssen die ihr Leben verloren haben, und deren Angehörige? Wer hatte sich je für sie eingesetzt? Oder hatte ich richtig gehandelt? Menschen können sich ändern. Aber verdienen Nazi-Mörder eine zweite Chance, auch wenn sie aufrichtig bereuen? Immer wieder stellte ich mir solche Fragen und drehte mich im Kreis. Vielleicht konnte ich in der Mahn- und Gedenkstätte des KZ Ravensbrück Antworten finden?

Nochmals schrieb ich einen Brief, erklärte mein Anliegen und erhielt postwendend Antwort einer dort tätigen Historikerin, die sich zu jener Zeit gerade mit der Rolle der Täterinnen beschäftigte. Sie teilte mir mit, dass es im Archiv der Gedenkstätte tatsächlich diverse Zeugenaussagen über Erika Bergmann, geborene Belling, verheiratete Koch, gäbe und lud mich ein, die Gedenkstätte zu besuchen, um selbst vor Ort recherchieren zu können. Jetzt wurde mir alles klar! Sie hieß in ihrer Ravensbrücker Zeit überhaupt nicht Bergmann sondern Belling – kein Wunder, dass dieser Name niemandem etwas sagte!

Mit einem flauen Gefühl im Magen fuhr ich nach Fürstenberg, zur Mahn- und Gedenkstätte Ravensbrück. Zunächst lief ich mehrere Stunden in der Gedenkstätte umher, um mir ein Bild vom ehemaligen KZ zu machen und ein Gefühl für diesen furchtbaren Ort zu bekommen. Im Archiv las ich anschließend diverse Zeugenaussagen, die mir das Blut buchstäblich in den Adern gefrieren ließen. Ich sah außerdem das Gerichtsurteil von Erika und fand in einem Buch ihre Gehaltsbezüge, die belegten, dass sie von 1943 bis 1945 als Aufseherin für das KZ Ravensbrück gearbeitet hatte. Erika hatte mich belogen. Nun konnte ich es schwarz auf weiß lesen. Besonders schlimm war es für mich die Zeugenaussagen zu lesen. Ich dachte an die Erika, die ich kennen gelernt und die mich oft getröstet hatte, und auf der anderen Seite erfuhr ich zum ersten Mal von der herzlosen, brutalen Aufseherin, die die ehemaligen KZ-Häftlinge beschrieben hatten. Kaum zu glauben, dass hier von ein und derselben Person die Rede war:

> *Die Angeklagte hat als Aufseherin in dem Konzentrationslager Ravensbrück in der Zeit von 1943 bis 1945 Häftlinge misshandelt. Die Bergmann hatte den Auftrag erhalten, eine Kolonne Ravensbrücker Häftlinge außerhalb des Lagers zu Planierungsarbeiten zu führen. Sie hetzte ihren Hund auf eine etwa 20jährige Zigeunerin, weil diese ihrer Meinung nach zu langsam arbeitete. Die vierbeinige Bestie zerriss dem jungen Mädchen den Unterleib. Blutend*

und mit heraushängenden Gedärmen wurde auf Befehl der Bergmann die Bewusstlose ins Schilf gelegt und dort einige Stunden lang liegen gelassen. Die Bergmann verbot den Frauen, sich um die Schwerstverletzte zu kümmern. Als die Kolonne abends in Lager einrücken sollte und die Zigeunerin mitnehmen wollte, fanden sie nur eine Tote vor. Die Frau war verblutet.[102]

Für die Tötung dieser Frau mit einem abgerichteten Hund sowie für die Misshandlung und Tötung von mindestens fünf weiteren KZ-Häftlingen wurde Erika Bergmann am 12. November 1955 in einem Prozess[103] beim Bezirksgericht Neubrandenburg wegen Verbrechen gegen die Menschlichkeit zu lebenslanger Zuchthausstrafe verurteilt, die sie in Hoheneck verbüßen sollte. Bis heute ist es mir unbegreiflich, wie Erika nach 1945 mit dieser ungeheuren Schuld weiterleben konnte.

Wolfgang Schnur und eine weitere Lektion in Sachen Menschenkenntnis

Plötzlich waren sie da, wie aus dem Nichts: Negativschlagzeilen über Wolfgang Schnur, meinen früheren Verteidiger. Anfangs hatte es so ausgesehen, als würde er als Politiker richtig Karriere machen. Ich verfolgte seinen Aufstieg aus der Ferne: Er war zum Vorsitzenden des Demokratischen Aufbruchs[104] gewählt worden und reiste zusammen mit Helmut Kohl durch die Lande, um Wahlkampf zu betreiben. Doch bereits Ende 1989 tauchten erste Vorwürfe wegen seiner angeblichen, jahrelangen Stasi-Mitarbeit auf. Im Jahre 1964 soll er als Student eine Kooperationsverpflichtung unterschrieben, fortan als inof-

102 Auszug aus Erikas Gerichtsurteil vom 12. November 1955

103 Verfahrensgegenstand, laut Prozessunterlagen: »Schwere Misshandlung von weiblichen Häftlingen und ihren Kindern, in mehreren Fällen mit tödlichem Ausgang, durch Schlagen, Treten, Übergießen mit eiskaltem Wasser und Zerfleischen durch einen auf die Häftlinge gehetzten Hund.«

104 Der Demokratische Aufbruch (DA) war Teil der »Allianz für Deutschland« und wurde 1989 gegründet. Schnur wurde auf dem Gründungparteitag im gleichen Jahr zum Vorsit-zenden des DA gewählt, musste aber im März 1990 nach Bekanntwerden seiner IM-Tätigkeit für die Staatsicherheit von allen politischen Ämtern zurücktreten.

fizieller Mitarbeiter (IM) für das MfS gearbeitet und dafür Geld, Auszeichnungen und Orden erhalten haben. Schnur, der durch dieses Outing plötzlich seine politische Karriere beim Demokratischen Aufbruch gefährdet sah, stritt zunächst alles rigoros ab: Er habe nie für den Staatssicherheitsdienst gearbeitet und habe auch keinen Orden des MfS empfangen. Als früherer Anwalt von Bürgerrechtlern sei er zwar automatisch mit der Stasi in Berührung geraten, so Schnur, aber eine aktive Mitarbeit habe es nie gegeben.

Auch ich konnte diesen Verdächtigungen zunächst nicht folgen. Im Gemeinschaftskundeunterricht war Schnur eines Tages dann Gesprächsthema. Ich verteidigte ihn vehement und war bereit, buchstäblich meine Hand für ihn ins Feuer zu legen, was mir allerdings schräge Blicke meiner Klassenkameraden einbrachte. Doch ich glaubte weiter an seine Unschuld bzw. eine Hetzkampagne politischer Gegner. Schnur veröffentlichte sogar eine Ehrenerklärung und schickte eine Gegendarstellung auf einen entsprechenden SPIEGEL-Bericht, einschließlich der Ankündigung »ein angemessenes Schmerzensgeld zu fordern.«

Nach und nach distanzierten sich jedoch seine eigenen Parteifreunde. Als es kein Entrinnen mehr gab und der Traum, Ministerpräsident der noch existierenden DDR zu werden geplatzt war, gab Schnur schließlich am 14. März 1990 eine öffentliche Erklärung und ein indirektes Schuldeingeständnis ab:

> *Durch die ständigen massiven Angriffe auf meine Person im Zusammenhang mit dem ehemaligen Ministerium für Staatssicherheit und jetzt mir fehlende Möglichkeit der objektiven Aufklärung der gegen mich erhobenen Vorwürfe ziehe ich im Interesse der politischen Aufrichtigkeit und Verantwortung meine Konsequenz. Mit sofortiger Wirkung lege ich mein Amt als Vorsitzender der Partei »Demokratischer Aufbruch – sozial und ökologisch« nieder. Ich betone verbindlich, mein Wirken und Dienst galt stets*

den Verfolgten, Unterdrückten, den Bedrängten, den Hilflosen. Durch mein Wirken ist kein Schaden für die von mir begleiteten und verteidigten Personen eingetreten. Für mich waren diese Menschen wichtiger als der eigene politische Weg.[105]

Mehrfach beteuerte er in folgenden Presseinterviews seine Unschuld, gab an, von der Stasi in diese Rolle gezwungen worden zu sein und beschwor, für seine Mandanten nur das Beste gewollt zu haben. Die aufgefundenen Staakten waren allerdings mehr als belastend und identifizierten ihn eindeutig als IM mit Decknamen »Torsten« bzw. »Dr. Ralf Schirmer«, der im Laufe von ca. 25 Jahren von mindestens drei Stasioffizieren geführt wurde. Er war für die Stasi ein wichtiger Informant, da er nicht nur Vertrauen in Bürgerrechtskreisen und bei Wehrdienstverweigerern genoss, sondern auch sehr enge Kontakte zur evangelischen Kirche in der DDR unterhielt (deren Vertrauensanwalt er war) und die Stasi so mit allerlei Interna versorgen konnte.

Als ich von Schnurs Schuldeingeständnis erfuhr, war ich zunächst entsetzt, betroffen, konnte es kaum glauben, und war schließlich menschlich zutiefst enttäuscht. Meine Eltern und ich fühlten uns belogen, betrogen und ausgenutzt. Theoretisch hatte Schnur mich zwar nicht an die Stasi ausliefern können, da ich ihm in unseren 'vertraulichen' Gesprächen aus Angst vor Wanzen keine brisanten Aussagen anvertraut hatte, dennoch fühlte ich mich von ihm als Mensch, vor allem aber als Christ verraten. Angewidert von so viel Verlogenheit schrieb ich ihm einen sehr persönlichen Brief, auf den ich aber erwartungsgemäß nie eine Antwort erhielt.

Auch mit Pfarrer Schneider diskutierte ich die Situation. Er gab zu bedenken, dass die Stasi-Menschenschinder durchaus mit ihren Methoden und diesem ungeheuren

105 FAZ, S. 1, 15.03.1990: »Wolfgang Schnur wegen seiner Zusammenarbeit mit dem Staatssicherheitsdienst zurückgetreten«

psychisch-moralischen Druck in der Lage waren, auch einen ehrlichen Mann zu erpressen. »[Das] muss man sich eigentlich stets wieder gegenwärtig machen, so unwahrscheinlich es ist.« Er selbst kenne Fälle, wo dieser Druck um ein Haar zum Erfolg geführt hätte und deshalb glaube er zu wissen, »wie dünn und überaus zerbrechlich die Schutzwand eines ehrlichen Charakters« sei.

In den letzten Jahren ist es still um Wolfgang Schnur geworden. Nachdem er damals auch aus seiner Partei ausgeschlossen worden war, weil er den Demokratischen Aufbruch im Auftrag der Stasi ausspioniert und geschädigt hatte, war er einige Jahre in der Versenkung verschwunden - bis er im April 1998 erneut Negativschlagzeilen machte. Wegen Betrugsversuchs wurde Schnur verhaftet: Er hatte versucht, gefälschte Wertpapiere in Millionenhöhe zu verkaufen. Was für eine Karriere... vom privilegierten DDR-Anwalt für Oppositionelle und paralleler Tätigkeit als Stasizuträger IM »Torsten« zum Mitbegründer der »Allianz für Deutschland« und Vorsitzenden des DA und danach zum Straftäter! Seine Anwaltslizenz hatte er bereits 1994 wegen Vergehens an den »Grundsätzen der Menschlichkeit und der Rechtsstaatlichkeit« verloren. Ehemalige Mandanten, die Bürgerrechtler Freya Klier und ihr Mann Stefan Krawzcyk, hatten ihn wegen Mandantenverrats und Verletzung der anwaltlichen Schweigepflicht angezeigt. Während ihrer Haftzeit hatte Schnur sie und ihren Mann gegeneinander ausgespielt, erklärte Freya Klier. Durch seine »Erpressungs- und Täuschungsmanöver«[106] seien sie schließlich zwangsweise aus dem Land gedrängt worden. Das Berliner Landgericht sah es als erwiesen an, dass Schnur seine Mandanten Klier und Krawzcyk verraten hatte und verurteilte ihn daraufhin zu einem Jahr Haft auf Bewährung. Dieses Urteil wurde auch vom Bundesgerichtshof bestätigt.

Was Schnur, geboren 1944, letztlich dazu bewogen hat, mit der Stasi zu kooperieren, vermag ich nicht zu sagen. Ich

106 Lausitzer Rundschau, 10.03.1990, S. 3: »Bürgerrechtlerin erhebt schwere Vorwürfe«

werde es wohl nie erfahren. Hat er aus Angst bzw. einer Zwangslage heraus gehandelt oder rein aus Geltungssucht und Gier nach materieller Vergütung? Suchte er als Waisenkind nach Anerkennung oder war es tatsächlich das Geld das ihn reizte, so sehr, dass er bereit war, Freunde und Mandanten an das Messer der Stasi zu liefern? In einem kürzlichen Fernsehinterview[107] bekannte er sich offen zu seinen Denunziationen und bezeichnete sich interessanterweise selbst als »Naturtalent« in Sachen Spitzeltätigkeit. Er habe, so Schnur, diese Entscheidung zum Verrat »selbst getroffen«, er wurde nicht »hineingeprügelt«, noch hätte die Stasi Daumenschrauben angesetzt. Außerdem gab es von seiner Seite auch die »Faszination, mit einem Geheimdienst zusammenzuarbeiten«. Als ich Schnur auf dem Fernsehbildschirm nach beinahe 20 Jahren so sah - ein munter plaudernder, bekennender Verräter, der scheinbar keinerlei Gewissensbisse kennt - wurde mir regelrecht übel. Ich habe deshalb beschlossen, meine Seele nicht länger mit Erinnerungen an solche Menschen zu belasten. Eine Lektion habe ich jedoch aus allem gelernt: Man kann niemandem ins Herz schauen! Menschen wie Schnur haben mich misstrauisch werden lassen und das ist eine Tatsache, die traurig stimmt.

Hoheneck damals und heute

Das Hohenecker Gefängnis hatte im Laufe der Jahre eine bewegte Geschichte. Ein chronologischer Überblick:[108]

1244	erste urkundliche Erwähnung der Staleburg, einer Ritterburg
ab 1473	Nutzung als Jagdschloss
1606	nach einem Brand Nutzung als Amtshaus
1862	das ehemalige, verfallene Schloss wird ab getragen und an seiner Stelle das »königlich-

107 TV-Dokumentation 2008: »Die Verstrickung – Für Gott und die Stasi« von Günther Bernd Ginzel
108 Stadtverwaltung Stollberg: Vergittertes Schloss: Hoheneck im Wandel der Zeit, 2002.

	sächsische Weiberzuchthaus« gebaut. Später wird Hoheneck vorübergehend als Haftanstalt für Männer und Reservelazarett genutzt.
1889	Umbau zum Strafgefängnis für Männer und Jugendliche
1923	die ersten politischen Gefangenen werden nach Hoheneck gebracht
ab 1933	Hoheneck dient als Schutzhaftlager für Hitler-Gegner
1936	Belegung mit knapp 1.000 Gefangenen, davon 88 unter 25 Jahren
1940-45	StVA Hoheneck wird als Jugendgefängnis genutzt
nach 1945	Verurteilte der Sowjetischen Militäradministration werden nach Hoheneck gebracht
1950	Ankunft von 1.119 Frauen und 25 Kindern aus dem KZ Sachsenhausen, Übernahme des Gefängnisses durch das Ministerium des Innern der DDR. Hoheneck wird zum politischen Frauengefängnis – an der Tagesordnung sind überfüllte Zellen, Hunger und militärischer Drill.
1953	1.000 Frauen treten in den Hungerstreik, um bessere Haftbedingungen zu fordern
1954	Teilamnestie und Entlassung von ca. 680 Frauen. Bei Androhung von Strafe werden sie jedoch zum Schweigen über die Haftzeit verpflichtet. Der VEB Planet Eppendorf beginnt in Hoheneck mit der Produktion.
1965	Errichtung einer Jugendstation; Einführung des 3-Schicht-Systems in der Produktion
1972	Amnestie für 126 Strafgefangene
1974/75	Massive Überbelegung und Aufstockung mit Dreistockbetten: Bis zu 1.600 Häftlinge leben in dem für 200 Gefangene konzipierten Gefängnis. Viele müssen in überfüllten Zellen als „Matratzenschläfer“ auf dem Fußboden schla-

	fen. Der Anteil der politischen Gefangenen liegt bei ca. 40 Prozent.
1979	Amnestie für 115 Strafgefangene
1981	bis 1986: Freikauf von insgesamt 1.356 politischen Gefangenen aus Hoheneck. Sämtliche politischen weiblichen Gefangenen, die von der Bundesrepublik aus der Haft freigekauft werden, werden über Hoheneck geschleust. Der Handel mit ostdeutschen Häftlingen bringt der DDR ca. 3,5 Milliarden DM ein.
bis 1989	In Hoheneck gibt es noch etwa 400 Gefangene, davon ca. 30 Prozent Politische. Der letzte Gefangenenfreikauf aus Hoheneck erfolgt im September 1989.
11/1989	Nach dem Fall der Mauer im November wird eine Amnestie für politische Gefangene in der DDR verkündet und durchgeführt. 169 politische Gefangene werden aus Hoheneck ent lassen
12/1989	Es kommt zu Hungerstreiks von ca. 200 Inhaftierten und Arbeitsverweigerungen im Strafvollzug. Ein Teil der kriminellen Strafgefangenen verlässt Hoheneck durch eine allge meine Amnestie.
1993/94	Noch 46 inhaftierte Frauen in Hoheneck. Zusätzlich gab ab 1994 wieder eine Männerstation
2001	Das berüchtigte Gefängnis wird Ende April für immer geschlossen. Die restlichen Straftäter werden in andere JVA verlegt.
2004	Verkauf der Anlage zu einem symbolischen Preis an die Artemis GmbH bzw. Bernhard Freiberger, der in der folgenden Zeit mit seinem kommerziellen Übernachtungsevent (»Jailhouse-Feeling« und »Knastfrühstück in originalen Zellen«) Schlagzeilen macht. Mas-

sive Proteste der Opfer und Opferverbände verhindern derartige Geschmacklosigkeiten.

2005 Die Artemis GmbH zieht sich aus dem Objekt zurück und bietet Hoheneck für 16.000.000 € im Internet zum Verkauf an.

Südflügel

Reisen in die Vergangenheit

Meine erste Wiederbegegnung mit dem Frauenzuchthaus hatte ich relativ früh, nur wenige Monate nach meiner Entlassung. Unterwegs zu Verwandten die in Sachsen lebten bat ich meinen Vater, einen kleinen Umweg über Stollberg zu fahren. Ich wollte Hoheneck von außen sehen und einige Fotos machen. Ich ging sogar bis auf wenige Meter vor das große Schleusentor. Von weitem sah ich einige Strafgefangene, die mir zuwinkten. Mir zitterten die Knie und es war seltsam, plötzlich auf der anderen Seite der Mauer zu stehen. Sehr viel mehr empfand ich jedoch zum damaligen Zeitpunkt nicht. Keine Wut, keine übermächtige Angst, nur Erleichterung und zu einem gewissen Grad auch Trauer.

1990 vor den Toren des Zuchthauses

Im August 1991 las ich in der Verbandzeitschrift der Opfer des Stalinismus einen kleinen Artikel über Hoheneck, verbunden mit der Ankündigung, dem Gefängnis einen Besuch abstatten zu wollen. Wer Interesse an einer Begehung des Gefängnisses hätte, sollte sich melden. Also meldete ich mich umgehend an und erntete damit von meiner Familie und allen Freunden Unverständnis, teilweise auch blankes Entsetzen. Was ich denn da wolle? Ich soll doch froh sein, dass alles vorbei ist...! Warum alte Wunden aufreißen? Doch dieses Echo interessierte mich nicht. Auch wenn ich es nicht genau erklären konnte: Irgendetwas zog mich nach Hoheneck und ich spürte instinktiv, dass ich mich diesem »Etwas« aussetzen musste, sonst würde mich Hoheneck ewig verfolgen. Ich wollte aufarbeiten, verarbeiten, mich proaktiv meinen Ängsten stellen. Nur deshalb trat ich die Reise nach Stollberg an. Als ich dann schließlich im September 1991 vor dem Schleusentor des Zuchthauses stand, kroch erwartungsgemäß langsam die Angst in mir hoch und schnürte mir die Kehle zu. Plötzlich hatte ich eine Gänsehaut und ich spürte, dass es den anderen Frauen, die sich mit mir vor dem Eingang versammelt hatten, ganz ähnlich ging. Wir alle kämpften mit den alten Gespenstern, die für jede von uns mit Hoheneck, diesem Ort des Schreckens, verbunden sind.

In der »verbotenen Zone«, vor den Absonderungs-(Dunkel-)Zellen, die früher mit Sichtblenden ausgestattet waren

Der neue Anstaltsleiter, Uwe Höcker, führte unsere Gruppe durch den Strafvollzug. Sechs ehemalige politische Gefangene - Inge, Vera, Ellen, Regina, Bärbel und ich - sowie einige Mitglieder des Vereins der Opfer des Stalinismus betraten den Freihof. Viele von uns kämpften mit den Tränen und den furchtbaren Erinnerungen. Höcker berichtete derweil, dass sich aktuell noch 28 Häftlinge im Gefängnis befänden. Dem gegenüber gäbe es noch circa 125 Personen, die zum Wachpersonal gehörten. Ich fragte Höcker, was aus den ehemaligen, so genannten 'Erziehern' geworden sei. Genaues konnte oder wollte er mir nicht sagen, nur soviel: Das gesamte Wachpersonal war auf Stasitätigkeit überprüft worden. Wer die Überprüfung nicht bestanden hatte, wurde entlassen. Die restlichen Aufseher befanden sich teilweise zur Weiterbildung in einer Ausbildungsstätte in Baden-Württemberg.

Westflügel

Während des Rundgangs wurden wir in eine Zelle im Westflügel geführt. Zufällig war es die Zelle, in der ich die ersten Monate in Hoheneck verbracht hatte, und das war besonders schlimm für mich. Im ersten Augenblick überkam mich ein extrem beklemmendes Gefühl, denn hier hatte ich die schlimmsten Erniedrigungen durch Rocky erleiden müssen. Doch vieles sah hier inzwischen ganz anders aus: Wir sahen Topfpflanzen, eine Kaffeemaschine, Tischdecken und Vorhänge von den vergitterten Fenstern. Sogar Aquarien oder andere Haustiere waren nun im Bereich der Möglichen, berichtete Höcker. Wir waren sprachlos. Die Zelle, in der wir früher zu zwölft hausen mussten[109], wurde momentan von zwei Gefangenen bewohnt. Es gab sogar einen separaten Urlaubstrakt im Zellenhaus – eine kleine Wohnung, die jedoch recht spartanisch eingerichtet war. Hier könnten sich die Gefangenen auf die Zeit nach der Haft vorbereiten, so Höcker, ihr eigenes Essen kochen oder, sehr gute Führung vorausgesetzt, einfach ein paar Tage Abstand vom Haftalltag genießen. Weiter ging es in den Speisesaal, in dem sich außer der Tatsache, dass hier kein Andrang mehr herrschte, nicht viel verändert hatte.

109 In den 70er Jahren lebten auf diesem begrenzten Raum sogar bis zu 42 Gefangene

Auf dem Weg ins Freizeitzentrum im Obergeschoss gelang es mir, mich etwas von der Gruppe und den Adleraugen Höckers zu entfernen. Der Kontakt zu den noch verbliebenen Lebenslänglichen war uns zuvor untersagt worden, aber in einem günstigen Augenblick sprach ich eine Mörderin an, die ich noch vom Sehen kannte. Ich fragte Sabine nach den Veränderungen, die sich seit dem Fall der Mauer im Gefängnis vollzogen hatten. Flüsternd bestätigte sie mir, dass die Schikanen der 'Erzieher' nachgelassen hatten. Jede Gefangene dürfe Privatkleidung tragen, wenn gewünscht. Pakete von Angehörigen dürften jetzt stolze 10 kg schwer sein, selbst Schminksachen und Kosmetika seien erlaubt, und die Gefangenen dürften so viele Briefe schreiben, wie sie möchten. All das hatte mir Bärbel in ihren Briefen schon berichtet – nun konnte ich mich selbst davon überzeugen. Später, nach einigen Fotos und einer Meinungsverschiedenheit mit Anstaltsleiter Höcker, standen wir wieder vor dem Schleusentor und sammelten uns. Wir waren uns einig, dass es ein Fehler wäre über unsere Hafterfahrungen zu schweigen – jede von uns ist zur Aufklärung verpflichtet.

Im Juni 2004 hatte ich erneut Gelegenheit nach Stollberg zu fahren und das mittlerweile stillgelegte Gefängnis zu besichtigen. Zusammen mit einer Gruppe Frauen, die hauptsächlich in den 50er und 60er Jahren in Hoheneck inhaftiert waren, machte ich einen Rundgang durch die vergitterten Gebäude, die zunehmend dem Verfall preisgegeben waren. Wieder fotografierte ich die Orte, an denen ich und andere Politische gelitten hatten, um sie zu dokumentieren.

Im Jahr zuvor hatte das Land Sachsen das ehemalige Frauengefängnis Hoheneck für einen symbolischen Preis an einen privaten Investor, die Artemis GmbH, verkauft. Weder die Opferverbände noch die Stiftung Sächsische Gedenkstätten waren dabei in die Verkaufsverhandlungen involviert worden, sondern wurden vor vollendete Tatsachen gestellt. Seit dem Verkauf wusste niemand, was mit Hoheneck geschehen sollte. Würde es ein Ort des Gedenkens geben? Würde man Verwaltungsbüros oder kommerzielle Nutzer vor Ort unterbringen? Es wurde viel spekuliert. Was dann allerdings an Plänen zu Tage trat, verschlug nicht nur mir die Sprache.

Jailhouse Feeling?!

Nach dem Willen der neuen Eigentümer sollte das 50.000 Quadratmeter große Areal mit 25 Gebäuden zu einem Automobilmuseum und diversen Veranstaltungsräumen umfunktioniert werden.[110] Ferner plante die Artemis GmbH ein Hotel, ein Tex-Mex-Restaurant sowie eine Musicalbühne auf dem Gelände. Die Stadt Stollberg war begeistert und unterstützte die Pläne in der Hoffnung, dass in der erwerbsstruktur schwachen Region neue Arbeitsplätze entstünden. Um der neueren Geschichte Rechnung zu tragen, hatte sich die Artemis GmbH zudem angeblich verpflichtet, drei ehemalige Zellen im Original zu erhalten.

Bald kamen mir jedoch von Stollberger Bürgern andere, seltsam klingende Pläne des Eigentümers zu Ohren...

Im Mai 2004 öffnete er unter dem Motto 'Männertag im Frauenknast' zunächst allen Interessenten gegen Zahlung eines Eintrittsgeldes die Tore des früheren Zuchthauses.

110 Quelle: suzi, Welt Online, 16. Juni 2003. http://www.welt.de/print-welt/article240391/Neue_Plaene_fuers_Frauengefaengnis_Schloss_Hoheneck.html

Der Andrang war enorm, es herrschte Verkehrschaos und die Schlangen vor dem Gefängnis nahmen kein Ende. Mehrere Stunden standen ca. 17.000 Menschen an Himmelfahrt vor dem ehemaligen Zuchthaus, das bis dahin der allgemeinen Öffentlichkeit verschlossen geblieben war. Ermutigt durch diese Resonanz ersann der neue Eigentümer weitere Möglichkeiten zur Geldeinnahme...

Bereits wenige Monate später stieß ich beim Surfen im Internet auf eine spezielle Hoheneck-Seite. Diese wurde von der Artemis GmbH betrieben und warb gleich auf der Landing Page mit einem Zitat von mir, das ich jedoch nicht autorisiert hatte. Was mich besonders schockierte: Man hatte das Zitat einfach von meiner eigenen Homepage übernommen, um nun indirekt für eine geschmacklose Veranstaltung zu werben. Im September 2004, so las ich auf der Webseite, würde man an zwei Wochenenden ein Fest der besonderen Art veranstalten, eine »Nacht im Frauengefängnis.« Auf dem Programm stünden neben »Jailhouse Feeling« auch »Tanz bis in die Morgenstunden«, »Übernachtung in originalen Zellen und Betten« und ein authentisches »Knast-Frühstück.« Untermalt wurde die Ankündigung des Events auf der Webseite mit schaurigsphärisch klingender Musik und der Aussicht, bei Interesse die Folterzellen im Keller mit Fackeln zu besichtigen. Einmal Übernachtung in der Zelle inklusive der angepriesenen Geschmacklosigkeiten sollte auch noch 100 € kosten! Vorsorglich hatte die Artemis GmbH bereits zusätzliche Knast-Doppelstockbetten und Matratzen in ganz Deutschland eingekauft, denn man rechnete mit mindestens 800 Übernachtungsgästen.

Der Wirt hatte allerdings die Rechnung ohne die Opfer gemacht. Eine solche schamlose Verhöhnung ließen wir uns nicht bieten. Ich selbst war so wütend über diese geplante »Freizeit-Belustigung«, dass ich als erstes an den Bürgermeister der Stadt Stollberg schrieb:

[...] Wie mit derartigen Aktionen, getarnt als »Schlossfest« auf den Gefühlen der Opfer herumgetrampelt wird, ist ungeheuerlich. Ich kann Ihnen nur einmal empfehlen, die zahlreichen Zeitzeugenberichte zu lesen – vielleicht verstehen Sie dann, warum ich von After-Jail-Parties, Übernachtungen in ehemaligen Zellen, Fackelumzügen und dem speziellen »Jailhouse Feeling«, welches die Artemis GmbH verspricht, mehr als angewidert bin. Wir Opfer haben unschuldig hinter diesen Mauern gelitten und fordern Respekt! Statt Spektakel zu veranstalten und Gruselgefühle heraufzubeschwören, sollte aufgeklärt werden, damit die Menschen die wahren Tatsachen über das berüchtigte Zuchthaus erfahren. Es geht hier aber doch offensichtlich nur darum, sich die Taschen zu füllen. Und das auf skrupellose Weise, auf Kosten der Opfer! Das ist moralisch verwerflich und das lassen wir uns nicht gefallen. Was kommt als nächstes? Fastenkuren in Dunkelzellen? Techno-Parties in Buchenwald und Sachsenhausen?
Als Bürgermeister haben Sie zugleich Einfluss auf und Verantwortung für die Vorgänge in Ihrer Stadt. Ich fordere Sie auf, die Würde der Opfer zu achten und jegliche spektakuläre, medienwirksame Veranstaltungen der Artemis GmbH zu unterbinden. Sorgen Sie dafür, dass Stollberg angemessen mit der Gefängnisvergangenheit und besonders den Opfern der Diktatur umgeht. Setzen Sie sich mit den Opferverbänden in Verbindung, um gemeinsame Lösungen zu erarbeiten. Nur so kann auf lange Sicht der Makel, der auf Stollberg lastet, beseitigt werden.

Der Dachverband der Opfergemeinschaften kommunistischer Gewalt forderte umgehend die sächsische Landesregierung auf, derartige »Knastevents« zu unterbinden. Wir ehemaligen Hoheneckerinnen setzten uns ebenfalls aktiv gegen die Durchführung der makaberen Veranstaltung ein, indem wir gemeinsam die nationale und internationale Presse mobilisierten, diverse TV- und Radiosender informierten und uns an Politiker wandten.

Letztlich blies der Investor zum Rückzug und gab entnervt auf. Mit soviel Widerstand hatte er nicht gerechnet. Da nun die Seifenblase vom Touristenmagnet Hoheneck zerplatzt war, zog sich die Artemis GmbH gänzlich zurück. Keine Rede mehr von Automobilmuseum, Tex-Mex-Restaurant oder ähnlichem. Jetzt wollte man das Areal nur noch loswerden - für stolze 16 Millionen Euro, wie man in der Presse und auf einschlägigen Immobilienwebseiten nachlesen konnte.

Auch heute ist das ehemalige Gefängnis in privater Hand und es besteht die Möglichkeit, Hoheneck nach Voranmeldung zu besichtigen oder eine Drehgenehmigung für das Gelände zu bekommen[111]. Wie es allerdings mit dem baufälligen Areal weitergeht, ist offen. Für die Opfer wäre es wünschenswert, wenn zumindest einige Zellen im Original erhalten blieben – zum Gedenken und als Mahnung.

Die Aufarbeitung geht weiter

Mein dritter und vermutlich letzter Besuch im ehemaligen Frauengefängnis Hoheneck fand im Juni 2008 statt. Nachdem ich in den Jahren 2000 bis 2007 diverse Radio-, Presse- und Fernsehinterviews gegeben, als Zeitzeugin vor Schulklassen Vorträge gehalten und mein Buch »Knast-Tagebuch« veröffentlicht hatte, erhielt ich Ende 2007 die Anfrage, bei einer TV-Dokumentation mitzuwirken. Für die zweiteilige Dokumentation »Eine Nacht im November«, die anlässlich des 20. Jahrestages des Mauerfalls von Gero von Boehm für das ZDF produziert wurde, machte ich mich nochmals auf den Weg nach Stollberg. Bereits im Februar hatte mich Gero von Boehm ausführlich in einem Berliner Studio interviewt, nun sollte ein Drehtag vor Ort zusätzlich entsprechende Bilder liefern. Als ich am Abend das Ortseingangsschild der Stadt Stollberg passierte, beschlichen mich erneut und unerwartet beklemmende Gefühle. Ob ich will oder nicht: Stollberg wird für mich

111 In den letzten Jahren wurden Szenen für die Fernsehfilme »Die Frau vom Checkpoint Charlie« (mit Veronica Ferres) und »Zwölf heißt ich liebe dich« in Hoheneck gedreht.

ein Leben lang mit dem Zuchthaus Hoheneck verbunden bleiben, und damit auch Erinnerungen an Angstzustände und Trauer auslösen. Auch nach 20 Jahren ist das nicht anders, aber heute gehe ich anders mit meinen Ängsten um. Ich spürte, dass diese Dokumentation in der Tat etwas Besonderes war:

Dreharbeiten mit Gero von Boehm

Sie markierte für mich persönlich so etwas wie einen Schlusspunkt. Es gibt im Prinzip nichts Neues mehr zu berichten und ich kann nichts mehr aufarbeiten, was ich nicht schon aufgearbeitet hätte. Zukünftig werde ich auch weiterhin immer wieder einmal über meine Erfahrungen berichten, und ganz sicher werde ich die Entwicklung um Hoheneck im Auge behalten[112], aber ich habe nun nicht mehr das Gefühl, dass ich noch einmal nach Hoheneck zurückkehren muss.

Opferpension und die Enttäuschung über den Rechtsstaat

Wie ist die generelle Lage der Opfer heute? Knapp 20 Jahre nach dem Mauerfall, am 29.08.2007, beschloss die Bundesregierung im Rahmen des Dritten Gesetzes zur Verbesse-

112 Siehe dazu mein Blog, www.hoheneck.wordpress.com

rung rehabilitierungsrechtlicher Vorschriften den Opfern politischer Verfolgung in der ehemaligen DDR eine besondere Zuwendung, die so genannte DDR-Opferpension, zuzugestehen. Die monatliche Zahlung von 250 € ist allerdings an besondere Bedingungen geknüpft. Erstens muss der Empfänger der Zuwendung mindestens sechs Monate rechtsstaatswidrigen Freiheitsentzug erlitten haben und zum zweiten muss der Nutznießer einer solchen Pension in seiner wirtschaftlichen Lage besonders beeinträchtigt sein. Wer ein monatliches Einkommen oder eine Rente von mehr als 1.035 € bezieht, hat keinerlei Anspruch auf diese Opferpension. Von den circa 80.000 betroffenen politisch Verfolgten[113] werden durch diese sozialen Bedürftigkeitsklausen 60.000 Opfer nicht berücksichtigt! Damit ist diese Regelung mehr als beschämend und gleicht einer offenen Verhöhnung der Opfer, vor allem wenn man bedenkt, mit welchen Nachzahlungen und überhöhten Renten die ehemaligen Stasi-Vernehmer und andere Kader des früheren Staatsapparates[114] bedacht wurden und werden. Statt der schäbigen Almosen wäre eine Rentenzahlung für alle ehemaligen Häftlinge und ohne jegliche Einschränkungen angemessen. So allerdings unterteilt der Gesetzgeber die Betroffenen in Opfer erster und zweiter Klasse. Es ist jedenfalls kein Wunder, dass sich unter den ehemals Verfolgten Enttäuschung und Verbitterung über den Rechtsstaat breit gemacht hat. Viele leiden noch immer unter der Traumatisierung, die durch die Haftzeit verursacht wurde. Seit Jahrzehnten tragen viele ehemalige politisch Inhaftierte seelische Altlasten mit sich herum, kämpfen mit psychischen

113 Insgesamt hatte der DDR-Unrechtsstaat etwa 200.000 Menschen aus politischen Gründen inhaftiert. Bei einer durchschnittlich angenommenen Haftzeit von 15 Monaten ergibt dies eine verhängte Haftzeit von insgesamt 250.000 Jahren! (Uwe Müller, Grit Hartmann: Vorwärts und Vergessen: Kader, Spitzel und Komplizen: Das gefährliche Erbe der SED-Diktatur, Rowohlt Verlag, Berlin, 2009.)

114 Ihre satten Renten verdanken die Täter von einst den Richtern des Bundesverfassungsgerichtes. Diese gaben 1999 der Klage eines ehemaligen SED-Funktionärs Recht. Die Richter entschieden, dass die westdeutsche Rentenversicherung Ansprüche aus den so genannten Zusatzversorgungssystemen der DDR anerkennen muss. Das sind Rentenansprüche, die gewöhnlich nur Parteikader erwerben konnten. Deshalb geniessen frühere Bonzen und Systemträger nun stattliche Altersruhegelder, ganz im Gegensatz zu Systemkritikern.

Beeinträchtigungen wie Menschenscheu und Depression oder körperlichen Beschwerden wie Herzbeschwerden, Schlafstörungen und Bluthochdruck. Wie viele Karrieren wurden außerdem in diesem repressiven Unterdrückungsstaat unterbrochen und zerstört, wie viele Ehen und Familien sind an dem erlittenen Unrecht zerbrochen!
Man fragt sich: Wo bleibt die Anerkennung für demokratisches Engagement, die Würdigung und Anerkennung für erlittenes Unrecht, Verfolgung und Unterdrückung in einem diktatorischen System? Und welches Signal wird hier gesendet? Opportunismus lohnt sich zu jeder Zeit - Zivilcourage dagegen nicht und wird bestraft?

Die Täter heute

Vor einigen Jahren wurden wir von einer Ostalgiewelle heimgesucht. (N)Ostalgieshows auf fast allen Fernsehkanälen, Sandmännchen, Club-Cola und Trabi-Duft in Dosen förderten das Schönreden der DDR-Vergangenheit. In Unterhaltungssendungen wurde palavert und verharmlost, was das Zeug hielt. Immer wenn mich Katarina Witt, die ehemalige SED-Abgeordnete der DDR-Volkskammer und das angeblich »schönste Gesicht des Sozialismus«, im FDJ-Hemd aus Zeitschriften angrinste, drehte sich mir der Magen um. Den Ewiggestrigen kam die nostalgische Verklärung der DDR natürlich entgegen. Immer häufiger traten sie selbstbewusst in der Öffentlichkeit auf, zeigten sich dreist, uneinsichtig und leugneten ihre Taten.
Die Täter sind heute unter uns. Überall. Die Stasi-Offiziere von einst sind wieder gut vernetzt und haben diverse Vereinigungen gegründet, um ihre Interessen durchzusetzen. Sie reagieren mit Unterlassungsklagen und gerichtlichen Verfügungen, sollte es jemand wagen ihre Taten publik zu machen. Und selbstverständlich berufen sie sich dabei auf das heutige Recht zur Wahrung ihres Persönlichkeitsschutzes.
Eine angemessene Strafverfolgung der Täter oder eine erfolgreiche Aufarbeitung der zweiten deutschen Diktatur

hat es nie gegeben. Viele Delikte sind mittlerweile verjährt. Und die wenigen Strafverfahren die es gab[115], endeten in der Regel mit sehr milden Urteilen für die Angeklagten. Meist handelte es sich um Geldstrafen oder um Strafen, die zur Bewährung ausgesetzt wurden. Selbst Delikte wie Totschlag oder Gefangenenmisshandlung endeten für die Täter nicht mit einer Gefängnisstrafe.
Zusammenfassend kann also gesagt werden, dass die Täter nach der Wiedervereinigung Deutschlands mit Samthandschuhen angefasst wurden und das DDR-Unrechtsregime, gemessen an einer ungeheuerlichen Verurteilungsquote von nur 0,7 Prozent[116], im Prinzip rehabilitiert scheint. Wiederholt sich hier deutsche Geschichte, indem die Täter wieder einmal geschont und nicht konsequent zur Rechenschaft gezogen wurden?

Ein Fazit. Wo stehen wir heute und wohin geht die Reise?

Generell betrachtet, musste ich in den letzten Jahren immer wieder feststellen, dass sich nur wenige Menschen für die neuere deutsche Geschichte und die SED-Diktatur interessieren. Im Westen herrscht häufig Unwissenheit und vor allem Desinteresse. Oft wurde mir berichtet, dass man zur DDR keinerlei Bezug hatte. Das Land hinter der Mauer war vielen »Brüdern und Schwestern« in Westdeutschland fremder als beispielsweise Österreich oder Spanien. Im Osten wird die Vergangenheit heute dagegen oft nostalgisch verklärt oder totgeschwiegen, in der Hoffnung, dass sich das Thema dann vielleicht von selbst in Luft auflöst. Letzteres ist unwahrscheinlich, denn zum Glück taucht in letzter Zeit die DDR-Vergangenheit häu-

115 Gemäß einer Studie der Rechtshistoriker Klaus Marxen und Gerhard Werle von der Berliner Humboldt-Universität wurden ca. 75.000 Ermittlungsverfahren eingeleitet, allerdings mündeten nur 1.021 davon in tatsächlichen Anklagen. Von 105.000 Beschuldigten reduzierte sich die Zahl auf letztlich 1.737 Angeklagte. In anderen Worten: 98,6 % der Verfahren liefen ins Leere und ganze 98,4 % der Beschuldigten kamen ungeschoren davon.
116 Uwe Müller, Grit Hartmann: Vorwärts und Vergessen: Kader, Spitzel und Komplizen: Das gefährliche Erbe der SED-Diktatur, Rowohlt Verlag, Berlin, 2009.

figer in den Medien auf und bestimmt, zumindest kurzzeitig, den öffentlichen Diskurs.
In den letzten Monaten wurde vor allem die Frage, ob die DDR ein Unrechtsstaat war, diskutiert. Was man da mitunter zu hören bekam war haarsträubend und hat mich entsetzt. Natürlich war die DDR ein Unrechtsstaat und eine Diktatur! Wer etwas anderes behauptet, ist entweder blind oder gehört zu den Ewiggestrigen, die bewusst beschönigen und Ablenkungsmanöver inszenieren. Genau diese ehemaligen Lakaien der Diktatur sind nun wieder aktiv und versuchen uns einzureden, dass es »so schlimm ja nicht war.«
Wenn ich mir die jüngere Generation anschaue, bin ich ganz besonders erschrocken, wie wenig sie eigentlich über die DDR-Diktatur weiß. Hier gibt es großen Aufklärungsbedarf. Gemäß einer Studie unter Gymnasiasten in Ost und West[117] antworteten diese 2008 mehrheitlich: »Die DDR war keine Diktatur«, »Die Stasi war ein Geheimdienst, wie ihn jeder andere Staat auch hat«, »Die Mauer wurde von den Alliierten bzw. der Bundesrepublik gebaut«, »Adenauer und Brandt waren DDR-Politiker« oder »Unter Erich Honecker gab es demokratische Wahlen.«
Wenn ich so etwas höre, stehen mir die Haare zu Berge! Was wird in unseren Schulen unterrichtet, frage ich mich, wenn Schüler noch nicht einmal die Basics wissen? Gleichzeitig schwelgen viele der Älteren in Ostalgie – kein Wunder, dass es die Jugend nicht besser weiß! Woher sollen sie wissen, weshalb die Menschen 1989 auf die Strasse gingen, wenn es ihnen gar nicht oder durch ein falsches Bild vermittelt wird? Anhand der haarsträubenden Ergebnisse der Studie ist auch offensichtlich – und das sagten die Schüler selbst – dass das Thema DDR-Geschichte im Unterricht generell zu wenig oder überhaupt nicht vorkommt. Die wenigsten Schulbücher befassen sich mit der DDR und nur wenige beleuchten ihre repressive Seite.

117 Klaus Schroeder/Monika Deutz-Schroeder: Soziales Paradies oder Stasi-Staat? Das DDR-Bild von Schülern - ein Ost-West-Vergleich, Ernst Vögel Verlag, 2008.

Um die Gegenwart allerdings richtig einordnen und die Zukunft gestalten zu können, muss man die Vergangenheit und die eigene Geschichte kennen. Ein differenziertes Geschichtsbild ist dringend notwendig. Die Vergangenheit muss nicht nur zu Feiertagen ins politische Bewusstsein zurückgeholt werden. Hier sind die Medien und vor allem auch die Politik gefragt. Es ist mir absolut unverständlich, weshalb diverse Politiker sich weigern, die DDR als Unrechtsstaat zu bezeichnen. Weshalb nennt niemand die Dinge beim Namen? Eine Diktatur, in der die Herrschenden die eigene Bevölkerung einmauerte, in der Zwang, Einschüchterung und Unterdrückung herrschten, in der Grundrechte mit Füßen getreten wurden, in der es Todesstreifen und einen Schiessbefehl gab, in der Wahlbetrug betrieben wurde... Was soll das sein, wenn nicht ein Unrechtsstaat? Und das waren doch die wahren Gründe, weshalb mehr als 4 Millionen DDR-Bürger den Staat in Richtung Westen verließen und nicht, weil man keine Spreewaldgurken oder Bananen kaufen konnte, oder weil man 14 Jahre auf ein Auto warten musste.
Ich hoffe jedenfalls, dass es 20 Jahre nach dem Ende der DDR-Diktatur gelingt, uns kritisch mit der Vergangenheit auseinanderzusetzen. Wir sind dazu verpflichtet. Das Schicksal der Verfolgten und der Mauertoten darf nicht relativiert oder gar vergessen werden. Und wir müssen wachsam bleiben, denn Freiheit und Demokratie sind keine Selbstverständlichkeiten – sie müssen geschützt und verteidigt werden.

DANK

An dieser Stelle möchte ich meinen amerikanischen, deutschen, norwegischen und britischen Freunden danken, die mich immer wieder ermutigt haben, dieses Buch zu schreiben: Ein herzliches Dankeschön an Val, Anette, Susanne, Steve, Bill, Frank und Margaret. Britta und Heike danke ich für ihre kritisch-hilfreichen Anmerkungen. Im Rahmen dieser Bucherscheinung[118] gilt mein Dank besonders dem Lichtzeichen Verlag, Thomas Schneider von idea e.V. sowie Eberhard Heiße. Ebenso möchte ich hiermit den zahlreichen Freunden und Wegbegleitern für die moralische Unterstützung vor, während und nach meiner Inhaftierung danken.
Mein besonderer Dank gilt meinen Eltern, die mich früh gelehrt haben, mich kritisch mit dem politischen System in der DDR auseinanderzusetzen.
Last but not least danke ich meinem Herrn und Gott für seine unendliche Güte, Liebe und schützende Hand in den trostlosesten Stunden meiner Inhaftierung. Ohne ihn hätte ich diese Zeit nicht überstanden und wäre heute nicht da, wo ich bin.

Ich bin stark durch den, der mich mächtig macht: Christus. (Philipper 4,13)

118 Meine Aufzeichnungen aus dem Jahr 2001 (Titel: „Knast-Tagebuch") erscheinen nun in erster Ausgabe im Lichtzeichen Verlag.

Aufseherplattform Freihof

Kellerzelle

Birgit Schlicke 1991 - Freihof Hoheneck

Birgit Schlicke 2008 - Foto: Michael Jarmusch

Buchempfehlung:

Durchs rote Meer und andere Wüsten
Die Geschichte meines Lebens
Eberhard Heiße
ISBN: 978-3-936850-08-6
Preis: € 12,80

Hörbuch
ISBN: 978-3-86954-004-7
Preis. € 14,95

Buchempfehlung:

Aufs falsche Pferd gesetzt?
Erinnerungen aus Zeiten der DDR
Rainer Dick
ISBN: 978-3-86954-005-4
Preis: € 4,95

Buchempfehlung:

Mit und ohne Gott
Christen begleiten Atheisten auf Werbetour
Thomas Schneider
ISBN: 978-3-86954-006-1
Preis: € 5,50